Nikolaus B. Enkelmann

CHARISMA

Beruflichen und privaten Erfolg durch Persönlichkeit

Mit einem Vorwort
von Brian Tracy

mvg

Die Deutsche Bibliothek – CIP-Einheitsaufnahme

Enkelmann, Nikolaus B.:
Charisma: beruflichen und privaten Erfolg durch Persönlichkeit /
Nikolaus B. Enkelmann. Mit einem Vorw. von Brian Tracy. -
Landsberg/Lech : mvg-verl., 1999
ISBN 3-478-72520-8

Redaktion: Birgit Rupprecht-Stroell
Umschlaggestaltung: Vierthaler & Braun, München
Satz: Fotosatz Buck, Kumhausen
Druck- und Bindearbeiten: Ebner, Ulm
Printed in Germany 072520/399652
ISBN 3-478-72520-8

INHALTSVERZEICHNIS

VORWORT
von Brian Tracy

Ich freue mich, Ihnen eines der interessantesten Bücher vorstellen zu dürfen, das Sie je lesen werden: ein Buch über eines der wichtigsten Themen, wenn es um persönlichen Erfolg und um Glücklichsein geht. Aber besonders freut es mich, Ihnen ein Buch vorstellen zu dürfen, das von meinem guten Freund Nikolaus B. Enkelmann geschrieben wurde, der weltweit als Autorität auf dem Gebiet von Persönlichkeitsentwicklung und individueller Leistung anerkannt ist.

Der Erfolg, den Sie im Leben haben, hängt sage und schreibe zu 85 % davon ab, wie Sie mit Ihren Mitmenschen zurechtkommen. Es gibt nichts im Leben, was sich stärker auf Ihren Erfolg und Ihr Glück auswirkt, als die Art und Weise, wie Sie Ihre Mitmenschen behandeln und wie diese darauf reagieren.

Nikolaus B. Enkelmann zeigt Ihnen in diesem überaus lesenswerten Buch, welche Bedeutung Charisma für Ihr Leben besitzt, und wie Sie Schritt für Schritt Ihr persönliches Charisma im Umgang mit anderen entwickeln können.

Im Zuge meiner Tätigkeit als professioneller Redner und Trainer habe ich in den letzten 20 Jahren zu mehr als zwei Millionen Menschen gesprochen – in den USA, in Kanada, in Deutschland und noch in einigen anderen Ländern. Meine Lernprogramme auf Audio- und Videokassetten wurden in 18 Sprachen übersetzt und sind in 35 Ländern erhältlich. Viele meiner Schüler sind heute Geschäftsführer und leitende Angestellte kleiner und großer Gesellschaften in allen Wirtschaftsbereichen.

Vor einigen Jahren hörte ich von der faszinierenden Arbeit, die Nikolaus B. Enkelmann in Deutschland leistet. Ich suchte ihn in seinem Heim in Königstein auf, um ihn persönlich kennenzulernen. Das war der Beginn einer schönen Freundschaft und der Auslöser für gemeinsame Seminare, die wir inzwischen regelmäßig veranstalten.

Nikolaus B. Enkelmann hat sein ganzes Leben darauf verwendet, erfolgreiche Persönlichkeiten zu studieren. Mit großer Sorgfalt analysierte er den Unterschied zwischen Menschen, die in ihrem Leben viel erreichen, und solchen, die nur wenig erreichen. Aus den Ergebnissen dieser Beobachtungen entwickelte er seine Seminare. So hat er im Lauf der Jahre viele hunderttausend Menschen erreicht und manch ein Leben in dramatischer Weise verändert.

Enkelmanns zentrale Botschaft lautet: „Du bist wichtig." Du bist viel kostbarer und wichtiger, als du denkst. Du besitzt alle Fähigkeiten, etwas Wundervolles mit deinem Leben anzufangen. Dein Potential ist faktisch unbegrenzt. Du mußt lediglich lernen, wie du das Beste aus dir machen kannst, und die Zukunft steht dir offen.

Dieses spannende Buch über die Entwicklung von Charisma wird Sie lehren, daß Ihre persönliche Kraft aus Ihnen selbst kommt. Je mehr Sie sich selbst mögen und respektieren, desto mehr werden Sie auch die Menschen in Ihrem Umfeld mögen und respektieren. Und um so mehr wird man wiederum Sie mögen und respektieren.

Bei jedem Menschen, auf den Sie treffen, hinterlassen Sie einen Eindruck – welcher Art auch immer. Durch dieses Buch werden Sie lernen, eine Persönlichkeit zu werden, die man respektiert und zu der man aufsieht. Sie lernen, wie Sie bei Ihren Freunden und Mitarbeitern an Beliebtheit gewinnen; Sie lernen, wie Sie Ihren Kindern mit mehr Überzeugungskraft und Einfluß begegnen; und Sie lernen, wie Sie mit Ihrem Partner liebevoller, einfühlsamer und freundlicher umgehen.

Als Führungskraft lernen Sie, wie Sie Ihrem Mitarbeiterstab mit mehr Selbstvertrauen und Ausstrahlungskraft gegenübertreten. Als Verkäufer lernen Sie, im Umgang mit dem Kunden mehr Optimismus und Selbstbewußtseit zu entwickeln. Als Angestellter in beliebiger Position lernen Sie, wie Sie weitaus größeren Einfluß auf Ihren Chef und die Kollegen ausüben und ihnen gegenüber mehr Überzeugskraft an den Tag legen können.

Sie werden bei der Lektüre dieses Buches entdecken, daß es sich mit der Ausstrahlungskraft in etwa so verhält wie mit körperlicher Fitness: Sie müssen regelmäßig trainieren, bis Sie ein hohes Niveau erreicht haben. Dank Nikolaus B. Enkelmann können Sie sich zu diesem Zweck eines „Trainingsprogramms" bedienen, mit dessen Hilfe Sie schnell Fortschritte machen und bei Ihren zwischenmenschlichen Aktivitäten quasi augenblicklich bessere Resultate erzielen werden.

Von allen Komponenten, die letztlich darüber entscheiden, welches Maß an Erfolg und Zufriedenheit Sie insgesamt im Leben erlangen, ist Ihre Fähigkeit, hochwertige Beziehungen zu anderen Menschen einzugehen, im kommenden 21. Jahrhundert der wichtigste Einzelfaktor. Je häufiger Sie die Anregungen dieses Buches aufgreifen und praktizieren, desto effektiver werden Sie in allem, was Sie tun.

Da gibt es kein Zögern und Zaudern. Schnallen Sie sich an und stellen Sie das Rauchen ein! Sie stehen kurz vor dem Abflug in das große Abenteuer, das da heißt: die Erkundung Ihres eigenen Geistes und Ihrer eigenen Persönlichkeit. Wenn Sie die einfachen und dabei effektiven Anregungen aufgreifen, werden Sie im Umgang mit anderen bessere und raschere Ergebnisse erzielen, als Sie je für möglich gehalten hätten. Viel Erfolg!

Ihr Brian Tracy

VORWORT
von Nikolaus B. Enkelmann

Liebe Leserin,
lieber Leser!

Vielleicht fragen Sie sich, warum ich als Thema dieses Buches CHARISMA gewählt habe – Charisma, die Kunst, andere zu verzaubern.

Einen Erfolg zu erzielen, ohne charismatische Fähigkeiten zu besitzen – das ist heute kaum noch möglich.

Deshalb erscheint es mir sinnvoll, sich intensiv mit dem Phänomen Charisma zu befassen. Was ist Charisma überhaupt? Wer besitzt es schon, und wie bekommt man es? Das sind die zentralen Fragen, mit denen wir uns beschäftigen wollen.

Ich werde Ihnen zeigen, wie Sie Schritt für Schritt Fähigkeiten entfalten können, die Ihre Persönlichkeit erstrahlen lassen. Beim Arbeiten mit diesem Buch werden Sie bemerken, daß Sie an manchen Punkten mehr und an anderen weniger tun müssen. Sie werden auch erkennen, was Sie wirklich wollen; denn nur die Konzentration auf eine Aufgabe – auf ein Ziel – führt auch zum Ziel. Sie werden sich selbst besser kennenlernen, Stärken hervorheben, Schwächen auflösen und vielleicht sogar gänzlich neue Seiten an sich selbst entdecken.

Grundlage meines Erfolgssystems ist die sinnzentrierte „Logotherapie", die der große alte Mann der Psychologie, Victor Frankl, entwickelte. Er entwarf ein Denkmodell, das als heuristischer Optimismus bezeichnet wurde: „Laßt es uns versuchen und sehen, was dabei herauskommt." Aufgrund der schrecklichen Erfahrungen während der Jahre im Konzentrationslager kam er zu weiteren Erkenntnissen: „Man kann dem Menschen alles nehmen, doch niemals die geistige Freiheit, die innere Einstellung. Das, was wirklich zählt, ist die innere Einstellung." Es war die Geburtsstunde der Logotherapie.

Logos heißt Sinn. Also die Verbindung finden von geistiger Freiheit und dem Sinn jeder Situation – und sei diese noch so verzweifelt; den Sinn finden, in allem Tun – seinem Leben einen Sinn geben – das wurde das Ziel dieser Therapierichtung. Victor Frankl formulierte seine Lebensaufgabe so: „Ich habe den Sinn meines Lebens darin gesehen, anderen zu helfen, einen Sinn in ihrem Leben zu finden."

Dieser Gedanke faszinierte mich und prägte mein Leben und meine Arbeit nachhaltig. Meine Erfolgsphilosophie basiert also auf den Erkenntnissen von Victor Frankl. Erfolg um des Erfolgs willen kann nicht befriedigen. Und deshalb steht die Frage nach dem Sinn am Anfang meines Buches. Ich frage weiterhin:

- Welchen Sinn hat es für Sie und Ihr Umfeld, wenn Sie Erfolg haben?
- Welchen Sinn sehen Sie in Ihrer Arbeit?
- Welchen Sinn hat es, wenn Sie anderen Menschen helfen, eine sinnvolle Aufgabe zu finden?

Die Lebensaufgabe sollte darin bestehen, anderen Nutzen zu bringen. Der Mensch als das Wertvollste überhaupt muß im Mittelpunkt stehen. Das ist die Grundlage meiner Erfolgsphilosophie. Fragen auch Sie sich immer wieder, während Sie dieses Buch durcharbeiten: Wo liegt der Sinn für mich?

Dieses Buch ist kein Lese-, sondern ein Arbeitsbuch. Ich habe hier für Sie eine Reihe von Übungen zusammengestellt, die sich in den fünfunddreißig Jahren meiner Praxis bewährt und unzählige Menschen zum Erfolg begleitet haben. Alles, was ich Ihnen vorschlage, ist erprobt und führt Sie geradewegs zu Ihrem Ziel.

Charisma – das haben Sie!

Gehen Sie mit mir Schritt für Schritt den Weg des Erfolgs, entwickeln Sie Ihr Charisma, bringen Sie Ihre Persönlichkeit zum Strahlen. Ihr Erfolg hilft anderen, auch erfolgreich zu werden. Und so schließt sich der Kreis nach der Frage des Sinns.

Die Arbeit an sich selbst sollte Ihnen Spaß machen. Fragen Sie sich immer wieder: „Wo will ich hin?“ Sie sollten Ihre Ziele mit einer positiven Einstellung angehen, und Ihr Unterbewußtsein zu Ihrem effektivsten Mitarbeiter machen. Fokussieren Sie Ihre Gedanken auf das Wesentliche. Machen Sie meine Erfolgs- oder besser gesagt, meine Entfaltungsphilosophie zu der Ihren.

Alles ist möglich, wenn man es wirklich will. Viele Tausende von Menschen, die nach meiner Erfolgsmethode arbeiten, sind Beweis für die Wirksamkeit meiner Philosophie. Lassen Sie mich ein kleines Beispiel aus meinem eigenen Leben erzählen: Im Alter von 24 Jahren habe ich auf der Rathaustreppe vor 6000 Menschen in meiner Heimatstadt Lippstadt Ludwig Erhard begrüßt. Am 1. Mai 1999 werde ich – zusammen mit Brian Tracy – vor 10000 Menschen einen Motivationstag durchführen – in der Frankfurter Messehalle. Und darauf freue ich mich. 10000 Menschen zu begeistern, zu motivieren, das sehe ich als meine Aufgabe.

Ich würde mich freuen, wenn Sie mir einmal von Ihren Erfahrungen berichten, die Sie durch die Arbeit mit diesem Buch machen, von den Veränderungen, die Sie erleben, und von den Erfolgen, die Sie erzielen.

Aber vorerst wünsche ich Ihnen viel Freude beim Studieren und Durcharbeiten dieses Buches und viel Erfolg.

Ihr Nikolaus B. Enkelmann

DANKSAGUNG

Dankbar bin ich – wirklich dankbar – all meinen großen Lehrern, die mir geholfen haben, der zu werden, der ich heute bin. Menschen, die mich gefördert, inspiriert und unterstützt haben, meinen Weg zu gehen. Hervorheben möchte ich vor allem Prof. Victor Frankl, Oscar Schellbach und Dr. Robert Schuller.

Dankbar bin ich all jenen, die mich dabei unterstützt haben, die Philosophie des erfolgreichen Weges mit einer Million Menschen zu teilen. Es ist meine Lebensaufgabe, Menschen zu zeigen, daß es einen Weg nach oben gibt – einen Weg zur Entfaltung der einzigartigen Persönlichkeit; denn es ist jedem möglich, seinem Leben Wert und Sinn zu geben.

Ganz besonders dankbar bin ich Birgit Rupprecht-Stroell, die alle unsere Seminare besucht und unser Erfolgssystem intensiv studiert hat. Birgit Rupprecht-Stroell hat meine Bücher auf das gründlichste durchgearbeitet und war so wie niemand anderer in der Lage, mich beim Schreiben dieses Buches zu unterstützen. Dieses Buch profitiert sehr von ihrer Lebenserfahrung, und ihre wertvollen Anregungen machten es möglich, meine Gedanken noch besser zu verdeutlichen. So kann jeder wirklich interessierte Leser Richtlinien für seinen persönlichen Aufstieg finden.

Zu Recht wird mancher belesene Leser sagen: „Das eine oder andere kenne ich bereits." Das ist richtig. Doch auch Sie sollten daran denken, daß Wissen erst dann Macht ist, wenn wir es in unserem Verhalten umsetzen. Vielleicht kennen Sie auch dieses Zitat von Goethe: „Der Irrtum wiederholt sich immerfort in der Tat. Deshalb muß man das Wahre unermüdlich in Worten wiederholen."

Ich wünsche Ihnen, daß Sie Ihren Weg gehen und dieses Buch als einen wertvollen Wegbegleiter verstehen.

Ihr
Nikolaus B. Enkelmann

EINLEITUNG

Mit der historischen Rede von John F. Kennedy in Berlin möchte ich Sie auf das Thema Charisma einstimmen. Versetzen Sie sich zusammen mit mir zurück in die 60er Jahre, denken Sie an Berlin – eine Insel im kommunistischen Teil Deutschlands.

Es war der dritte Tag von Kennedys Deutschland-Besuch. Kennedy versichert die unbedingte Treue der USA zu den westlichen Verbündeten, insbesondere zur Bundesrepublik.

Der Ort: Platz vor dem Schöneberger Rathaus
Die Zeit: 26. Juni 1963
– fast zwei Jahre nach dem Mauerbau (13.8.1961) –

Meine Berliner und Berlinerinnen!

Ich bin stolz, heute in Ihre Stadt zu kommen als Gast Ihres hervorragenden Regierenden Bürgermeisters, der in allen Teilen der Welt als Symbol für den Kampf und den Widerstandsgeist Westberlins gilt. Ich bin stolz, auf dieser Reise die Bundesrepublik Deutschland, zusammen mit ihrem hervorragenden Herrn Bundeskanzler, besucht zu haben, der während so langer Jahre die Politik bestimmt hat nach den Richtlinien der Demokratie, der Freiheit und des Fortschritts. Ich bin stolz darauf, heute in Ihre Stadt – in der Gesellschaft eines amerikanischen Mitbürgers – gekommen zu sein, General Clay, der hier tätig war in der Zeit der schwersten Krise, durch die diese Stadt gegangen ist, und der wieder nach Berlin kommen wird, wenn es notwendig werden sollte.

Vor zweitausend Jahren war der stolzeste Satz, den ein Mensch sagen konnte, der: „Ich bin ein Bürger Roms!“ Heute ist der stolzeste Satz, den jemand in der freien Welt sagen kann: „Ich bin ein Berliner!“

CHARISMA-FAKTOR

Überzeugungskraft!

Wenn es in der Welt Menschen geben sollte, die nicht verstehen, oder die nicht zu verstehen vorgeben, worum es heute in der Auseinandersetzung zwischen der freien Welt und dem Kommunismus geht, dann können wir ihnen nur sagen, sie sollen nach Berlin kommen. Es gibt Leute, die sagen, dem Kommunismus gehöre die Zukunft. Sie sollen nach Berlin kommen! Und es gibt wieder andere in Europa und in anderen Teilen der Welt, die behaupten, man könne mit den Kommunisten zusammenarbeiten. Auch sie sollen nach Berlin kommen! Und es gibt auch einige wenige, die sagen, es treffe zwar zu, daß der Kommunismus ein böses und ein schlechtes System sei; aber er gestatte es ihnen, wirtschaftliche Fortschritte zu erreichen. Aber laßt auch sie nach Berlin kommen!

Siebzehn Jahre nach Beendigung des Zweiten Weltkrieges, war Deutschland durch den Wiederaufbau auch wirtschaftlich wieder stark geworden, doch die politischen Gegensätze, Kommunismus auf der einen, Kapitalismus auf der anderen Seite, schienen einen weiteren Fortschritt unmöglich zu machen.

Erinnern wir uns: Anfang der 60er Jahre, die finsterste Zeit des kalten Krieges. Die Teilung Deutschlands und Berlins schien unwiderruflich. Die Berliner fühlten sich eingesperrt und waren entmutigt. Die Menschen hatten Angst.

Hier standen sich freie Welt und Kommunismus gegenüber. Die Berliner waren täglich damit konfroniert, was beispielsweise auf Kuba – trotz Raketenkrise – nicht zutraf.

Mit dem Satz „Sie sollen nach Berlin kommen!“ ist auch die Sowjetunion angesprochen, die zu dieser Zeit ihren Sputnik in das All schickte. Wenn man auf der Erde nicht seine Meinung äußern und sich frei bewegen darf, dann gibt es auch im Himmel keine Freiheit. Alle, die in Unfreiheit leben, unterdrückt werden, sich nicht frei bewegen können – sie alle sollen nach Berlin kommen. Die Rede Kennedys ist dynamisch, kämpferisch, für jeden verständlich. Selbst heute – nach so vielen Jahren – haben diese Worte ihre Wirkung nicht verloren. Sie spiegeln die Weltpolitik der 60er Jahre wider.

Es waren einfache, deutliche Worte für einen klaren Standpunkt. Und doch noch mehr. Sie zeigten, daß Kennedy einer der ihren war – ein Berliner, der mitfühlte und mitlitt. Jeder fühlte sich angesprochen, jeder empfand die Worte als persönlich für ihn gesprochen.

Der mächtigste Mann der Welt fühlt sich mit jedem einzelnen Berliner verbunden, Kennedy ist stolz, daß er in dieser Stadt sein darf. Das verbindet – der Funke springt über.

CHARISMA-FAKTOR

Den Menschen dort abholen, wo er ist.

Weiter geht es im Text:

Ein Leben in Freiheit ist nicht leicht, und die Demokratie ist nicht vollkommen. Aber wir hatten es nie nötig, eine Mauer aufzubauen, um unsere Leute bei uns zu halten und sie daran zu hindern, woanders hinzugehen. Ich möchte Ihnen im Namen der Bevölkerung der Vereinigten Staaten, die viele tausend Kilometer von Ihnen entfernt auf der anderen Seite des Atlantik lebt, sagen, daß meine amerikanischen Mitbürger sehr stolz darauf sind, mit Ihnen zusammen – selbst aus der Entfernung – die Geschichte der letzten achtzehn Jahre teilen zu können. Denn ich weiß nicht, daß jemals eine Stadt achtzehn Jahre lang belagert wurde und dennoch lebt mit ungebrochener Vitalität, mit unerschütterlicher Hoffnung, mit der gleichen Stärke und mit der gleichen Entschlossenheit wie heute Westberlin.

CHARISMA-FAKTOR

Positive Emotionen wecken

Die Mauer ist die abscheulichste und stärkste Demonstration für das Versagen des kommunistischen Systems. Die ganze Welt sieht dieses Eingeständnis des Versagens. Wir sind darüber keineswegs glücklich, denn, wie Ihr Regierender Bürgermeister gesagt hat, die Mauer schlägt nicht nur der Geschichte ins Gesicht, sie schlägt der Menschlichkeit ins Gesicht. Durch die Mauer werden Familien getrennt, der Mann von der Frau, der Bruder von der Schwester, Menschen werden mit Gewalt auseinander gehalten, die zusammen leben wollen …

„Ein Leben in der Freiheit ist nicht leicht, und die Demokratie ist nicht vollkommen …" – die Fähigkeit, Fehler des eigenen Systems zu erkennen und zuzugeben, schafft Nähe zum Zuhörer und erweckt Sympathie. Gleichzeitig spürt man aber auch die Ansage zum Kampf gegen diese Mißstände. Fehler erkennen und aus ihnen für die Zukunft lernen, Dinge zu verbessern: Damit kann sich jeder identifizieren – und gleichzeitig eine besser Zukunft anstreben.

CHARISMA-FAKTOR

Eigene Fehler erkennen und zugeben

Die Verdammung der Mauer und Mitgefühl empfinden für das Leiden der Berliner Bevölkerung – solche Faktoren sprechen die Emotionen der Betroffenen an.

Was von Berlin gilt, gilt auch von Deutschland: Ein echter Friede in Europa kann nicht gewährleistet werden, solange jedem vierten Deutschen das Grundrecht einer freien Wahl vorenthalten wird. In sechzehn Jahren des Friedens und der erprobten Verläßlichkeit hat diese Generation der Deutschen sich das Recht verdient, frei zu sein, einschließlich des Rechtes, die Familien und die Nation in dauerhaftem Frieden wieder vereint zu sehen, im guten Willen gegen jedermann.

Sie leben auf einer verteidigten Insel der Freiheit. Aber Ihr Leben ist mit dem des Festlandes verbunden, und deswegen fordere ich Sie zum Schluß auf, den Blick über die Gefahren des Heute hinweg auf die Hoffnungen des Morgen zu richten, über die Freiheit dieser Stadt Berlin, über die Freiheit Ihres Landes hinweg auf den Vormarsch der Freiheit überall in der Welt, über die Mauer hinweg, auf den Tag des Friedens in Gerechtigkeit.

CHARISMA-FAKTOR

Visionen vermitteln

Die Freiheit ist unteilbar, und wenn auch nur einer versklavt ist, dann sind nicht alle frei. Aber wenn der Tag gekommen sein wird, an dem alle die Freiheit haben und Ihre Stadt und Ihr Land wieder vereint sind, wenn Europa geeint ist und Bestandteil eines friedvollen und zu höchsten Hoffnungen berechtigen Erdteils, dann können Sie mit Befriedigung von sich sagen, daß die Berliner und die Stadt Berlin zwanzig Jahre lang die Front gehalten haben. Alle freien Menschen, wo immer sie leben mögen, sind Bürger dieser Stadt Westberlin, und deshalb bin ich als freier Mann stolz darauf, sagen zu können: Ich bin ein Berliner!

CHARISMA-FAKTOR

Begeisterung erwecken

Eine Vision vermitteln, Hoffnung auf eine bessere Zukunft wecken, Freiheit für die Stadt Berlin und für Deutschland zu fordern – all das motiviert und gibt Kraft, die Gegenwart zu meistern und sich für die Zukunft einzusetzen. Die überwältigende Reaktion der Berliner, die Begeisterung und der neu entfachte Mut – das ist noch heute in den Menschen lebendig, die diese Rede miterlebt haben.

Kennedy vermittelte echte Emotion, Kampfgeist, Verständnis und zeigte zugleich einen Weg auf – den Weg heraus aus der Krise. Charisma pur!

CHARISMA-FAKTOR

Macht und Persönlichkeit

1. Kapitel
WAS IST CHARISMA?

Fragen Sie Kollegen und Freunde, was sie unter Erfolg verstehen, dann werden Sie die unterschiedlichsten Interpretationen hören: Geld, Macht, Ansehen, Gewinn … Aber nur selten wird etwas erwähnt, ohne das Erfolg fast nicht möglich ist: Es nennt sich Charisma – ein Wort, das sich zu einem Modewort in den Medien entwickelt, über dessen Bedeutung sich aber die Geister scheiden. Einmal ist es das gewisse Etwas, die persönliche Ausstrahlung, Energie, Charme, Überzeugungskraft, Vertrauen, ein andermal gehört auch Sexappeal dazu – die Auswahl ist groß. Doch was ist Charisma wirklich?

Der Duden definiert es so:

1. „göttliche Gnadengabe“
2. „wesenhafte Begabung zu einem bestimmten Dienst, vor allem zur Übernahme einer Führerrolle und einer damit verbundenen irrationalen Herrschaft“.

In der Kirche wird Charisma als eine Gnadengabe bezeichnet, die einem Menschen entsprechend den Erfordernissen und Umständen verliehen wird, um damit andere Menschen zu besonderen Anstrengungen zu motivieren. So zählt beispielsweise Franz von Assisi zu dieser Art Charismatiker.

Das Wort stammt aus dem Altgriechischen und bedeutet „Aufmerksamkeit auf sich ziehen“, was auf die Göttin Charis, Göttin der Anmut und der Liebe, zurückzuführen ist. Schon im alten Griechenland galten charismatische Menschen als besondere Lieblinge der Götter, die derart Bevorzugte zu außergewöhnlichen Erfolgen befähigten.

CHARISMA-FAKTOR

Charisma ist die Fähigkeit, Aufmerksamkeit auf sich zu lenken und sie festzuhalten.

Der Soziologe Max Weber prägte den Begriff „Autorität durch Charisma“ als einen Führungsanspruch, als irrationalen Gegenpol zum rationalen Herrschaftsgefüge der Bürokratie, bei dem die Führungspersönlichkeit in Krisenzeiten entscheidend ist – die Persönlichkeit, der man vertraut und bedingungslos folgt.

Die Eigenschaften, die dem Charisma zugeschrieben werden, haben eine große Spannweite. Das gilt auch für charismatische Persönlichkeiten, denn besonders hier spielt die individuelle Betrachtungsweise eine große Rolle. Nicht jeder sieht in Gerhard Schröder einen charismatischen Politiker, in Lady Di eine charismatische Frau, in Boris Becker oder Ralf Schumacher die mit Charisma behafteten Sportler. Der eine steht überall im Mittelpunkt, die Herzen fliegen ihm zu, das Publikum lauscht gebannt seinen Worten, liest ihm seine Wünsche von den Augen ab, seine Mitarbeiter leisten Überdurchschnittliches für ihn. Und dann gibt es die anderen, die selbst wie die Wahnsinnigen arbeiten, tolle Ideen haben, sich um Aufmerksamkeit redlich bemühen und dennoch kaum beachtet werden. Es sieht aus, als gäbe es die vom Schicksal Begünstigten und die Benachteiligten.

Gibt es sie wirklich, die geborenen Gewinner und die geborenen Verlierer?

Ich bin davon überzeugt, daß eine strahlende Persönlichkeit nicht angeboren ist oder durch ein glückliches Schicksal erworben wurde. Vielmehr nutzt der Gewinner seine Gaben, seine „Be-gabungen“, seine Fähigkeiten. Dadurch hat er Freude an seiner Aufgabe, daraus entsteht Begeisterung. Er schafft durch eine optimistische Lebenshaltung positive Voraussetzungen. Mißerfolge entmutigen ihn nicht – vielmehr lernt er dadurch und wächst an den Aufgaben. Seine Aufgabe ist seine Lebensaufgabe! Und deshalb strahlt er Sicherheit, Lebensfreude, Zuversicht, Begeisterung aus – und das wird reflektiert. Auf diese Weise entsteht im Unterbewußtsein das Erfolgsprogramm. Die charismatische Persönlichkeit ist auf Erfolg programmiert – Erfolgsdenken ist zur Gewohnheit geworden!

Was unterscheidet also einen erfolgreichen Manager von seinen Kollegen, was macht den charismatischen Politiker aus, worin liegt das Charisma des Künstlers? Charisma ist nichts anderes als das Strahlende und Mitreißende einer Persönlichkeit, welche die Kunst beherrscht, andere Menschen zu verzaubern. Das erklärt auch das Unterschiedliche in der Beurteilung, wer Charisma hat und wer nicht. Der Mensch, in dessen Gegenwart wir uns wohl fühlen, dem wir konzentriert zuhören, der uns fasziniert und begeistert, besitzt auf jeden Fall das begehrenswerte gewisse Etwas – er hat Charisma. Doch jeder Mensch empfindet anders. Je mehr Gemeinsamkeiten bestehen, vor allem auf der emotionalen Ebene, desto eher wird ein Mensch als charismatisch empfunden. Wenn ein Mensch uns innerlich anspricht – dazu braucht es nicht einmal Worte –, sind wir viel eher bereit, uns zu öffnen. Wir lassen uns dadurch natürlich auch leichter beeinflussen, vor allem begeistern und motivieren. Wir sehen in seinem solchen Menschen etwas Besonderes; und da wir seine Meinung teilen, erheben auch wir uns – zusammen mit ihm – aus der Masse. Deshalb lassen wir uns von einem solchen Menschen auch gern motivieren. Sind hingegen unsere Gefühle nicht beteiligt, spricht der Mensch uns nicht an, handeln wir aus dem Verstand. Wir wägen seine Argumente sehr sorgfältig ab und stehen allen seinen Plänen skeptisch gegenüber.

Charisma macht das Leben leichter und schöner

Mit einer charismatischen Ausstrahlung öffnen sich die Türen wie von selbst, es entstehen leicht Kontakte und echte Beziehungen, die Kommunikation fließt. Eine überzeugende Persönlichkeit mit Kraft und Zuversicht, voller Begeisterung und Motivationskraft wirkt auf die tieferen Schichten der menschlichen Seele. Auf dieser Ebene entsteht Sympathie oder Antipathie. Deshalb könnte man Charisma vielleicht sogar als bestimmte Art von Charme bezeichnen oder als eine ansteckende positive Stimmung, die in der Gegenwart von charismatischen Menschen scheinbar ganz von selbst entsteht.

Charisma ist nicht nur den Menschen vorbehalten, die im Rampenlicht stehen. Jeder von uns hat Charisma – oder kann es haben. Ein Lehrer, der positiven Einfluß auf seine Schüler nimmt, der geachtet und respektiert wird, der Zugang zu den Herzen der jungen Leute findet, sie motivieren und anspornen kann, hat zweifellos Charisma. Jeder spürt es, jeder sieht es. Er muß nicht mit lauter Stimme auf sich aufmerksam machen – die Schüler wenden sich ihm zu, sobald er den Raum betritt. Die Schüler gehen auf ihn zu, fragen ihn um Rat, fühlen sich wohl in seiner Gegenwart. Er wirkt durch seine natürliche Autorität, durch die Ausstrahlung seiner Persönlichkeit.

Oder der Taxifahrer aus der Türkei, der freundlich, hilfsbereit und offen ist. Der Fahrgast fühlt sich wohl in seiner Gegenwart, setzt sich beruhigt in den Wagen, kann sich in einer entspannten Atmosphäre auf den nächsten Termin konzentrieren und steigt mit einem Lächeln aus dem Wagen. Vielleicht bemerken Sie die charismatische Ausstrahlung Ihrer Nachbarin, die mit Sicherheit, Charme und Freundlichkeit für ein angenehmes Klima in der Hausgemeinschaft sorgt.

Schärfen Sie Ihr Bewußtsein für Charisma und notieren Sie

- zehn charismatische Personen, die Sie persönlich kennen,
- zehn charismatische Personen aus Wirtschaft, Politik, Kunst.
- Welche besonderen Eigenschaften zeichnen die von Ihnen genannten Personen aus?
- Welche dieser Eigenschaften betrachten Sie persönlich als „charismatisch"?
- Welche dieser Eigenschaften besitzen Sie?
  - ganz
  - ansatzweise
  - gar nicht

Zu den charismatischen Eigenschaften gehören:

- Magnetische persönliche Anziehungskraft
- Begeisterung für die Lebensaufgaben
- Identifikation mit dem eigenen Handeln (Glaubwürdigkeit)
- Entfaltung der eigenen Fähigkeiten
- Selbstsicherheit und innere Ruhe
- Konzentrationsfähigkeit
- Kommunikationsstärke
- Motivationsfähigkeit
- Fähigkeit, richtig mit Menschen umzugehen
- Zielklarheit
- Charme
- Tatkraft und Energie
- Entscheidungsfreude

– Vorbild sein
– Positive Lebenseinstellung

CHARISMA-FAKTOR

Ein begeisterter Mensch ist voll und ganz von dem überzeugt, was ihn fasziniert; er zieht keine Vergleiche.

Wir werden uns hier mit einzelnen Aspekten von Charisma befassen. Wie Sie diese Fähigkeiten entfalten, trainieren und verstärken können, erfahren Sie im Kapitel 4.

Charisma und Begeisterung

Charisma **ist** Begeisterung; Begeisterung für eine Idee, für die Aufgabe. Begeisterung kann nur entstehen, wenn man einen Sinn – denken Sie an Victor Frankl (siehe Vorwort) – in seinem Tun sieht. Wer sich ganz auf eine Sache konzentriert, weil sie ihm wichtig ist, und diese mit Elan, Freude und dem Einsatz aller seiner Kräfte angeht, kann das nur mit Begeisterung tun. Für viele Menschen steht der Erfolg an erster Stelle; ihr ganzes Streben ist darauf gerichtet. Doch das ist der falsche Ausgangspunkt. Nicht der Wunsch, erfolgreich zu sein, führt Sie zum Erfolg. Ansatzpunkt für wirklichen Erfolg – und damit meine ich Erfolg, der wirklich befriedigt – ist die Begeisterung, mit der Sie Ihre (Lebens-)Aufgabe annehmen. Der Erfolg stellt sich dann zwangsläufig ein. Und das ist dann ein echter Erfolg, der tiefe Erfüllung und Befriedigung gibt. So sagte Adolf von Wilbrandt:

„Begeisterung ist alles! Gib einem Menschen alle Gaben der Erde und nimm ihm die Fähigkeit der Begeisterung, und du verdammst ihn zum ewigen Tod.“

Sehen wir uns doch einmal an, auf welche Weise viele Menschen zu ihrem Beruf kamen. Sie haben einen Arbeitsplatz, weil gerade in dieser Firma Lehrstellen frei waren, der Vater gute Kontakte zu der Firma hatte, der Arbeitsplatz günstig mit den öffentlichen Verkehrsmitteln zu erreichen war … Sie sind förmlich in den Beruf gestolpert. Mit Beruf, also einer „Be-rufung" zu einer bestimmten Tätigkeit, hat das nicht viel zu tun. Es kommt ja nicht allein darauf an, was Sie tun und wie Sie eine Arbeit ausführen – es kommt auch vor allem darauf an, mit wieviel Engagement und wie gern Sie diese Aufgabe übernehmen. Eine Arbeit mit Begeisterung erledigen oder eine Arbeit notgedrungen erledigen – das sind zwei völlig verschiedene Dinge. Es liegt an dem einzelnen, wie er eine Aufgabe angeht. Er kann sie widerwillig oder gleichgültig erledigen, er kann aber auch begeistert bei der Sache sein, sich ganz dafür einsetzen.

Mitarbeiter, die keine Begeisterung für ihre Arbeit aufbringen, können logischerweise keine gute Leistung erbringen. Bei ihnen war nicht Interesse, Begabung oder der Wunsch nach einer bestimmten Tätigkeit ausschlaggebend für ihre Berufsentscheidung, die doch einen der wichtigsten Bereiche des Lebens prägt. Es wurde dem Zufall überlassen, wo und mit welcher Tätigkeit der Mensch einen Großteil seiner Zeit verbringt. Unter solchen Voraussetzungen kann kein echtes Engagement entstehen, keine wirkliche Freude an der Arbeit und natürlich auch kein Charisma.

Deshalb ist es so wichtig, daß gerade Führungspersönlichkeiten um diese Problematik wissen. Um etwas zu erreichen, um den Mitarbeiter zu erreichen und wirklich ansprechen zu können, muß er erst einmal aus dieser passiven Haltung herausgeführt werden. Frustrierte Mitarbeiter brauchen eine sensible Führung, benötigen Perspektiven für die Zukunft, und dann erst kann langsam Begeisterung geweckt werden.

Doch es gibt noch andere Hindernisse: Wie soll ich andere Menschen überzeugen und begeistern, wenn ich selbst nicht begeistert bin von dem, was ich tue?

Entzünden Sie in sich das Feuer der Begeisterung – zuerst in sich und dann in anderen Menschen!

Machen Sie eine kurze Selbstanalyse:

- Wann waren Sie das letzte Mal begeistert?
- Was hat Sie begeistert?
- Wann haben Sie zuletzt einen anderen Menschen begeistert?
- Erfüllt Ihre Arbeit Sie mit Begeisterung?

- Ist Ihr Beruf Ihre Berufung?
- Haben Sie Ihren Beruf mit Begeisterung gewählt?
- Was tun Sie mit Begeisterung?
- Sind Sie ein begeisterter Familienvater/Ehemann/Single?
- Sind Sie ein begeisterter Sportler?
- Wovon sind Sie begeistert?
- Listen Sie auf, welche Dinge Sie mit Begeisterung tun: „Ich bin begeistert von …“

„Enthusiasmus ist das schönste Wort der Welt“, sagt Christian Morgenstern. Und da kann ich ihm nur recht geben, denn für einen von seinen Zielen begeisterten Menschen gibt es keine Hindernisse. Er ist überzeugt von seiner Sache, er muß sich nicht erst mit anderen messen. Er weiß, was er will – denn er will es aus tiefstem Herzen. Haben Sie gewußt, daß Begeisterung sogar physisch meßbare Veränderungen bewirken kann? Begeisterung reguliert die körperlichen Abläufe, harmonisiert Blutdruck und Kreislauf und trägt zum allgemeinen Wohlbefinden bei. So wundert es nicht, daß ein begeisterter Mensch in der Regel aktiv und gesund ist.

Viele Menschen glauben, Sie können mit Worten überzeugen, ihre Mitarbeiter motivieren und diese zu Höchstleistungen anspornen. Weit gefehlt! Die persönliche Ausstrahlung ist es, mit der Sie Ihre Mitmenschen wirklich erreichen. Niemand kann sich Ihnen verschließen oder sich Ihnen verweigern, wenn Sie von sich und Ihrer Aufgabe überzeugt und begeistert sind. Ihre Ausstrahlung ist unwiderstehlich, denn:

Gegen Worte kann man sich wehren, nicht aber gegen die persönliche Ausstrahlung!

Sie können das Feuer der Begeisterung, das in Ihnen brennt, auch in anderen entzünden. Wieviel Menschen warten geradezu darauf, geweckt zu werden, eine Aufgabe zu finden, die ihrem Leben Sinn und Freude – Lebensfreude – gibt. Schauen Sie sich doch nur um: So viele Menschen vergeuden ihr Leben, indem sie lustlos in den Tag hineinleben. Sie mit Ihrer Begeisterung sind der Mensch, der ihnen einen Weg zeigen kann, der ihnen Impulse gibt und sie mitreißen kann. Geben Sie diesen Menschen eine Aufgabe, die sie herausreißt aus der Lethargie, aus der Eintönigkeit, aus dem täglichen Trott des Arbeitslebens. Zeigen Sie Ziele auf, lassen Sie Visionen entstehen, verbunden mit der Überzeugung: Wir schaffen das – gemeinsam sind wir stark!

Sie können jener Mensch sein, der eine solche Veränderung bewirkt. Mischen Sie sich ein! Sie können derjenige sein, der Ihre Abteilung, Ihre Firma auf Erfolgskurs bringt. Da ist es nicht allein damit getan, neue Zielvorgaben aufzustellen, Lean Management zu praktizieren und überall zu sparen. Das wichtigste ist der Mensch, der Mitarbeiter. Wenn Sie von Ihrer Vision überzeugt sind, dann entsteht Begeisterung eigentlich ganz von selbst, denn Sie befassen sich ständig mit Ihrem Projekt, mit Ihrer Idee. Je konkreter Ihr Gedanke wird, desto mehr Begeisterung fühlen Sie, und das wiederum strahlen Sie aus. Wie von selbst entsteht dann die Überzeugung, daß Ihr Wunsch nicht ein Traum bleiben muß, sondern realisiert werden kann. Sie sind erfüllt von Ihrer Vision – Ihre innere Begeisterung wird äußerlich sichtbar. Ihre Augen funkeln, Ihre Stimme ist sicher und überzeugend, Ihre Körpersprache zeigt klar und eindeutig: Sie stecken voller Energie, Sie haben Pläne, und Sie sind überzeugt von sich. Man spürt, Sie sind begeistert – Ihre Ausstrahlung überzeugt.

Begeisterung läßt sich gut mit einem Virus vergleichen. Einmal davon befallen, breitet er sich immer weiter aus. Ihre Begeisterung reißt Ihre Mitarbeiter mit. Begeisterte Mitarbeiter „infizieren" Kollegen und Kunden mit diesem Virus „Begeisterung".

Wie ansteckend sind Sie?

Charisma und Faszination

Ein charismatischer Redner fasziniert – nicht allein durch seine geschliffenen Worte, sondern durch die Art und Weise, wie er seine Gedanken den Zuhörern vermittelt. Es geht hier nicht um eine brillante Rede oder um erstklassige Rhethorik, deren Wert hier nicht unterschätzt werden sollte, sondern es geht um die Fähigkeit, den Worten Leben und Ausdruckskraft zu verleihen. Es geht darum, das Herz des Menschen und nicht nur seinen Verstand anzusprechen. Ist der Redner von seiner Idee begeistert, überträgt sich dieses Gefühl auf die Zuhörer wie ein Funke, der sich entzündet, oder ein Virus, der sich ausbreitet. Zuhören ist dann nicht mehr eine passive Angelegenheit. Da der Zuhörer auf der emotionalen Ebene angesprochen wird, nimmt er persönlichen Anteil an dem Projekt. Sein Interesse ist geweckt, seine Aufmerksamkeit steigt. Fasziniert hängt das Publikum förmlich an den Lippen des Redners. Es ist so still im Raum, daß man eine Stecknadel fallen hören könnte. Nichts anderes erscheint mehr wichtig, der Redner und sein Anliegen stehen im Mittelpunkt der Aufmerksamkeit. Die Faszination, die von ihm ausgeht, ergreift das Publikum. Seine Idee wird zur Idee des Publikums.

Warum gibt es Menschen, die zwar viele gute Ideen haben, aber dennoch nicht weiterkommen? – Weil ihre Ideen nicht mit Leben erfüllt sind, weil diese Menschen andere nicht in ihren Bann ziehen und sie nicht fesseln können, weil ihre Persönlichkeit nicht genügend Strahlkraft hat. Die eigene Begeisterung und Faszination wirken von selbst – wirken auf andere. Doch nur wenn man selbst von seinen Ideen und Vorstellungen begeistert und fasziniert ist, dann ist dieses Gefühl stark genug, um sich auf andere Menschen zu übertragen.

Faszination ist übrigens abhängig von der Vitalkraft des Menschen. Läßt diese nach, verblaßt auch die Ausstrahlung.

CHARISMA-FAKTOR

Faszination ist die stärkste Form der Anziehungskraft.

Charisma und Motivation

Unter Motivation verstehen wir die Fähigkeit, Leistungsreserven im Menschen zu mobilisieren und ihn zum Handeln anzuregen. Im Sport ist das leicht zu erkennen: Wenn der Trainer nicht motiviert ist, dann gelingt es ihm auch nicht, die Mannschaft so zu motivieren, daß sie die beste Leistung erzielt.

Warum können so wenige Manager ihre Mitarbeiter motivieren? Weil sie sich selbst nicht voll und ganz mit ihrer Aufgabe identifizieren – und damit fehlt das Entscheidende: die Überzeugungskraft. Wie soll man glaubhaft etwas vermitteln, was in einem selbst gar nicht vorhanden ist? Stellen Sie sich vor, Sie wären Verkäufer bei Mercedes und sind aber insgeheim davon überzeugt, daß BMW besser ist. Wie können Sie Ihren Kunden einen Mercedes verkaufen, wenn Sie nicht das Motiv – Mercedes ist der beste Wagen – in sich tragen? Sie werden nie gute Zahlen schreiben, nie Spitzenverkäufer bei Mercedes werden können. Wechseln Sie lieber die Firma.

Warum haben Sie bisher keinen durchschlagenden Erfolg erzielt? Vielleicht können Sie nicht richtig überzeugen? Wenn Ihre Argumente (fast) unschlagbar sind, wenn Statistiken und Vergleiche nicht anzufechten sind – dann sind Sie selbst das Verkaufshindernis. Vielleicht können Sie Ihre Zweifel nicht ganz verbergen. Sie haben nicht das richtige Motiv, sind nicht richtig motiviert. Auch wenn Sie glauben, daß es niemand merkt, so geben Sie sich hier doch einem großen Irrtum hin. Ihre Worte können perfekt sein, doch Ihre nonverbalen Signale können Sie gar nicht so gut kontrollieren, daß Ihr Kunde nicht bemerkt, daß Sie nicht voll und ganz hinter Ihren Argumenten stehen. Winzige Nuancen in Ihrer Stimme, in Ihrer Gestik – Ihre Körpersprache verrät Sie. So wie Sie diese Signale auf den feinsten Kanälen aussenden, werden Sie von feinsten Antennen Ihres Gesprächpartners empfangen. Der Erfolg bleibt aus, Sie sind frustriert, und mit der Zeit schleicht sich „De-motivation“ ein.

Sind Sie selbst nicht von Ihren Zielen und dem Sinn Ihrer Aufgaben im tiefsten Inneren überzeugt, so werden Sie auch nicht in Ihren Mitarbeitern eine starke Überzeugung wecken, werden keinen so richtig motivieren und mobilisieren können. So bleibt Ihnen nur, tapfer Tag für Tag zu versuchen, die vorgegebenen Ziele zu erreichen. Ohne richtige Motivation wird aber jede Arbeit zur Schwerstarbeit, kostet jeder Tag sehr viel Kraft. Das ist einer der Gründe, warum so viele Manager ausgepowert sind. Am meisten Kraft brauchen sie nämlich erst einmal für sich persönlich, für die Eigenmotivation, und dann für die Motivation der Mitarbeiter. Sie können keine Leistungsreserven aktivieren, weil ihnen die Antriebskraft fehlt. Manche Firmen wollen Mitarbeiter durch ein System von Belohnungen zu mehr Engagement motivieren. Da werden Reisen, Dinner in Luxusrestaurants, Autos und dergleichen als Belohnung für besonderes Engagement angeboten. Das mag anspornen, doch die Motivation, die auf diese Art und Weise geweckt wird, ist nicht auf das Unternehmensziel, auf die eigentliche Aufgabe gerichtet, sondern auf den persönlichen Vorteil des Mitarbeiters. Management by Charisma zielt jedoch auf Teamgeist und optimale Zusammenarbeit.

Sie wissen aus eigener Erfahrung, daß Ihnen jede Arbeit leichter von der Hand geht, wenn Sie motiviert sind. Sie brauchen sich nämlich nicht wirklich anzustrengen, sondern gehen die Dinge mit Freude und Begeisterung an. Vergleichen Sie einmal zwei Bergsteiger, die einen hohen Gipfel bezwingen wollen. Der eine macht diese Tour, weil er ein begeisterter Bergsteiger ist und jede freie Minute im Gebirge verbringt. Der andere hat die Kletterpartie aus einer Laune heraus zugesagt und muß nun mitgehen, um nicht als Drückeberger dazustehen. Der Bergfan bereitet sich mit Freude auf die Herausforderung vor, konzentriert sich auf das Ziel und stürmt den Gipfel. Er ist motiviert und freut sich über jeden Meter, den er weiter nach oben kommt. Der andere zählt die Stunden, quält sich Schritt für Schritt voran, verbraucht enorme Energie und kommt dennoch nur langsam voran. Er ist überhaupt nicht motiviert – und weil er sich zu allem anderen auch noch selbst (den eigenen inneren Schweinehund) überwinden muß, ist er schon nach der Hälfte der Strecke fix und fertig. Motivation macht Unmögliches möglich, denn Motivation verleiht ungeheuere Energien, beflügelt im wahrsten Sinne des Wortes. Wer mit Spaß und Freude bei der Sache ist, wird zwar nach einem langen Arbeitstag auch müde sein, aber das ist dann eine angenehme, zufriedene Müdigkeit. Wer hingegen ohne Motivation arbeitet, verbraucht viel Kraft, ist schnell ausgelaugt und erschöpft, kann seine Batterien auch nicht mehr richtig aufladen. Die Folge ist das Burnout-Syndrom.

Betrachten Sie einmal ein Foto mit Motiv und ein Foto, einfach so „geschossen“. Das sagt schon das Wesentliche zum Thema „Motivation“ aus. Ein Bild mit Motiv ruht ihn sich, ist schön, harmonisch und aussagefähig. Ein Foto – einfach so geknipst – ist ohne Ausstrahlung, hat keine Wirkung auf den Betrachter. Ein Mensch, der nicht motiviert ist, bewirkt nichts, erreicht nichts – bleibt farblos, geht einfach unter in der Masse.

CHARISMA-FAKTOR

Charisma und Motivation hängen eng zusammen.

Zu Charisma gehört immer die Fähigkeit, Menschen zu motivieren. Dabei spielt es keine Rolle, ob es sich um einen Lehrer handelt, der auf seine Schüler positiv einwirken kann, oder um einen Politiker, der Hoffnung vermitteln kann. Analysieren Sie einmal die Reden von Bill Clinton! Sie finden keine großen Versprechungen, keine wesentlichen Aussagen, und dennoch verbreitet er Hoffnung, motiviert seine Landsleute, gibt ihnen den Glauben an sich und an ihre Fähigkeiten. Er überzeugt durch seine Ausstrahlung, sein Auftreten, seine Gestik. Man spürt, er steht hinter seinen Worten. Die Menschen sind begeistert und lassen sich von ihm motivieren. Er kommt an beim Bürger. Oder erinnern Sie sich an die Rede Kennedys in Berlin! Da gab es keine großen Versprechungen, und dennoch eroberte Kennedy die Herzen der Berliner und motiverte sie, weiterzumachen, durchzuhalten – und das hat ihnen Mut gemacht. Charismatische Manager können ihre Mitarbeiter zu Höchstleistungen anspornen, weil sie zu motivieren wissen.

Wer siegen will, braucht ein Ziel – ohne großes Ziel keine Motivation! Menschen, die ein Motiv haben, die ein Ziel erreichen möchten, können ungeahnte Energien aktivieren, sind in der Lage, ihre Fähigkeiten zu entfalten und sogar über sich selbst hinauszuwachsen.

Viele Arbeitnehmer sehen in ihrer Tätigkeit nur eine Beschäftigung, um ihren Lebensunterhalt zu verdienen. Mit Lustlosigkeit kann man vielleicht noch korrekt arbeiten, große Leistungen sind damit aber nicht möglich. Deshalb ist es für jeden Manager so wichtig, dies zu erkennen und die Macht der Motivation zu nutzen.

Charisma und Motivation gehören zusammen:

Keine Motivationskraft – kein Charisma

Charisma und Macht

Macht ist an sich nichts Negatives, auch wenn dieser Begriff bei uns mit einer solchen Assoziation belegt ist. Macht ist erst einmal wertneutral. Es kommt – wie beim Geld – darauf an, was man damit anfängt. Wird sie eingesetzt für Krieg oder Frieden, Kunst oder Zerstörung, Liebe oder Haß? Jeder Mensch hat Macht, doch nur wenige nutzen sie. Es steht in der Macht des einzelnen, wie er sein Leben gestaltet, ob er seine Fähigkeiten entfaltet, sich weiterentwickelt oder ob er auf der Stelle stehenbleibt.

Ein charismatischer Mensch besitzt Macht. Das bedeutet, er beeinflußt andere Menschen in ihrem Denken und Handeln. Er kann sie begeistern, sie mobilisieren, ihnen Hilfestellung geben für das Erreichen von Zielen und das Lösen von Problemen. Eine in sich gefestigte Persönlichkeit wird ihre Macht nicht mißbrauchen oder sie ausnützen, sondern die Macht für den Fortschritt, die Weiterentwicklung und das Wohl der Gemeinschaft einsetzen.

Das Gegenteil von Macht ist „Ohn-macht" – also ohne Macht sein. Das bedeutet, daß man selbst ohne Macht ist und andere über das eigene Leben bestimmen läßt. So kann man weder richtig agieren noch reagieren. Das sollte kein Mensch mit sich machen lassen, und das kann sich keine Gesellschaft leisten!

Werden Sie sich Ihrer Macht bewußt, und nutzen Sie diese! Entfalten Sie dabei Ihre Fähigkeiten, und werden Sie zum strahlenden Mittelpunkt, um etwas zu verändern!

„Macht ist gestalterisches Vermögen" – sagt Theodor Heuss.

In enger Verbindung mit Macht steht auch die **Autorität**. Alfred Weber hat unterschieden zwischen Amtsautorität, Sachautorität und Personenautorität. Sach- und Amtsautorität ergeben sich aus der Autorität der Persönlichkeit, können diese verstärken, jedoch nicht ersetzen (s.a. Kapitel 3). Betrachten wir charismatische Persönlichkeiten, so stellen wir fest, daß sie allesamt über Autorität verfügen. Autorität – und ich meine hier die Autorität der Persönlichkeit – ist eine besondere Art der Ausstrahlung, die schwer zu definieren ist.

Solche Menschen strahlen eine tiefe Sicherheit und Überzeugung aus. Ihr Erfolg erscheint als etwas ganz Selbstverständliches, ihre

Überzeugung von den eigenen Fähigkeiten wirkt nicht überheblich. Sie haben im Laufe des Lebens gelernt, daß sie durch die Kraft ihrer Persönlichkeit alles erreichen können. Ein aufgewecktes Kind, das von klein auf Beachtung findet, entwickelt ein anderes Selbstwertgefühl als ein schüchternes Kind, das nicht beachtet wurde und deshalb auch später im Hintergrund bleibt, nicht auffällt und auch nicht auffallen möchte. Also kann sich schon von klein auf innere Sicherheit, Ausgeglichenheit und damit eine positive Ausstrahlung entwickeln. Wer Einfluß auf andere Menschen nimmt, hat persönliche Autorität, was Voraussetzung für eine echte Führungspersönlichkeit ist. Solche Menschen stellen an sich selbst hohe Ansprüche. Das scheint wiederum einer der Gründe zu sein, warum sie in ihren Mitmenschen geheime Wünsche wecken, verbunden mit der Hoffnung auf eine Realisierung dieser Wünsche. Charismatische Persönlichkeiten können Höchstleistungen vollbringen und zugleich ihre Mitmenschen zu Höchstleistungen anspornen. So kann auch Charisma in positiver wie negativer Weise genutzt werden. Große Erfolge, politische, wirtschaftliche oder kulturelle Bewegungen – initiiert wurden sie von charismatischen Menschen.

Charisma und Anerkennung oder Dank

Charismatische Persönlichkeiten geizen nicht mit Anerkennung und Lob. Sie bedanken sich auch für gut geleistete Arbeit. Der Hunger nach Anerkennung kann schlimmer sein als der Hunger nach Nahrung. Anerkennung der Person, der Leistung – das ist ein Grundbedürfnis des Menschen. Ohne dies würde er seelisch verhungern, würde depressiv oder aggressiv werden. Es erscheint absurd, aber gerade Leistungsverweigerer haben einen besonders ausgeprägten Wunsch nach Anerkennung. Wenn ihre Leistung nicht entsprechend anerkannt wird, wählen sie als Ausweg die Leistungsverweigerung. Dann wird ihnen zwar auch keine Anerkennung zuteil, aber sie erreichen wenigstens Aufmerksamkeit. Das erscheint ihnen dann immer noch besser, als nicht beachtet zu werden.

Was bringt einen Menschen dazu, sich anzustrengen? Es ist nicht allein der materielle Anreiz, sondern mindestens in gleichem Maße der Wunsch nach Anerkennung. Diese kann man nicht wie Geld auf ein Konto legen und sich jeden Tag über den Kontostand freuen. Anerkennung benötigt man jeden Tag. Anerkennung stärkt das Selbstwertgefühl, bestärkt Ihren Mitarbeiter in seiner Arbeit, gibt ihm Sicherheit und motiviert ihn, mehr zu leisten.

Anerkennende Worte bewirken mehr als eine Gehaltserhöhung. Loben, anerkennen, danken – und wenn Kritik, dann konstruktiv und taktvoll – das sind die Voraussetzungen, eine angenehme Arbeitsatmosphäre zu schaffen. Anerkennung ist zugleich Motivierung. Der Wunsch nach mehr Anerkennung geht einher mit der Bereitschaft, mehr Leistung zu bringen.

CHARISMA-FAKTOR

Jeder Mensch – egal wie intelligent er ist –
wächst über sich selbst hinaus, wenn er gelobt wird.

Andere Menschen und ihre Leistungen anzuerkennen, verlangt Mut. Nur ein selbstsicherer Menschen kann anerkennende Worte aussprechen. Viele Menschen haben das Gefühl, sie vergeben sich etwas, wenn sie die Leistung anderer würdigen; sie befürchten insgeheim, daß der andere möglicherweise sogar bessere Arbeit leistet als sie selbst oder daß der Gelobte überheblich werden könnte. Hier sehen Sie, daß die Fähigkeit zu loben eng mit dem Selbstwertgefühl und persönlicher Stärke verbunden ist. Unsicherheit, Minderwertigkeitskomplexe und auch Neid sind bekannte und verbreitete „Anerkennungs-Killer“.

Viele Vorgesetzte erkennen zwar bei sich dieses Defizit, bringen es aber nicht fertig, es auszugleichen. Ist es nicht seltsam, daß es uns viel leichter fällt, Kritik zu üben, als etwas Positives zu äußern? Es scheint fast, als gelte Kritik üben bei uns als etwas Normales, während ein Lob aussprechen als Zeichen der Schwäche gewertet wird. Wo hören wir schon etwas Positives? Wer kritisiert, ist „in“. Wo lesen Sie schon in der Zeitung oder hören in den Nachrichten, daß ein Politiker, ein Manager etwas ganz Positives oder Außergewöhnliches geleistet hat? So etwas wird höchstens – wenn überhaupt – in einem kleinen Nebensatz erwähnt; mehr ist nicht drin. Aber wenn etwas nicht ganz so gut war, läßt man sich lange und intensiv darüber aus. Beim Kritisieren sind wir meist nicht um Worte verlegen, bedenken auch oft nicht einmal, wie zerstörerisch die Art und Weise sein kann, in der wir da bedenkenlos Kritik üben. Sollen wir etwas Positives sagen, dann drehen und winden wir uns, ringen um Worte und versuchen, uns vor einem Lob zu drücken. Gute Leistung, positive Ergebnisse werden als selbstverständlich angesehen, sie – erscheinen nicht wert, besonders beachtet zu werden.

Und wenn schon Lob, dann formulieren wir in Gedanken genau den Wortlaut und achten akribisch darauf, das Lob nicht zu überschwenglich ausfallen zu lassen. Spontane Anerkennung ist bei uns etwas sehr Seltenes. Aber umso größer ist die Wirkung!

Gehören Sie auch zu den sparsamen Lobspendern? Wann haben Sie das letzte Mal einem Mitarbeiter gesagt, daß Sie mit seiner Arbeit zufrieden oder von seiner Idee begeistert sind?

Fangen Sie doch gleich heute damit an, Leistung zu registrieren und bewußt anzuerkennen. Machen Sie es sich ab heute zur Regel:

Loben Sie mindestens drei Mal am Tag!

Ich habe schon Seminarteilnehmer sagen hören: „Es gibt nicht jeden Tag etwas zu loben." Wenn Sie diese Meinung vertreten, dann ist es höchste Zeit, daß Sie Ihre Grundhaltung zum Leben überprüfen und Ihr Bewußtsein für Ihr Umfeld schärfen; denn: Wer nichts Lobenswertes an seinen Mitarbeitern findet, ist nur zu faul, um danach zu suchen.

Zur Anerkennung gehört auch das Danken für gut geleistete Arbeit. Dank ist nicht nur eine Höflichkeitsfloskel. Dank drückt Wertschätzung aus. Auch wenn Anstrengung und Engagement selbstverständlich sein sollten und ja auch bezahlt werden – sie sollten dennoch gewürdigt werden. Mit einem herzlichen Dank zeigen Sie, daß Sie diese Anstrengung würdigen und schätzen. Wer Dank für eine Leistung erhält, will gern auch weiterhin seine Leistung von Ihnen gewürdigt sehen. Motivation zur Leistung wächst. Und außerdem machen Sie Ihrem Mitarbeiter eine Freude!

Charisma und Erfolg

Eine positive Ausstrahlung, Energie und Sicherheit, verbunden mit Wissen, sind die besten Voraussetzungen für Erfolg, egal ob es sich um beruflichen Erfolg oder um ein glückliches Privatleben handelt. Meist wird Fachwissen überbewertet, denn eine weitaus größere Rolle spielt die Persönlichkeit, der Eindruck, den ein Mensch hinterläßt – heute mehr denn je.

> CHARISMA-FAKTOR
>
> **Fachwissen ist nur zu einem geringen Teil am Erfolg beteiligt! Wußten Sie das?**

Brian Tracy, Amerikas anerkanntester Erfolgstrainer, behauptet, daß Erfolg nur zu 15 % auf Fachwissen basiert. Ich persönlich gehe da etwas weiter. Nach meiner Erfahrung macht Fachwissen 35 % des Erfolgs aus, aber den weitaus größeren Anteil – die 65 % – macht die Persönlichkeit, die Ausstrahlung aus. Deshalb lohnt es sich, Zeit und Mühe in die Entfaltung der charismatischen Fähigkeiten zu investieren. Werden Sie zu einer Persönlichkeit, der man Wünsche von den Augen abliest! Kennen Sie solche Persönlichkeiten – Menschen, die nicht einmal mehr sagen müssen, was sie möchten? Ganz von selbst erhalten sie das, was sie sich wünschen und brauchen.

So kann es einem Vorstandsvorsitzenden geschehen, daß ihm – unaufgefordert – sein Assistent die Aufstellung über die Niederlassungen auf den Schreibtisch legt. Er muß sie nicht erst anfordern, denn sein Assistent weiß, was er braucht. Der Assistent denkt mit, erledigt so eine Arbeit sofort, ohne auf Anweisung zu warten. Der Assistent ist motiviert durch das Charisma seines Chefs. Und dieser Chef hat Charisma. Ihm fliegen die Herzen zu, er wird ge- und beachtet, und jeder will ihm eine Freude machen.

Oder die Stoffeinkäuferin eines bekannten Modehauses, der man sofort einen Kaffee serviert, ohne sie zu fragen – man weiß, man fühlt, daß sie in diesem Moment einen Kaffee braucht. Das ist Charisma – die Kunst der Verzauberung!

- Notieren Sie fünf Persönlichkeiten, denen man die Wünsche von den Augen abliest.
- Notieren Sie drei Persönlichkeiten, denen Sie die Wünsche von den Augen ablesen.
- Liest man Ihnen Ihre Wünsche von den Augen ab?
- Wer erfüllt Ihnen unaufgefordert Ihre Wünsche?

Die Zeiten der Solo-Karrieristen sind vorbei. Zum Erfolg benötigen wir immer den Einsatz und die Arbeitskraft von Mitarbeitern und Kollegen. Die Fähigkeit, Visionen zu entwickeln und Mitarbeiter dazu zu motivieren, sich für gemeinsame Ziele mit Begeisterung einzusetzen – dazu braucht man Charisma. Die Art und Weise, wie Sie mit Ihren Mitmenschen umgehen, entscheidet darüber, ob Sie Erfolg haben. Denn eigentlich haben wir nur zwei Probleme – nämlich die mit uns und die mit den anderen Menschen.

- Verstehen Ihre Mitarbeiter Sie überhaupt richtig?
- Sind Sie Ihren Mitarbeitern ein Vorbild?
- Zeigen Sie Ihren Mitarbeitern, daß diese Ihnen auch als Menschen wichtig sind?
- Erkennen Sie ihre Leistungen an?
- Auf welche Art und Weise erkennen Sie die Leistung an?
- Sehen Ihre Mitarbeiter einen Sinn in der gestellten Aufgabe?
- Sind Ihre Mitarbeiter von Ihren Visionen begeistert?

Wer positiv mit seinen Mitarbeitern umgeht, erzielt positive Resultate. Es wird mit Freude gearbeitet, der einzelne bringt sich ganz ein. Die Arbeit wird rascher erledigt, Probleme werden optimal gelöst und Ziele schneller erreicht. Kurzum – Sie haben ein erfolgreiches, dynamisches Team. Positiver Umgang mit sich und anderen steigert die Lebensfreude. Wer mit Freude lebt, mit Begeisterung seine Aufgabe annimmt, motiviert sich und seine Mitmenschen – und der Erfolg erhält eine Eigendynamik.

Sie haben sich für den Erfolg – für noch mehr Erfolg – entschieden, denn sonst hätten Sie nicht dieses Buch gekauft. Darum ist es wichtig, sich einmal intensiver mit diesem Begriff zu befassen.

Erfolg ist die Gewohnheit, sich auf dem richtigen Weg zu befinden, bis man seine Ziele erreicht hat.

Das klingt so einfach und erscheint in der Praxis so schwierig. Deshalb ist es unerläßlich, sich ein persönliches Erfolgskonzept zu erarbeiten, wobei die Entfaltung charismatischer Fähigkeiten ein Hauptfaktor sein muß.

Meine Erfolgsphilosophie wird Ihnen helfen, sich und Ihre Fähigkeiten zu entfalten. Sie brauchen nur an sich selbst zu arbeiten; denn alles ist in uns.

Wir sprechen heute viel vom Erfolg. Doch was verstehen Sie unter Erfolg? Konkretisieren Sie deshalb einmal in aller Ruhe: Was bedeutet Erfolg für mich? (Siehe auch Fragebogen auf Seite 79.)

Charisma und Menschenführung

„Menschen führen heißt, einen Menschen zu veranlassen, das zu tun, was man will – weil er selbst es will", sagte Dwight D. Eisenhower. Und der Psychologe Erich Fromm meint dazu: „Autorität, die im Sein gründet, basiert nicht auf der Fähigkeit, bestimmte gesellschaftliche Funktionen zu erfüllen, sondern gleichermaßen auf der Persönlichkeit eines Menschen, der ein hohes Maß an Selbstverwirklichung und Integration erreicht hat."

Was bedeutet das in der Praxis?

Wer seinen Mitarbeitern zu Erfolgserlebnissen verhilft, indem er sie entsprechend ihren Fähigkeiten lenkt und motiviert, trägt dazu bei, daß nicht nur das Unternehmen floriert, sondern daß die Lebensfreude wächst, die Leistungsfähigkeit besser wird und die (Über-)Lebenschancen größer werden. Menschen richtig und gut führen zu können hängt mit der Autorität der Führungsperson zusammen. Dabei meine ich jetzt nicht die Autorität, die aufgrund einer Position vorhanden ist, sondern die natürliche Autorität, die eine in sich gefestigte, strahlende Persönlichkeit besitzt. Ein Mensch mit natürlicher Autorität wirkt durch das, wie er ist, und nicht durch das, was er ist. Er ist eine Persönlichkeit, der es nicht um das Ego geht, sondern um das Wohl aller. Sein Ziel ist, Mitarbeiter in ihren individuellen Fähigkeiten zu fördern und erfolgreicher zu machen. In vielen Kulturen ist Respekt und Autorität die Basis für das Zusammenleben – sowohl im privaten wie auch im beruflichen Bereich. Bei uns spricht man nicht so gern von

Respekt und von Autorität. Das sind Worte, die gern mit der Bezeichnung „altmodisch" abgetan werden.

Doch auch bei uns spielt die Autorität eine große Rolle im Zusammenleben, denn es gibt – wie überall – ungeschriebene Gesetze und Regeln. Wer dagegen verstößt, stellt sich außerhalb der Gemeinschaft.

Wer Menschen zum Erfolg führt, muß für eine Atmosphäre gegenseitigen Respekts sorgen. Dann kann sich der einzelne Mitarbeiter richtig entfalten und seine Ideen ganz einbringen. Erfolgserlebnisse beflügeln im wahrsten Sinn des Wortes und motivieren zu mehr Engagement für die gemeinsame Sache. Mitarbeiter, die keinen Erfolg haben, können zur Belastung für das ganze Team werden, weil sie – demotiviert und frustriert, wie sie sind – das gute Klima in der Abteilung oder Firma beeinträchtigen.

Charisma und Überzeugungskraft

Es gibt wohl kaum jemanden, der seine Ideen immer beim ersten Anlauf durchbringt. Sie machen einen Vorschlag, der Ihrer Firma eine Menge Geld sparen könnte. Sie haben sich gut vorbereitet, haben Material gesammelt und können Ihre Argumente gut erläutern. Aber dennoch müssen Sie erst einmal wochenlang Fragen beantworten, neue Zahlen beschaffen, ehe man Ihren Vorschlag überhaupt richtig ernst nimmt.

Warum dieser unnötige Aufwand und Zeitverlust? Es stimmt doch alles! – Oder doch nicht? – Die Überzeugungskraft fehlt!

Sie haben sich möglicherweise zu sehr auf die rein sachliche Ebene begeben, haben zuwenig auf den Menschen, auf seine Gefühle, seine Wünsche und Bedürfnisse geachtet. Überzeugen können Sie nur, wenn Sie Ihren Gesprächspartner auch beeinflussen. In anderen Worten heißt das: Ihre Gedanken sollen in ihn hineinfließen, aber nicht nur in seinen Kopf, sondern auch in die Seele, denn dort werden Entscheidungen getroffen. Voraussetzung dafür ist, daß Ihr Gegenüber offen für Sie und Ihre Argumente ist, Interesse an Ihren Ausführungen hat und Ihnen und Ihrem Anliegen Aufmerksamkeit schenkt.

Der erste Schritt dazu ist, daß Sie als freundlicher, höflicher und sympathischer Mensch von ihm akzeptiert werden. Der nächste Schritt ist, den Gesprächspartner dort abholen, wo er steht, auf ihn eingehen, sich in seine Situation versetzen und sich zu fragen:

- Was will er wirklich?
- Was belastet ihn?
- Was freut ihn?
- Womit kann ich ihm helfen?
- Wie kann ich ihm helfen?

Können Sie Ihrem Gesprächspartner Verständnis, Sympathie und echtes Interesse vermitteln, dann ist er bereit, Ihnen zuzuhören, sich für Ihre Argumente zu öffnen. Ihre Gedanken fließen in sein Inneres. Wenn Sie nun Ihre Argumente mit Enthusiasmus und Begeisterung vortragen, dann erreichen Sie ihn auf der emotionalen Ebene, dann kann der Funke überspringen. Ihre Überzeugung wird zu seiner Überzeugung. Auf diese Weise nehmen Sie Einfluß auf Ihren Gesprächspartner.

Sicher kennen Sie eine Reihe von Menschen, denen es offenbar mit Leichtigkeit gelingt, ihre Meinung durchzusetzen und andere für ihre Ziele zu begeistern. Dazu muß man wissen, daß das Verhalten des Menschen nur zu 15 % von den Erbanlagen, aber zu 85 % von der Umwelt beeinflußt wird. Wenn Sie also Ihre Ideen beim Vorstand nicht durchbringen, dann liegt es an Ihnen. Vielleicht ist Ihnen der Zusammenhang bisher noch nicht so klar geworden. Es liegt an Ihnen, wie andere Menschen auf Sie, auf Ihre Vorschläge, auf Ihre Anweisungen reagieren.

In meinen Seminaren höre ich oft: „Ich habe alles getan, aber trotzdem kann ich meine Mitarbeiter nicht nachhaltig überzeugen. Ich sehe ständig Zweifel in ihren Gesichtern." Vielleicht spiegeln die Gesichter Ihrer Mitarbeiter nur Ihre eigenen winzigen Zweifel wider? Nur wenn Sie selbst hundertprozentig von einer Sache überzeugt sind, strahlen Sie diese Überzeugung auch aus. Dann haben Ihre Worte, Ihre Gestik, Ihre Körpersprache die Kraft der Überzeugung.

Wir haben festgestellt, daß die Grundvoraussetzung die eigene Überzeugung ist. Wenn die fehlt, dann hilft die beste Technik nicht.

Aber dennoch gehört auch das gewisse Know-how dazu, wie man Menschen überzeugen kann. Am besten können Sie das erkennen, wenn Sie das Verhalten erfolgreicher Menschen analysieren. Deshalb sollten Sie einmal zehn Personen aufschreiben, die Ihrer Meinung nach eine wirklich starke Überzeugungskraft haben. Das können Politiker sein, denen es gelingt, Anhänger der Gegenpartei abzuwerben, weil sie so überzeugend sind; das können Staatsmänner sein, die immer wieder ihre Absichten durchsetzen, oder es können Kollegen, Vorgesetzte, Bekannte sein, die sich immer wieder durchsetzen, weil ihre Überzeugungskraft unschlagbar ist.

Analysieren Sie das Verhalten genau, finden Sie heraus, worin ihre Überzeugungsfähigkeit liegt.

Wir haben festgestellt, daß der Mensch zu 85 % von der Umwelt beeinflußt wird. Wenn Ihr wirklich optimaler Vorschlag nicht akzeptiert wird, so müßte das folglich an Ihnen liegen. Warum nehmen Sie so wenig Einfluß auf Ihren Gesprächspartner?

CHARISMA-FAKTOR

Wer überzeugend spricht, überzeugt.

Wenn Sie das Verhalten und besonders die Sprache der Überzeugungskünstler analysieren, muß Ihnen auffallen, daß ihre Sprache und Körpersprache harmonieren und daß – gerade bei Politikern – eine suggestive Formulierung zum alltäglichen Sprachgebrauch gehört. Lernen Sie von diesen Überzeugungsprofis, wie Sie selbst auch Einfluß auf andere Menschen nehmen können. Suchen Sie sich ein Vorbild, dem Sie nacheifern. Werden Sie ein Meister in der Konzentrationskraft, lernen Sie suggestiv zu sprechen. Jeder Mensch ist suggestibel, also beeinflußbar durch Suggestionen. Denken Sie nur einmal an die Werbung im Fernsehen – ein gutes Beispiel für suggestive Einflußnahme.

Betrachten Sie unter diesem Aspekt noch einmal Ihre Liste der Menschen, die hervorragend überzeugen können.

Umgekehrt gilt dies natürlich auch für Sie. Keiner kann sich ganz der suggestiven Beeinflussung entziehen. Deshalb ist es gut zu wissen, wer Sie beeinflußt und in welchem Maße und zu welchem Zweck.

Charisma und Beziehungsintelligenz

Erfolg basiert nicht nur auf nackten Fakten und Zahlen. Über Erfolg oder Mißerfolg wird in hohem Maße auf einer ganz anderen Ebene entschieden, nämlich auf der Ebene der zwischenmenschlichen Beziehungen. Leben ist, egal ob im privaten Bereich, im Beruf oder beim Hobby, Beziehung zu anderen Menschen. Egal was Sie auch tun, immer haben Sie mit anderen Menschen zu tun. Und hier liegt das Problem: Am schwierigsten ist der Umgang mit uns selbst und mit unseren Mitmenschen. Fragen Sie sich ehrlich:

Habe ich ein Problem – oder bin ich gar selbst das Problem?

Wenn Kunden, Mitarbeiter und Vorgesetzte zu Verbündeten werden, wenn die Qualität dieser Beziehungen gut ist, Vertrauen und gegenseitige Achtung vorhanden ist, dann läßt sich alles leichter regeln. Beziehungs- oder Erfolgsintelligenz ist nur ein anderes Wort für Charisma, denn es geht im Grunde darum, intelligent – also richtig – mit allen Menschen umzugehen, also zu wissen, wie man wann reagieren oder agieren sollte. Dazu gehört auch, seine Mitarbeiter zu kennen, sich in ihre Lage versetzen zu können, ihnen Anerkennung und Lob zu geben und ihnen ein sinnvolles Ziel aufzuzeigen. Viel zuviel Energie wird nutzlos verpufft in unsinnigen Machtkämpfen, durch Ignoranz, durch Mobbing. Kreative Entfaltung wird behindert, positive Energien werden blockiert. Warum nicht sich „weich" durchsetzen, auf den anderen eingehen, ihn auf der emotionalen Ebene ansprechen und ihn fördern, anstatt ihn zu unterdrücken und zu bekämpfen?

Die charismatischen Eigenschaften sind – wie Sie bemerkt haben – Fähigkeiten, die nicht im rationalen Bereich liegen, sondern eher im irrationalen. Beziehungsintelligenz heißt, sich so zu verhalten, daß man andere Menschen für sich und seine Ziele gewinnen kann, daß man sie begeistert und sie anregt, selbst aktiv zu werden. Wie finden Sie den Weg zum inneren Kern Ihres Gegenübers? Geben Sie ihm Wertschätzung, Anerkennung? Akzeptieren Sie ihn und zeigen Sie ihm immer wieder, wie wichtig Ihnen diese Beziehung ist? Was Sie geben, kommt zu Ihnen zurück. Der Mensch ist das Wichtigste und Wertvollste und lohnt jede Anstrengung, ihn wirklich für sich zu gewinnen.

Vieles ist Ihnen vielleicht noch nicht so richtig bewußt geworden. Analysieren Sie Ihr Verhältnis zu Ihren Kunden, Mitarbeitern, Kollegen und Vorgesetzten. Wie sieht es in Ihrem Privatleben aus? Können Sie so gut mit Menschen umgehen, daß Sie eine unwiderstehliche Anziehungs- und Überzeugungskraft haben?

CHARISMA-FAKTOR

Die Ausstrahlung wirkt nicht auf den Verstand, die Ratio, sondern wirkt auf der emotionalen Ebene.

Wir lehnen ja immer noch gerne all das ab, was nicht mit Apparaten zu messen ist; dennoch wird unser Handeln überwiegend von den emotionalen Faktoren beeinflußt.

Beziehungsintelligenz ist nur ein anderes Wort für Charisma.

Charisma oder Schein-Charisma?

Egal ob es sich um alte Adelsfamilien, reiche Familien, Wirtschaftsdynastien oder Künstlerfamilien handelt – das Wort Charisma wird in diesem Zusammenhang gern und häufig verwendet. Mit Charisma in dem Sinne, wie wir dieses Wort verstehen, hat dies wenig zu tun. Man könnte es eher als eine Art „charismatisches Erbgut" bezeichnen, das manchen Namen oder auch Titeln anhaftet.

Andererseits zeigt sich, daß Menschen, die von Kind an im Lichte der Öffentlichkeit stehen, ein anderes Bewußtsein entwickeln, das es ihnen leichter macht, ihre charismatischen Fähigkeiten zu entfalten.

Ist Charisma erlernbar?

Nun haben wir uns mit einigen Aspekten von Charisma beschäftigt, und wahrscheinlich fragen Sie sich, wie das mit Ihnen ist. Habe auch ich Charisma? Kann ich es lernen, muß ich es trainieren, ist es angeboren oder durch Zufall erworben?

Sie werden sich freuen, wenn Sie hören, daß Charisma in jedem Menschen angelegt ist. Das heißt, **jeder Mensch kommt mit der Begabung für Charisma auf die Welt,** allerdings macht nicht jeder von diesem Talent Gebrauch, denn sonst hätten wir mehr Führungspersönlichkeiten, weniger Frust mit der Arbeit und dafür viel mehr Freude und Erfolg. Die Begabung Charisma können Sie mit einer Veranlagung zum Tänzer vergleichen. Entdeckt ein junger Mensch nicht sein Talent, findet er keine Freude am Tanz, dann verkümmert diese Fähigkeit. Im Gegensatz zu einer solchen Begabung, die nun nicht jeder hat, ist Charisma im Grunde in jedem Menschen vorhanden. Sie müssen dieses Potential in sich nur entdecken, entfalten und trainieren. Welche der charismatischen Eigenschaften verstärkt werden müssen und in welchem Maße, das hängt von dem einzelnen Menschen ab. Meine Erfolgs- und Entfaltungsphilosophie hilft Ihnen herauszufinden, wo Sie ansetzen sollten. Und wenn Sie diese Philosophie zu Ihrer eigenen Lebensphilosophie machen, werden Sie Schritt für Schritt Ihre Fähigkeiten entfalten und Erfüllung finden und Erfolg haben.

Eine Grundvoraussetzung müssen Sie allerdings mitbringen:

Sie müssen eine Aufgabe oder ein wirkliches Lebensziel haben, finden oder sich erarbeiten. Das ist der Boden, auf dem Charisma wachsen kann. Ohne eine Aufgabe, die Sie beseelt, kann kein echtes Charisma entstehen. Sie könnten sicher die eine oder andere Fähigkeit trainieren, aber die innere Ausstrahlung – das, was Charisma ausmacht – würde fehlen. So muß zuerst einmal das Ziel definiert werden, und dann können wir uns auf den Weg machen und die einzelnen Aspekte von Charisma durchleuchten.

Wir investieren soviel Zeit und Geld in unsere Autos, in Urlaubsreisen oder in Designerkleidung – also in Äußerlichkeiten! Überschlagen Sie nur einmal den Betrag, den Sie schon für Autos ausgegeben haben. Und nun frage ich Sie: Wieviel Geld und Zeit haben Sie in Ihre persönliche Entwicklung – ich meine damit nicht die Berufsausbildung oder das Studium – investiert? Was ist das Wichtigste in Ihrem Leben, was wollen Sie wirklich? Wieviel Zeit haben Sie in diese fundamentale Lebensfrage investiert?

Charisma hängt eng mit dem Sinn des Lebens zusammen. Tun wir das, was wir wirklich wollen, was unserem Wunsch entspricht, so tun wir es mit Freude und Begeisterung. Begeisterung kann man nicht lernen, sie entsteht von selbst, wenn wir etwas tun, was ganz uns, also unserem inneren Wesenskern, entspricht. Wer begeistert ist, hat ein Ziel, ist fasziniert und motiviert und kann als Motivator andere motivieren, und so schließt sich der Kreis.

Deshalb werden wir uns nicht nur mit dem Training charismatischer Fähigkeiten befassen, sondern müssen auch an der Klarheit der Ziele arbeiten.

Es ist nie zu spät

Adenauer wurde mit 73 Jahren zum ersten Mal Bundeskanzler, mit 85 zum vierten Mal. Churchill wurde im Alter von 76 noch einmal Premierminister, und Den Xiaoping übernahm in diesem Alter den Oberbefehl über die chinesische Armee.

Tizian begann mit der Arbeit an der Pieta der heiligen Magdalena, als er 83 Jahre alt war.

Im Alter von 77 Jahren ließ sich John Glenn, der erste amerikanische Astronaut, noch einmal ins All schießen.

Und Bertrand Russel begann mit 95 Jahren, seine dreibändige Autobiographie zu schreiben, für die er zwei Jahre benötigte.

CHARISMA-FAKTOR

Wer die Hoffnung aufgibt, gibt sich selber auf.

So sagt W. Bleicher. Also denken Sie nicht, es ist zu spät. Denn die Arbeit an sich selbst lohnt sich immer. Es ist nie zu spät, etwas zu lernen und sich weiterzuentwickeln. Die beste Investition, die Sie machen können, ist die in sich selbst, denn davon profitieren alle – Sie, Ihre Mitarbeiter, Ihre Familie, Ihr Umfeld und letztendlich die Welt. Wenn es Ihnen gelingt, dazu beizutragen, daß sich etwas – selbst im kleinsten Rahmen – verbessert, dann hat sich Ihr Leben gelohnt.

Und glauben Sie mir, die Arbeit an sich selbst hat noch einen Aspekt, über den wir noch nicht gesprochen haben: Sie macht Spaß.

Es macht Spaß, Fortschritte zu bemerken – und zwar an der Reaktion Ihrer Mitmenschen. Es ist ein unbeschreibliches Gefühl, wenn man erkennt, welches Potential in einem selbst schlummert. Ein Potential, um das viele Menschen gar nicht wissen oder glauben, niemals Zugang dazu finden zu können. Zu erfahren, wie durch die Veränderung des Bewußtseins, durch Training der vorhandenen Fähigkeiten das Leben sich verändern kann – das ist ein wunderbares Gefühl. Wenn Sie in der Frühe aufstehen und mit Freude in Ihr Büro fahren, wenn Sie zu einer Konferenz gehen und man Ihnen voller Respekt unaufgefordert Platz macht, wenn bei einer Sitzung jeder Ihre Meinung hören möchte, wenn Mitarbeiter wegen eines wichtigen Projekts freiwillig ihren Urlaub verschieben, wenn man Ihre Wünsche unaufgefordert erfülllt …

1. Welche neuen Erkenntnisse hat mir dieses Kapitel vermittelt?

2. Was möchte ich davon umsetzen?

3. Wie gehe ich praktisch vor?

4. Mein Schritt-für-Schritt-Plan:

5. Mein Zeitplan für die einzelnen Schritte:

6. Erfolgskontrolle:

2. Kapitel: CHARISMA-FORSCHUNG

Schaltzentrale Gehirn

Es wiegt nur um etwa 1500 Gramm – und dennoch entscheidet es über unser Leben. Es braucht nur etwa 0,1 Volt elektrische Spannung, um arbeiten zu können, verfügt über zehn Milliarden Neuronen und zwei Dutzend Neurotransmitter. Die Anzahl der sogenannten internen Verbindungen, der Synapsen, ist um einiges größer als die Zahl der gesamten Atome des Universums. Es enthält etwa drei Trillionen Informationen, was zehn Milliarden Seiten in einem Konversationslexikon entspricht oder Büchern, die auf einer Länge von 180 m aneinander gereiht sind.

Wir sprechen von der komplexesten biologischen Struktur, die dem Menschen bekannt ist – dem menschlichen Gehirn. Es ist ständig in Betrieb, sichert alle Körperfunktionen, ist am Aufbau des Körpers beteiligt. Jede Gehirnaktivität hat ihre Auswirkung über das zentrale Nervensystem auf die entsprechende Körperzelle. Und obwohl unser Leben abhängig ist von der Arbeit des Gehirns, machen wir uns eher Gedanken über die Funktionsweise unseres Computers als über die unseres Gehirns. Dabei wäre ein Vergleich gar nicht fehl am Platze: Der Computer arbeitet ähnlich wie das Gehirn, doch der entscheidende Unterschied liegt darin, daß der Mensch denkt und der Computer nur rechnet. Außerdem übertrifft die Kapazität des Gehirns die des Computers um ein 10 000faches.

Ohne Gehirn geht nichts. Alle Regelmechanismen des Körpers haben ihren Sitz im Gehirn. Alles, was wir mit unseren Sinnen von unserem Umfeld wahrnehmen, ist in unserem Gehirn gegenwärtig. Es wird gespeichert, geordnet und mit anderen ähnlichen Informationen in einen sinnvollen Zusammenhang gebracht. Es gleicht einer Schaltzentrale, aus der Handlungen gesteuert, Gefühle und Gedanken entwickelt werden. Das Gehirn – Sitz des Geistes – entscheidet über Leben und Tod. Erst wenn keine Gehirnströme mehr meßbar sind, gilt ein Mensch als tot. Eine unendliche Zahl von Verbindungen zwischen abermilliarden von Nervenzellen sorgt dafür, daß der Mensch „funktioniert“. Und ob er gut „funktioniert“, ob er also gesund, aktiv und fröhlich ist, das hängt vom energetischen Verhältnis innerhalb des Gehirns ab. Geistige, seelische und körperliche Gesundheit – alles kommt vom Kopf.

CHARISMA-FAKTOR

Ein körperlich entspannter Mensch ist auch geistig frei.

Ein verspannter Mensch hingegen blockiert seine geistige Fähigkeit. So hängt vieles im Leben einfach davon ab, ob wir angespannt, verspannt oder entspannt sind. Viele unserer Probleme resultieren aus der Tatsache, daß wir uns in ständiger Hektik befinden, dadurch Fehlentscheidungen treffen, die weiteren Streß verursachen, die Nerven noch gereizter werden, die Kräfte schwinden, und bald befinden wir uns in einem Teufelskreis, aus dem manche von uns gar nicht mehr herauskommen. Sorgen Sie für Entspannung, versetzen Sie sich so oft wie möglich in den Alpha-Zustand, und Sie werden eine wundervolle Erfahrung machen: Sie sind leistungsfähiger, ruhiger und haben viel mehr Energie! Ich verweise nur auf die alten Römer: „Mens sana in corpore sano.“

Denken – ein bioelektrischer Prozeß

Obwohl eine Gehirnzelle (Neuron) kleiner als ein Nadelkopf ist, beinhaltet sie die Komplexität und Leistungsstärke eines Verarbeitungs- und Übertragungssystems, das uns in die Lage versetzt, die Umwelt wahrzunehmen, Informationen zu verarbeiten, mit anderen Menschen zu kommunizieren und Wissen umzusetzen.

Der Kern der Gehirnzelle ist vergleichbar mit einem Baum, aus dessen Mitte eine Vielzahl von Ästen – genannt Dendriten – wachsen, die sich wiederum in unzählige Zweige verästeln. Der Hauptast – genannt Axon – bildet die Verbindung zwischen den Dendriten und dem Zellkern. Axon und Dendriten sind mit vielen kleinen Höckern versehen, den präsynaptischen Endigungen, die Transmitter (Überträgerstoffe) enthalten. Die Transmitter leiten die Informationen weiter, indem sie Impulse erzeugen und so für die Weiterleitung einer Information von Gehirnzelle zu Gehirnzelle – bis zu dem entsprechenden Gehirnareal – sorgen. Je häufiger der gleiche Gedanke gedacht wird, desto schneller funktioniert die Verbindung, denn sie besteht bereits und wird durch Wiederholung noch schneller durchgängig. Vergleichbar wäre das mit einer Straße, die immer besser ausgebaut wird, weil sie stärker und stärker genutzt wird. Zuerst ist sie nur ein kleiner Feldweg, dann eine schmale, asphaltierte Straße, irgendwann eine Schnellstraße und schließlich – wegen des starken Verkehrsaufkommens – eine Autobahn.

Die ständige Wiederholung einer Idee wird erst zum Glauben, dann zur Überzeugung.

So prägen sich bestimmte, individuelle Gedankenmuster immer fester ein. Daraus entstehen Gewohnheiten, die automatisch unser Verhalten prägen, ohne daß wir uns dessen bewußt sind. Es entwickelt sich eine bestimmte Sichtweise. Man sieht die Welt, die Situation, die anderen Menschen aus immer derselben Perspektive: Durch die positive Brille erscheint alles in einem positiven Licht. Warum mag ein Mensch andere Menschen? Weil er sich selbst mag. Er sieht sich positiv und überträgt diese Einstellung oder Sichtweise auf sein Umfeld. So einfach funktioniert das.

Bedenkt man nun, daß der Mensch etwa zehn Milliarden Neuronen besitzt, wovon jedes einzelne Neuron eine Verknüpfungsmöglichkeit von eins mit achtundzwanzig Nullen zur Verfügung hat, dann übersteigt es das menschliche Vorstellungsvermögen, welche Leistung bei dem vollen Einsatz des Gehirns möglich wäre. Prof. Pjotr Kouzmich Anokhin von der Universität Moskau sagte 1973 im Rahmen der Veröffentlichung seiner 60jährigen Forschung über die menschlichen Gehirnzellen, daß es keine Grenzen des menschlichen Gehirns gäbe.

Es ist heute möglich, Spannungsunterschiede im Gehirn zu messen. Ein hoher Spannungsunterschied zwischen zwei Punkten bewirkt eine stärkere Durchblutung dieses Bereichs – Folge einer vermehrten Aktivität. Dies wiederum beeinflußt das umliegende Gewebe. Durch außergewöhnliche Aktivitäten des Gehirns kann sich die Struktur verändern. Auslöser für solche Veränderungen können extreme Gefühlszustände wie Furcht, panische Angst, Glück, übermäßige Freude sein, sie können aber auch durch Entspannungsübungen, Meditation u.ä. entstehen. Berücksichtigen wir die Zusammenhänge zwischen Gehirnaktivität und körperlichem Befinden, so folgern wir daraus, daß alle emotionalen Zustände sich auf die physische Verfassung des Menschen auswirken:

Gesundheit, Dynamik, Erfolg kommen ebenso vom Kopf wie Lustlosigkeit, Krankheit und Mißerfolg.

Die Wechselbeziehung zwischen Gehirn und Körper ist erwiesen. Folglich können durch Bewegungen des Körpers Gefühle aktiviert werden. Probieren Sie es einmal aus, wenn Sie schlecht gelaunt sind:

Stehen Sie auf und hüpfen Sie ein paar Minuten durchs Zimmer, drehen Sie sich im Kreis, oder springen Sie im Zickzack von einem Bein aufs andere, und bewegen Sie sich dabei nach vorn.

Wie fühlen Sie sich jetzt? – Für die Art und Weise, wie ein Mensch mit sich und seiner Umwelt zurechtkommt, spielt die energetische Struktur, das Verhältnis, das zwischen den einzelnen Gehirnarealen besteht, eine große Rolle. Diese energetische Struktur ist entscheidend; denn sie bestimmt die emotionale Verfassung eines Menschen, die Art und Weise, wie er sich gibt, aber auch seine Einstellung zum Leben und zu den Dingen überhaupt.

Bedenken sollte man auch, daß die Natur den Menschen eigentlich mit drei Gehirnen unterschiedlichen Alters ausgestattet hat. Das älteste Gehirn gleicht dem eines Reptils, das zweite stammt von niederen Säugetieren ab, und erst das letzte ist eine spätere Säugetierentwicklung, die uns zum Menschen werden ließ. Das reptilische und das primitive Säugetiergehirn bilden zusammen das sogenannte „alte Gehirn“, dem das eigentliche Menschengehirn gegenübersteht. Dieses enthält die Bereiche, die für Sprache und das abstrakte und symbolische Denken verantwortlich sind. In der letzten halben Million Jahre machte das eigentliche Menschengehirn eine explosive Entwicklung durch, was einmalig in der Geschichte der Evolution war. Dabei sind offenbar die neu entstandenen Strukturen nicht vollständig in die älteren integriert worden. Und hier liegt der Grund für die vielen Konfliktmöglichkeiten. Unsere intellektuellen Funktionen kommen aus dem am höchsten entwickelten Teil des Gehirns, während das Gefühlsleben offenbar weiterhin von dem relativ primitiven System bestimmt wird. Diese Diskrepanz schafft Probleme.

Im Streit zwischen Gefühl und Intellekt siegt immer das Gefühl.

Entwickeln von Charaktereigenschaften

Auf die Struktur des Gehirns sind individuelle Verhaltensweisen zurückzuführen, z. B. wie ein Mensch auf äußere Reize reagiert. Im Gehirn werden die Weichen gestellt: Regt sich jemand leicht auf, oder kann jemand gelassen mit unliebsamen Situationen klarkommen, oder ist ein Mensch in der Lage, ruhig und gelassen Entscheidungen zu treffen? Das Gehirnfeld ist der Indikator. Emotionale Personen, die „schnell in die Luft gehen", in ihren Reaktionen leicht über das Ziel hinausschießen, die eigentlich sehr flexibel sind, haben ein stark bewegliches Feld. Wer sich eher in festen Bahnen bewegt, ruhig und gelassen handelt, bei dem die Gefühlsskala nicht so stark ausschlägt, dessen Hirnfeld ist weniger flexibel. Hinzu kommt das Alter – mit den Jahren reduziert sich die Beweglichkeit des Hirnfeldes; feste Gedankenmuster haben sich eingeprägt. Bei außergewöhnlichen Belastungen, besonders in Streßsituationen, kann das Hirnfeld extrem reagieren, nämlich mit totaler Erstarrung, aber ebensogut mit enormer Überaktivität.

Bewußtseinsstruktur

Alles beginnt mit dem Gedanken. Nicht das Schicksal entscheidet unser Leben:

CHARISMA-FAKTOR

Unsere Gedanken sind unser Schicksal.

Im Gehirn werden unsere Eindrücke, alle Gedanken und Gefühle gespeichert. Unser Gehirn ist ganz einfach der Empfänger vorgefaßter Meinungen. Das bedeutet, im Gehirn wird alles unkontrolliert gespeichert, was wir hören, sehen, fühlen und denken. Vergleichen Sie das Gehirn eines Neugeborenen mit einer unbespielten Kassette. Alles, absolut alles, was das Kleine vom ersten Tag an hört, wird aufgezeichnet. Erst wenn dieser Mensch zu dem Wissen und der Erkenntnis gelangt, daß **er** entscheiden kann, was er abspeichert – und das dann auch umsetzt –, wird **er** zum Meister seiner Gedanken. Dann bestimmt er, was er aufnimmt (denn das beeinflußt ihn ja), was er verstärkt oder was er abwehrt. Mit diesem Wissen bestimmt er den Inhalt seiner Gedanken – und entscheidet damit über sein Leben, über Erfolg, Gesundheit und Erfüllung. Machen Sie sich bewußt, von wem und von was Sie sich – vielleicht bis jetzt noch unbewußt – beeinflussen lassen!

Somit entscheiden wir durch unsere Gedanken automatisch auch über unser Schicksal, unsere Zukunft. Alles, was wir denken, wird in unserem Gehirn, in unserem Gedächtnis für immer aufbewahrt. Und damit schaffen wir – meist unbewußt – unsere Realität und damit unser Schicksal. Denken Sie immer daran:

Gedanken haben die Tendenz, sich zu realisieren.

Jede Information wird aufgenommen und in der vom Gehirnfeld jeweiligen aktivierten Gehirnstruktur weiterverarbeitet. Hier wird letztendlich die Information dann als unsere subjektive Realität verwahrt.

Das erklärt auch, warum jeder Mensch jede Situation anders empfindet und wertet. Es hängt immer davon ab, welcher Teil im Gehirn an der Verarbeitung einer Information beteiligt war. Stellen Sie sich das so vor: Zehn Barkeeper sollen einen neuen Cocktail entwickeln. Es stehen für jeden die gleichen Ingredienzen zur Verfügung. Das Ergebnis sind zehn verschiedene Cocktailmixturen. Jeder Cocktail fällt anders aus – je nachdem, in welchem Verhältnis der Barkeeper die Zutaten mischt. Hat er eine Vorliebe für süße Liköre, dann wird er deshalb davon mehr verwenden, bevorzugt er etwas Prickelndes, wird er mehr von solchen Getränken nehmen.

So funktioniert das auch mit den Informationen, die wir aufnehmen und verarbeiten. Aufgrund der individuellen Prägung durch unsere Gedanken und Gewohnheiten sind wir fixiert auf bereits vorhandene Denkmodelle. Wer eine positive Einstellung hat, wird immer auch positive Aspekte erkennen, wer eher negativ denkt, sieht überwiegend das Negative und speichert es in der entsprechenden Rubrik ab. Das geschieht ganz von selbst – je nachdem, welche Vernetzungen ausgeprägt sind.

Wir wissen, daß unser Gehirn unsere Realität, unsere Verhaltensweisen und unsere Denkmuster „produziert". Das ist eine Erkenntnis, die uns glücklich macht und uns die große Chance einer Veränderung bietet. Wir können alles, wenn wir es wollen, sogar fest einprogrammierte Gedankenmuster neu bearbeiten und anders einprogrammieren. Wir können dadurch Denkgewohnheiten ändern, und automatisch verändern wir damit auch unser Verhalten.

Wenn Sie feststellen, daß Ihnen Ihre Cocktailmischung zu süß ist, dann können Sie einen neuen Drink mixen. So einfach geht das beim Mixen. Eine Veränderung der Verhaltensweisen ist ein wenig aufwendiger, aber lohnenswert. Wenn Sie erkennen, daß Ihre Struktur eher negativ ist, dann überspielen Sie dieses Muster mit positiven Suggestionen. Und beachten Sie dabei ein Denkgesetz zur Lebensentfaltung:

Beachtung bringt Verstärkung. Nichtbeachtung bringt Befreiung.

Linke und rechte Gehirnhälfte

Seit den späten 60er Jahren kennen wir Prof. Roger Sperry, der 1981 den Nobelpreis für seine Forschung über das Splittbrain – die unterschiedlichen Fähigkeiten der beiden Gehirnhälften – erhielt. Demnach sind in der linken Gehirnhälfte die soziale Einstellung, das Gedächtnis, das Sprachzentrum angesiedelt. Hier werden Eindrücke analysiert und Aufgaben in logischen Folgen gelöst. In der rechten Hälfte entsteht das räumlich-visuelle Denken, Intuition, Kreativität, das Gefühl für Rhythmus, Farben, Mehrdimensionalität, aber auch Angst und negative Gefühle, Depression, ja sogar Chaos entwickeln sich hier. Vereinfacht ausgedrückt sind linksaktive Menschen verstandesbetont, rechtsaktive eher emotionale Typen.

Interessant ist übrigens, daß Menschen, die eine starke Rechts- oder Linksprägung haben, dazu neigen, den Gegenpol abzulehnen. Je stärker die Prägung, desto stärker auch die Ablehnung. Und das ist erklärbar, weil der eine den anderen wirklich nicht verstehen kann. Der optimale Zustand ist das ausgeglichene Zusammenwirken beider Hirnhälften.

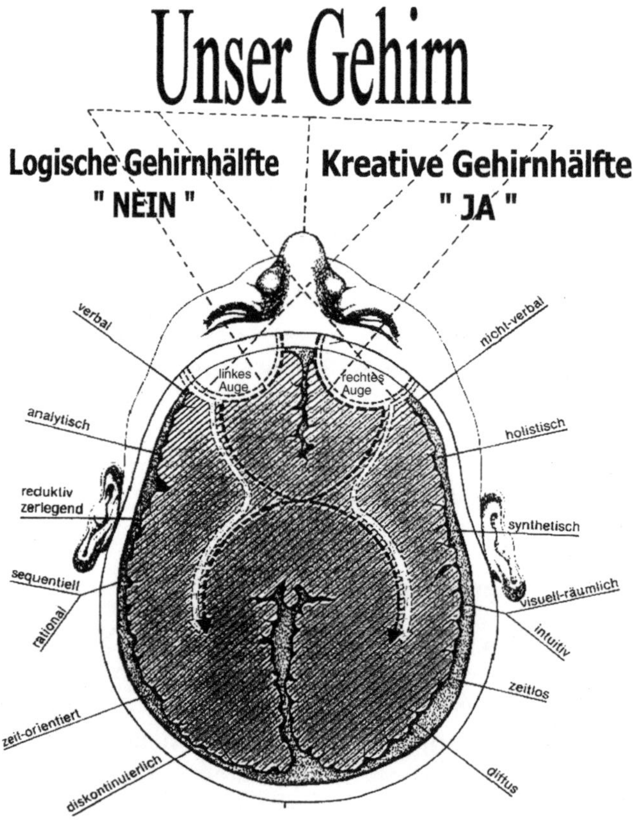

Sperry wie auch andere Wissenschaftler haben festgestellt, daß in jedem Menschen alle Fähigkeiten angelegt sind, jedoch häufig nicht genutzt werden. Wer beide Seiten des Gehirns gemeinsam beansprucht, der trainiert automatisch bei Nutzung der einen Seite auch die andere Seite mit. So können Studenten, die Mathematik studieren, auch leicht Musik erlernen bzw. umgekehrt. Untersuchungen haben zudem gezeigt, daß die Beanspruchung vieler Gehirnfunktionen die Denk- und Merkfähigkeit steigert. Also folgern wir daraus für uns: Viel bewegen – geistig wie körperlich. Diese Meinung vertrete ich bereits seit vielen Jahren:

Schonung ist der schnellste Weg zum Friedhof!

Wissenschaftler wie Ornstein, Zaidel, Block haben sich der Frage der Fähigkeiten der linken und rechten Hemisphäre besonders angenommen. Ihre Forschungsergebnisse bestätigen die Erkenntnisse von Sperry. Der Trend, Menschen in links- oder rechtsaktiv einzuteilen, wird jedoch nicht von allen Wissenschaftlern unterstützt. Demnach dominieren in jeder Gehirnhälfte zwar bestimmte Aktivitäten, aber grundsätzlich sollen beide Gehirnhälften Fähigkeiten auf allen Gebieten besitzen. Somit kann eine sogenannte Rechtsdominanz nicht mehr als Entschuldigung für Schwierigkeiten im Umgang mit Zahlen aufgeführt werden. Wäre das Gehirn in zwei voneinander unabhängige Hälften getrennt, so würde jede Hälfte ihre eigene, individuelle Bewußtheit haben, jede Hälfte würde fühlen, wahrnehmen, sich erinnern und lernen – ohne jedoch einen Zugang zu den geistigen Bildern der anderen Hälfte zu haben.

Was aber hindert uns nun, alle Fähigkeiten unseres Gehirns zu nutzen?

Den meisten Menschen fehlt das Wissen darüber, wie sie den Zugang zu ihren Fähigkeiten finden können. Doch: **Es ist alles in uns!**

CHARISMA-FAKTOR

Wer beide Gehirnhälften aktiviert, lernt schnell und kann auch gut mit Menschen umgehen.

Doch von klein auf werden wir dazu erzogen, überwiegend unsere linke Gehirnhälfte zu nutzen. In der Schule wird gepaukt, Wissen wird vermittelt, es muß auswendig gelernt, analysiert und gerechnet werden. Weniger Wert wird auf Fähigkeiten, wie schöpferisches Denken, intuitives Handeln, die emotionale Intelligenz gelegt. Einseitigkeit tut nicht gut, denn auf der Strecke bleiben die Fähigkeiten, die den Menschen ausmachen – seine Persönlichkeit, seine Ausstrahlung. Deshalb ist es so wichtig, beide Gehirnhälften in Einklang miteinander zu bringen; dann werden wir ein Ganzes – eine ganzheitliche Persönlichkeit. Nicht einzelne Teile unserer Persönlichkeit handeln dann unabhängig voneinander, sondern wir handeln aus der Ganzheit unserer Persönlichkeit. Automatisch verändert sich dadurch unsere Perspektive: Wir sehen nicht mehr nur Einzelbereiche, sondern wir erkennen die Ganzheit des Universums.

Die Kapazität des Gehirns

Was fällt Ihnen ein, oder, genauer gesagt, was läuft in Ihrem Gehirn ab, wenn Sie das Wort „Beförderung" hören?

Sehen Sie sich einen guten Abschluß machen, oder haben Sie das Bild einer Einladung vom Chef zum Nobelitaliener vor Ihrem geistigen Auge? Jede Art der Information oder Wahrnehmung – jeder Gedanke, jede Erinnerung, jeder Geruch, jede Farbe – löst in Ihrem Gehirn eine Unzahl von Assoziationen aus. Das menschliche Gedächtnis ist eine reine Datenbank, in der alle Erfahrungen, Informationen, Gedanken und Gefühle gespeichert sind. Die Kapazität Ihrer persönlichen Datenbank mit über Trillionen von Daten und Datenassoziationen übertrifft bei weitem den besten Computer der Welt. Wenn Sie tausend IBM-Computer miteinander verbinden würden, könnten Sie damit nicht einmal einen Teil des Gedächtnisses eines zehnjährigen Kindes abdecken.

CHARISMA-FAKTOR

Im Gedächtnis ist mein Leben gespeichert.

Wußten Sie, daß Gehirnforscher und Psychologen davon ausgehen, daß der Mensch nur etwa 10 % seiner geistigen Fähigkeiten nutzt und die restlichen 90 % brachliegen? Die moderne Gehirnforschung hat es aufgedeckt: Wir haben überhaupt nur einen geringen Teil unserer Hirnzellen aktiviert. Erkennen Sie jetzt, welches Potential Ihnen zur Verfügung steht? Es gibt keine Beschränkungen, wenn Sie Ihr geistiges Potential nutzen. Stellen Sie sich einmal Ihre Zukunft vor, wie sie in einem, in fünf, in zehn oder zwanzig Jahren aussehen könnte, vorausgesetzt Sie schränken sich nicht mehr selbst ein. Der charismatische Manager muß in zunehmendem Maße seine gesamte Gehirnkapazität nutzen. Das ermöglicht ihm, leicht und schnell alle benötigten Informationen abzurufen, Lösungen für Probleme zu finden und neue Strategien zu entwickeln.

Damit Sie eine Vorstellung von der Kapazität des Gehirns bekommen, hier ein kleines Beispiel: Fütterte man das Gehirn über einen Zeitraum von 100 Jahren pro Sekunde mit zehn Informationen, würden nur etwa ein Zehntel seiner Speicherkapazität genutzt – so Dr. Mark Rosenzweig aus Paris.

Der Mensch als eine Einheit

Aus religiöser Sicht ist der Geist göttlich und die Seele denkt und fühlt. Für Plato bestand der Mensch aus einem sterblichen Körper, aus dem unsterblichen Prinzip und einer sterblichen Seele. Paulus nannte dies Körper, Seele und Geist. Medizinisch gesehen wird das Gefühl der Seele, der Geist dem Intellekt und das Handeln dem Körper zugeschrieben. Körperlich gesund, leistungsfähig und ausgeglichen ist der Mensch, wenn die drei Bereiche miteinander harmonieren und in einem ausgewogenen Verhältnis zueinander stehen.

Es hängt von der Art des äußeren Reizes ab, ob dieser von einem, von zwei oder aber auch von allen drei Bereichen wahrgenommen wird. Alle drei Bereiche sind miteinander verbunden und stellen das „Ich bin“, das unteilbare Individuum, dar. Jeder Bereich nimmt Einfluß auf den anderen Bereich. Es bedeutet, die Seele wirkt auf den Körper und Geist, der Körper auf den Geist und die Seele, die Seele auf den Geist und den Körper.

Was können wir nun tun, um die verschiedenen Ebenen unseres Seins auf optimale Weise zu verbinden? Das beste Mittel ist die Tiefenentspannung oder der Alpha-Zustand. Wenn Sie richtig entspannt sind, dann können Sie Ihre innere Stimme besser wahrnehmen und Energie tanken, das ist schon sehr hilfreich. Aber noch wichtiger ist die Tatsache, daß Sie Ihr Unterbewußtsein dann „programmieren" können. Sie haben Verbindung zu Ihrem Unterbewußtsein, können ihm Ihre Ziele vorgeben, können auch destruktive Denkweisen durch positive Suggestionen unwirksam machen. In dieser Entspannungsphase stellt sich beispielsweise ein Manager die bevorstehende Verhandlung geistig vor. Er sieht, wie seine Argumente akzeptiert werden und die Gegenseite den Vertrag unterschreibt, ohne eine Änderung vorzunehmen. Sportler sehen sich schon lange vor dem Wettkampf in Gedanken als erste durch das Ziel laufen, und Schauspieler hören in solchen Entspannungssituationen oder Wachträumen bereits den Applaus nach der gelungenen Vorstellung. Studenten nutzen die harmonische Verbindung der verschiedenen Ebenen, um leichter lernen zu können und das Erlernte besser abrufbereit zu haben.

Inzwischen haben sogar Untersuchungen Beweise für die Kraft des Geistes ergeben. Durch die Entspannung weitet sich das Blickfeld, eine umfassende ganzheitliche Sichtweise eröffnet sich dem entspannten Menschen. Der Geist wird frei, Beschränkungen – meist selbst auferlegte – lösen sich auf. Und damit haben wir Zugang zu einem enormen Potential, das in jedem Menschen vorhanden ist. Leider können wir keinen Gebrauch davon machen, wenn wir in Streß und in Hektik sind, denn dann sind wir angespannt und verkrampft.

Wie Sie es auch bei meinem mentalen Training erleben, bewirkt die Tiefenentspannung eine Harmonisierung der beiden Gehirnhälften. Folge: Wir können logischen Verstand, physische Kräfte und kreative Impulse miteinander verbinden. In solchen Situationen sind wir am leistungsfähigsten, am kreativsten und am glücklichsten. Daß sie dies im Wachbewußtsein – hier ist überwiegend die linke Gehirnhälfte mit dem verstandesmäßigen, folgerichtigen Denken aktiv – häufig erleben, können die wenigsten von sich behaupten.

Wenn Körper, Geist und Seele zusammenwirken, wachsen wir über uns selbst hinaus, können unglaubliche Leistungen bringen, weil nichts unseren inneren Kräften im Wege steht. In einem solchen Zustand können sogar Gewohnheiten und Suchtabhängigkeit aufgelöst werden. Ich möchte nur an die Raucherentwöhnung aufmerksam machen, die ich seit vielen Jahren durchführe: 14000 Rauchern war es möglich, in der Tiefenentspannung diese Angewohnheit loszulassen!

Bewußtsein gegen Unterbewußtsein

Das menschliche Wesen kann mit einem Eisberg verglichen werden: Das obere, sichtbare Drittel entspricht dem Bewußtsein, der mittlere Bereich dem Unterbewußtsein und das untere Drittel dem kollektiven Unterbewußtsein oder dem Urwissen.

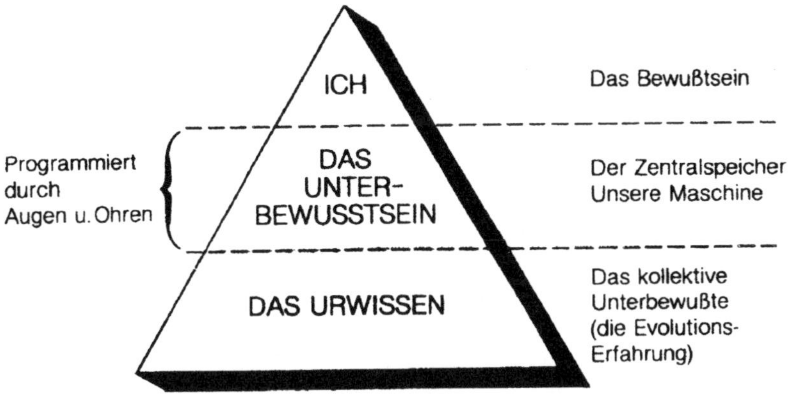

CHARISMA-FAKTOR

Wir sind nicht nur Unterbewußtseins-Besitzer, wir müssen auch Unterbewußtseins-Gebraucher werden!

Auf dieser dritten Ebene sind alle Erfahrungen der gesamten Menschheit seit Beginn der Zeit gespeichert. So unglaublich es uns erscheint, aber wir wissen alles. Doch nur wenige Menschen sind in der Lage, Zugriff zu diesem Urwissen zu erlangen. Sokrates sagte: **Im Grunde braucht der Mensch nichts zu lernen.**

Alles ist vorhanden, wir brauchen uns nur wieder zu erinnern. Wir haben den Glauben an uns, den Glauben an unser Urwissen, verloren. Wie oft fühlen wir uns allein einer Situation ausgeliefert, sehen keine Lösung und verzweifeln? Würden wir Zugang zum Urwissen finden, könnten wir von dem Wissen der gesamten Menschheit profitieren. In diesen tiefsten Schichten unseres Unterbewußtseins sind wir mit dem Universum verbunden. Alles steht uns zur Verfügung, wenn wir Zugang zu dieser unermeßlichen Quelle in uns selbst finden.

Der Mensch als Teil des Universums unterliegt den Gesetzen des Universums: Fortschritt, Innovation, Erfolg. Alles ist in uns angelegt, alles ist möglich. Was hindert uns daran, unsere Fähigkeiten zu entfalten, Charisma zu entwickeln und Erfolg zu haben? Es ist das Bewußtsein oder – anders ausgedrückt – unser Ich, unser Kritik- und Urteilsvermögen und vor allem unser Verstand, der uns jede noch so kleine Veränderung in unserem Leben so schwer, oftmals sogar unmöglich macht.

Die Aufgabe des Verstandes ist, uns vor Gefahren zu schützen. Das erklärt, warum es nicht einfach ist, etwas Neues auszuprobieren. Der Verstand kontrolliert jeden Gedanken, jede Handlung. Er orientiert sich an dem Bekannten, dem Vertrauten. Alles, was wir gewohnt sind und uns offensichtlich nicht schadet, das ist – aus der Sicht des Verstandes – in Ordnung. Alles Neue birgt in sich eine Gefahr, denn wir verfügen über keine Erfahrungswerte. Folglich sagt der Verstand NEIN, und wir bleiben auf der Stelle stehen. Ein Fortschritt ist nicht möglich. Wir verhalten uns nach bekannten Mustern, bewegen uns auf gewohnten Pfaden. Nicht einmal Stagnation oder sogar Rückschläge veranlassen uns, unser Verhalten zu überdenken oder gar zu ändern. Wie eine Straßenbahn, deren Räder in vorgefertigten Schienen rollen, bewegen wir uns in festen, starren Gedanken- und Verhaltensschienen. Viele Menschen sind eher bereit zu sterben, als sich von diesem Schema zu lösen. Lieber ganz sicher untergehen als das Risiko zu wagen, unbekannte Wege zu beschreiten. Lieber sich mit der Mittelmäßigkeit abfinden als etwas Neues wagen.

Diese Beschränkung, die wir uns selbst auferlegen, läßt uns immer wieder mit den gleichen Problemen kämpfen, läßt uns immer wieder die gleichen Fehler machen. Deshalb haben alle unsere guten Vorsätze nicht einmal eine Chance, in die Tat umgesetzt zu werden.

CHARISMA-FAKTOR

Sie sollten Ihr eigenes Unterbewußtsein befragen und Vertrauen entwickeln zu Ihrer eigenen inneren Stimme.

Hoch lebe der Verstand!

In einer verstandesorientierten Welt wundert das nicht. Der Verstand hat alles unter Kontrolle, oder „man hat den Verstand verloren“, „ist nicht bei Verstand“. Man wird ermahnt „vernünftig zu sein“. Unbewußt steuert der Verstand die Gedanken und ist für viele Menschen zum Maß aller Dinge geworden. Vom Verstand beherrscht, wird der sichere, der gewohnte Weg eingehalten. Lieber bleibt man den Rest des Arbeitslebens Abteilungsleiter, als die Prokuristenstelle anzustreben. Keine Experimente, keine Risiken – also auch keine Gefahr. Die weitere Folge: Eine feste Meinung, basierend auf dem Prinzip der Beurteilung und Bewertung. Alles wird sofort vom Verstand geprüft und in gut oder schlecht nach den bekannten Kontrollkriterien eingeteilt. Eine feste Meinung bedeutet letztendlich Sicherheit und vermittelt uns ein angenehmenes Gefühl – nämlich immer recht zu haben. Nicht ohne Grund gilt für Sufis und Mystiker der Verstand als Satan, der immer recht haben muß.

Der Mensch hat seine Wurzeln verloren. Er identifiziert sich mit dem Verstand, IST Verstand, anstatt den Verstand zu be-NUTZEN, ihn einzuschalten, um zu Erkenntnissen zu gelangen. Der Verstand ist lebensnotwendig, aber er ist nur ein Instrument, das wir zu bestimmten Zwecken einsetzen sollten – zu unserem Nutzen, nicht zu unserer Beschränkung; denn damit setzen wir uns selbst Grenzen, trauen uns nichts mehr zu. Ja, unser Verstand hält uns klein.

Vergleichen Sie Ihr Leben einmal mit einem Baum. Wo steht Ihr Lebensbaum? Wie sieht er aus? Ist es eine kräftige Tanne, die sich nach oben streckt, oder eher eine Krüppelkiefer?

Der Mensch könnte perfekt sein – ähnlich einer Maschine, die, richtig eingestellt, perfekt funktioniert.

- Welches Programm wirkt in Ihnen?
- Wie sind Sie eingestellt?
- Wer hat Sie oder Ihr Programm eingestellt?
- Wie sieht es mit Ihrer Programmierung aus?
- Worauf sind Sie programmiert? Auf Erfolg oder auf Mißerfolg?

Von der Natur können wir es lernen: Ein Baum muß nach oben wachsen – zum Licht. Der Mensch jedoch begrenzt sich selbst, überläßt dem Verstand die Kontrolle über das Leben, läßt seine Fähigkeiten und Talente verkümmern, macht sich klein und unscheinbar. In dieser kleinen, scheinbar sicheren Welt macht es sich der Mensch bequem, anstatt zu neuen Ufern aufzubrechen.

Bleiben Sie nicht in der Mittelmäßigkeit, verkümmern Sie nicht in der Masse, sondern werden Sie zu dem, was Sie sind:

Ein Mensch, der etwas bewegt in unserer Welt,
ein Mensch, der das Denken und Handeln anderer beeinflussen kann,
ein Mensch mit einer unwiderstehlichen Ausstrahlung –
ein Mensch mit Charisma!

Wie beispielsweise der Deutsche Bank Chef Rolf-Ernst Breuer. Obwohl Insider behaupten, er habe keine starke Hausmacht, kann er etwas bewegen. „Mr. Börse", wie er oft genannt wird, war schon lange von den Vorteilen des Computerhandels überzeugt, hatte eine Vision, war einen Schritt weiter als die anderen. Er konnte die Widerstände, die seinem Projekt entgegenstanden, nach und nach abbauen, konnte

Gegner überzeugen und seine Idee realisieren. Es waren nicht die Fakten, die den Umschwung hervorriefen. Rolf-Ernst Breuer erreichte es durch seine Persönlichkeit, sein Charisma. „Er schafft es, aus dem Stehgreif eine langweilige Versammlung durch eine amüsante Rede aufzupeppen", sagte ein Banker anerkennend.

Das Unterbewußtsein – unser Personalcomputer

Das Unterbewußtsein läßt sich mit einem Computer vergleichen. Bei der Zeugung war das Unterbewußtsein wie eine unberührte Festplatte. Doch bereits ab diesem Augenblick beginnt die Programmierung: Alles, was wir wahrnehmen und im Bewußtsein nicht mehr benötigen, wird im Unterbewußtsein gespeichert. Es ist erwiesen, daß ein Baby im Mutterleib wahrnimmt, ob es erwünscht ist oder nicht. Man weiß auch, daß sich harmonische und schöne Erlebnisse der Mutter während der Schwangerschaft positiv auf die Entwicklung des Embryos auswirken, daß schon in dieser frühen Entwicklungsphase Begabungen geweckt werden können, wie beispielsweise Liebe und Talent für Musik.

Alle Erfahrungen, die Sie bis zu diesem Augenblick gemacht haben, in dem Sie diese Zeilen lesen, sind in Ihrem Unterbewußtsein verankert. Das Unterbewußtsein steuert unser ganzes Leben; Körperfunktionen und Stoffwechsel ebenso wie Gefühle und Stimmungen.

Eine Unzahl von Informationen wirkt in jedem Augenblick auf uns ein. Doch nicht alles wird wahrgenommen oder aufgenommen. Was Sie in Ihrem Gedächtnis und in Ihrem Unterbewußtsein aufnehmen, wird in Sekundenschnelle entschieden. Fast automatisch werden Informationen gefiltert und festgehalten, wird das, was zu bereits bestehenden Programmen paßt, wie Wissen, Erfahrungen, Einstellungen, eingefügt. Die neue Information wird dem jeweiligen Speicher zugeordnet und automatisch mit dem Gefühl verbunden, das dort vorherrschend ist. Und das wiederum veranlaßt uns, entsprechend zu handeln. So erfolgen unsere Gefühle, unsere Reaktionen nicht zufällig, sondern sind bereits vorprogrammiert. Einmal eingefahrene, negative Denkmuster sind Ursache für seelische und körperliche Probleme, aber auch dafür, daß wir nicht vorankommen, keinen Erfolg haben. Fest verankerte positive Programmierungen sorgen dafür, daß wir immer die beste Möglichkeit wählen, die größte Chance erkennen, auf dem Weg des Erfolgs bleiben.

Welche Denkmuster herrschen bei Ihnen vor?

CHARISMA-FAKTOR

Eine positive Denkweise zieht automatisch Positives an.

Beispiel:
Sie genießen einen ruhigen Sommerabend auf der Terrasse Ihres Hauses, als das Telefon klingelt. Sie warten auf den Anruf eines guten Freundes. Und so melden Sie sich gut gelaunt. Es ist jedoch nicht der erwartete Freund am anderen Ende der Leitung, sondern Ihr Chef. Sie sind überrascht. „Das ist doch noch nie vorgekommen, daß er um diese Zeit anruft", denken Sie. Gleichzeitig schießen Ihnen verschiedene Gedanken durch den Kopf: „Warum ruft er mich zu Hause an? Ist etwas passiert? Habe ich einen Fehler gemacht?" Ein Adrenalinstoß durchläuft Ihren Körper, Sie atmen schneller, Ihr Herz rast. Er möchte Sie morgen vor der Vorstandssitzung in seinem Büro sprechen. Es ist Ihnen ganz übel, und mit hoher Stimme sagen Sie kurzatmig zu. Der Abend ist gelaufen. Sie gehen alle Besprechungspunkte der morgigen Sitzung durch, überlegen, ob Sie etwas vergessen haben könnten. Je länger Sie nachgrübeln, desto unsicherer werden Sie. „Es hat doch einen Grund, warum der Alte mich am Abend anruft und mich vor der Sitzung zu sich bestellt. Wo liegt der Fehler?" Sie fragen sich, ob Ihr Vorschlag für die Auslandsinvestition doch zu riskant ist. Die Nacht schlafen Sie schlecht. Als Sie am nächsten Morgen Ihrem Chef gegenübersitzen, sind Sie angespannt und fühlen Sie sich äußerst unwohl. Bevor er anfängt zu sprechen, erklären Sie, daß Sie natürlich auch eine andere Variante für die Auslandsinvestition vorschlagen können, falls das vorgelegte Papier nicht genehmigt wird. Ihr Chef schaut Sie verwundert an, ist offensichtlich etwas irritiert. Dennoch fragt er Sie, ob Sie bereit wären, die Leitung der größten Niederlassung in Hongkong zu übernehmen? Sie sind überrascht und sagen stotternd zu.

Zwei Wochen später teilt Ihr Chef Ihnen mit, daß ein Kollege aus Hamburg nach Hongkong gehen wird.

Durch Ihre Reaktion – nämlich Verunsicherung – läßt er sich seine Entscheidung noch einmal durch den Kopf gehen. Er kommt zu dem Schluß, daß Sie doch nicht der geeignete Mann sind, weil für die Verhandlungen mit den asiatischen Geschäftspartnern nur absolut selbstsichere, souveräne Persönlichkeiten in Frage kommen. Ihre Unsicherheit hat ihn dazu bewogen, seinen Entschluß noch einmal zu überdenken. Er sieht in Ihnen nicht mehr den überlegenen, selbstbewußten Geschäftsmann.

Wie entsteht eine solche Situation?

Ihre negative Einschätzung des abendlichen Anrufs hat negative Reaktionen zur Folge. Hätten Sie den Anruf einfach nur als eine neutrale Information gewertet – nämlich früher im Büro sein zu müssen –, hätten Sie sich anders verhalten. Sie wären selbstsicher gewesen und hätten vermutlich den Posten bekommen.

Was kann daraus gefolgert werden?

Je positiver Sie eingestellt sind, je mehr Informationen mit positiven Gefühlen verbunden sind, desto positiver reagieren Sie. Hätten Sie sich gefreut, daß Ihr Vorgesetzter Sie zu Hause anruft, dann wäre Ihre Reaktion – und folglich die Ihres Chefs – ganz anders ausgefallen.

Wie Ihr Leben verläuft, hängt davon ab, welches Programm in Ihrem Unterbewußtsein gespeichert ist. Damit Sie dieses richtig programmieren, ist diesem Buch eine CD beigelegt. Sie brauchen Sie nur regelmäßig anzuhören, und Sie werden Veränderungen in Ihrem Leben feststellen können.

Das Unterbewußtsein ist ein ausführendes Organ. Und hier liegt die Problematik. Es führt **jeden** Befehl aus – egal ob er sinnvoll ist oder nicht; egal ob er von Ihnen kommt oder von einem anderen Menschen. Das Unterbewußtsein ist im Gegensatz zum Bewußtsein, zum Verstand, kein Kontrollorgan, sondern ein absolut ergebener stummer Diener – ein reines Ausführungsorgan. Es arbeitet wie ein Maschine, unterscheidet nicht in gut und böse, in schwarz oder weiß, in glücklich oder unglücklich. Je nachdem, welcher Hebel betätigt wird – das entsprechende Programm wird abgespult – ganz automatisch. Deshalb: Legen Sie das richtige Programm ein!

Das Unterbewußtsein – die Baustelle des Lebens und der Arbeitsraum der Seele – hat die Tendenz, jeden Gedanken zu realisieren.

So wundert es nicht, wenn manche Menschen auch mit dem zehnten Ehepartner nicht glücklich werden. Solange das innere Programm nicht verändert wird, entsteht immer wieder das gleiche Beziehungsdrama – unabhängig vom Partner, mag er ideal sein oder nicht. Scheidung ist die unausweichliche Konsequenz. Wer ständig Streit mit jedem Chef hat, immer von Kollegen ausgenützt wird oder nie Anerkennung für seine Leistungen bekommt, sollte sich fragen, welches Programm er gespeichert hat.

Bei einem entspannten und gelassenen Menschen sind die Bewußtseinsbereiche durchlässiger als bei einem Menschen, der ständig im Streß und in Anspannung lebt. Das bedeutet, daß zwischen den einzelnen Schichten des Ichs – dem Bewußtsein, dem Unterbewußtsein und dem Urwissen – eine größere Durchlässigkeit und damit eine bessere Verbindung besteht. Neue Ideen und kreative Gedanken können sich leichter entwickeln, Problemlösungen sind umfassender, weil alle Ebenen des menschlichen Seins zusammenarbeiten.

Veränderung beginnt im Kopf.

Es klingt einfach und ist dennoch schwierig. Alles, was Sie bis zu diesem Augenblick in Ihrem Leben an Informationen erhalten, an Erfahrungen gemacht haben, ist – wie bei einem gut funktionierenden Computer – in Ihrem Gedächtnis, im Bewußtsein und im Unterbewußtsein gespeichert. Es ist dort aber nicht neutral abgelegt, sondern mit bestimmten Bewertungen, nämlich Emotionen, versehen. Wenn Sie sich als Kind die Finger am Herd verbrannt haben, dann hat Ihr Unterbewußtsein die Kombination „Herd – Schmerzen" abgespeichert. Wann immer Sie mit einem Herd zu tun haben, wirkt diese Programmierung: Sie sind vorsichtig.

Festgefahrene negative Denkmuster machen das Leben schwer, sind Ursache für seelische und körperliche Probleme, für berufliche und private Mißerfolge. Alles, was wir bis heute in unserem Geist verankert haben, wird im Unterbewußtsein gespeichert. Entsprechend diesen „Daten“ sind Sie der Mensch, der Sie zu sein glauben. In anderen Worten: Sie haben sich ein bestimmtes Bild von sich selbst gemacht. Entsprechend diesem Bild verhalten Sie sich, und das Resultat sehen Sie, wenn Sie eine Bestandsaufnahme über Ihre augenblickliche Lebenssituation machen. Sie bekommen das, was Sie sich vorstellen. Sie sind so, wie Sie glauben zu sein. Sie sind ein Abbild Ihrer selbst geschaffenen Realität! Alles hängt von Ihrer Einstellung ab.

Sie sind, was Sie glauben zu sein.

Wenn Sie glauben, daß der Vertrag unterschrieben wird, dann wird er unterschrieben; wenn Sie an Ihren Erfolg glauben, dann haben Sie auch Erfolg. Wenn Sie glauben, krank zu sein, dann werden Sie früher oder später krank – weil Sie das Bild einer Krankheit in sich tragen. Warum glauben Sie, sind manche Menschen immer gesund? Weil ihre innere Vorstellung von Gesundheit geprägt ist. Diese innere Vorstellung veranlaßt den Menschen ganz von selbst, das zu tun, was seiner Gesundheit zuträglich ist. Was macht einen Menschen zum Versager? Nicht ein einmaliger Mißerfolg, sondern die Vorstellung zu versagen, ein Versager zu sein. Und diese Vorstellung wird dann zur Realität. Das Bild, das Sie von sich selbst haben, steuert Ihr Verhalten. Alles, was wir erleben, ist subjektiv. Das Gehirn ist kein Erkennungsorgan der Wirklichkeit. Das Gehirn ist ein Überlebensorgan, so nenne ich das! Es ist auf Erfolg oder auf Zerstörung programmiert, je nachdem, was Sie ihm eingegeben haben. Das funktioniert wie beim Computer: Input ist gleich Output.

Fragen Sie sich: Worauf ist mein Gehirn programmiert? Auf Erfolg oder auf Mißerfolg? Auf Gesundheit oder Krankheit? Auf Liebe oder auf Kampf?

Denken Sie an Kant: **„Das Ding an sich, das gibt es nicht.“**

Gedanken sind unser Schicksal. Denkt jemand von sich, er sei ein Esel, dann verhält er sich wie ein Esel und so ist es kein Wunder, daß er wie ein Esel behandelt wird. Was macht einen Manager erfolgreich? Die Vorstellung vom Erfolg. Denken Sie einmal, welche Auswirkungen allein die Vorstellung von Glück und Erfolg hat. – Der Körper produziert Glückshormone! Sie fühlen sich gut, haben Elan und nutzen

Ihre Fähigkeiten. Was hält Sie noch davon ab, in sich eine erfolgreiche, charismatische Persönlichkeit zu sehen? Es gibt keinen vernünftigen Grund, lediglich Ihr Verstand, der immer aktive Kontrolleur, will keine Veränderung. Lassen Sie sich nicht kontrollieren von ihm! Entscheiden Sie sich für Erfolg, nutzen Sie Ihre Fähigkeiten, werden Sie erfolgreich!

CHARISMA-FAKTOR

Inneres Programm auf Positiv stellen!

Wenn Sie in Ihrem Leben Veränderungen vornehmen wollen, dann können Sie das nur, wenn Sie Ihre Einstellung ändern. Was immer Sie anders machen möchten – es ist möglich. Sie brauchen nur Ihr inneres Programm ändern.

Erfahrungen, die als negativ abgespeichert sind, müssen positiv überspielt werden. Das geschieht, indem Sie durch gezielte Gedanken, besser noch durch Suggestionen, Meditationen, aber auch durch bewußtes Handeln, das Gehirnfeld umformen. Stellen Sie sich eine bespielte Kassette vor. Ihnen gefällt die Musik nicht mehr, Sie möchten lieber etwas anderes hören. Also überspielen Sie einfach das alte Stück. So funktioniert das auch mit Ihren Programmierungen.

Anhand von Untersuchungen hat man herausgefunden, daß die Interpretation einer Situation meistens in der rechten Gehirnhälfte stattfindet, also eher gefühlsmäßig abläuft. Wer jedoch sehr verstandesmäßig geprägt ist, bei dem wird in jeder Situation verstärkt die linke Seite aktiviert, und die Entscheidung fällt „vernünftiger“ aus.

Die Kraft der Gedanken

Was die Muttermilch für das körperliche Wachstum ist, sind für den Geist, für das Selbstbewußtsein, Sätze wie „Egal, was du tust, mein Junge – du hast Erfolg!“ Die Wirkung derartiger Worte sehen wir beispielsweise an Arnold Schwarzenegger, dessen Mutter bei jeder Gelegenheit ihren Sohn mit diesem Satz aufbaute. Nicht jeder wurde von klein auf von seiner Familie in einer solchen Weise bestärkt. Die meisten Kinder werden getadelt, kritisiert oder durch das Belohnungsprinzip handsam gemacht. Solche Kinder müssen sich ihren Glauben an sich selbst und ihre Fähigkeiten oft ein ganzes Leben lang mühsam erarbeiten – und für manche reicht die Lebenszeit nicht einmal aus, um die negativen Programmierungen, die in der Kindheit gesetzt wurden, loszuwerden. Es sei denn, sie haben das Prinzip erkannt und lösen es auf.

Gedanken entwickeln sich im Unterbewußtsein – aus dem Menschen selbst oder durch äußere Einflüsse.

Wer weiß, wie das System funktioniert, kann es ändern. Das Selbstbildnis von Kindern, die à la Schwarzenegger aufwachsen, ist so stark positiv geprägt, daß es nichts gibt, was solche Menschen später aus der Bahn wirft. Das positive Bild, das sie von sich selbst haben, kann durch nichts erschüttert werden. Umgekehrt verhält es sich leider ebenso: Wenn Eltern ihre Kinder behandeln, als würden sie nur langsam begreifen, bewirken sie genau jenes: Das Kind glaubt, es sei langsam, und verhält sich entsprechend, und eines Tages begreift es dann wirklich langsam.

Unsere Vorstellung von unserem Leben ist in uns festgelegt. Und machen Sie sich einmal ganz klar, daß niemand anders als Sie selbst dieses Bild geschaffen und in sich verankert haben.

Für jeden Lebensbereich, für jede Fähigkeit, für jedes Problem und jede Situation, die uns Freude oder Ärger bereitet, sind wir selbst verantwortlich. Der eine denkt, er kann Sprachen nur schwer erlernen, der andere hält sich für den geborenen Sportler, Ihre Tochter möchte das höchstbezahlte Supermodel werden ... Alles geschieht nach der eigenen Vorstellung.

Denken Sie jetzt nicht daran, was wohl geschehen wäre, hätten Sie diese Erkenntnis bereits vor fünf, zehn oder zwanzig Jahren gehabt. Es lohnt sich nicht; denn die Vergangenheit läßt sich nicht ungeschehen machen. Richten Sie lieber Ihren Blick in die Zukunft; denn die können Sie beeinflussen.

Was glauben Sie von sich? Das ist die zentrale Frage! Entsprechend Ihrem Glauben an Ihre Fähigkeiten und Ihrer Einstellung zu sich selbst wird Ihr Leben verlaufen. Schreiben Sie auf, an was Sie glauben, was Sie können, was Sie sind, was Sie erreichen werden. Nehmen Sie sich Zeit für diese Fragen, und notieren Sie jede Einzelheit; denn so bekommen Sie ein vollständiges Bild von sich selbst. Vielleicht sind Sie von dem Ergebnis überrascht …

Fragebogen: **Wer bin ich?**

- Welches Bild habe ich von mir?
- Welche Fähigkeiten habe ich?
- Welche Fähigkeiten hätte ich gerne?
- Kann ich erreichen, was ich mir vorgenommen habe?
- Wenn ja – warum?
- Wenn nein – warum nicht?
- Bin ich ein Sieger?
- Welche Siege (Erfolge) habe ich errungen?
- Welche Eigenschaften haben meine Eltern, Lehrer, Geschwister, Freunde, Bekannte an mir besonders geschätzt?
- Welche Eigenschaften haben meine Eltern, Lehrer, Geschwister überhaupt nicht gemocht?
- Wie war ich in der Schule (Noten/Verhalten), beim Studium?
- Was wollte ich immer gern tun?
- Was habe ich davon realisiert?
- Was nicht und warum?
- Habe ich beruflich bisher erreicht, was ich wollte?
- Welches sind meine drei Hauptcharaktereigenschaften?
- Wie ist meine grundsätzliche Lebenseinstellung?
- Welches ist mein Lebensmotto?

Sich selbst richtig zu kennen ist äußerst wichtig. Einmal Klarheit über Gedanken, Einstellung, Werte, Ziele, Stärken und Schwächen zu gewinnen hilft Ihnen weiter.

Deshalb schreiben Sie jetzt Ihre fünf besten Charaktereigenschaften auf. Und dann suchen Sie Ihre fünf Hauptschwächen.

Meine Frage an Sie lautet: Wovon leben Sie? Von Ihren Stärken oder von Ihren Schwächen?

Wie wollen Sie Ihre Stärken richtig einsetzen, wenn Sie diese nicht einmal kennen? Wie wollen Sie Schwächen ablegen, wenn sie Ihnen nicht bewußt sind?

Sich selbst richtig zu kennen, sich selbst anzunehmen und zu mögen – das hat noch weitreichendere Folgen. Entsprechend dem Gesetz der Resonanz kann nur schwingen, was auch vorhanden ist. Oder anders ausgedrückt: Wer seine eigenen positiven Eigenschaften nicht kennt und schätzt, kann sie auch bei anderen Menschen nicht erkennen und schätzen.

Jede Vorstellung, die wir haben, ist in unserem Unterbewußtsein eingeprägt und beherrscht unser Handeln. Deshalb verläuft unser Leben weit weniger nach einer bewußten Planung – wie wir das gerne glauben. Vielmehr entsprechen Handlungen und Reaktionen unseren Denkgewohnheiten. Je häufiger wir denselben Gedanken denken, desto tiefer prägt sich in unserem Gehirn die entsprechende (Denk-)Spur ein, und desto automatischer erfolgt unsere Reaktion. Deshalb sollten Sie sich mit Ihren Stärken und nicht mit Ihren Schwächen befassen. Ein Gedanke, zum ersten Mal gedacht, tut sich vielleicht noch ein bißchen schwer, eine Spur zu prägen. Er muß sich seinen Weg, seine Verbindung, erst noch suchen. Die Wiederholung eines Gedankens festigt den Weg, bis dieser Weg zu einer schnellen, breiten Autobahn wird. Automatisch nehmen wir immer die gleiche Straße – die Gewohnheit hat sich festgesetzt, das Programm ist fest eingespeichert.

Die ständige Wiederholung einer Idee wird erst zum Glauben, dann zur Überzeugung.

Unser Leben wird viel mehr von Gewohnheiten bestimmt, als uns lieb und bewußt ist. Viele positive Gewohnheiten ergeben ein glückliches, erfolgreiches Leben. Wer von klein auf den Gedanken verinnerlicht, daß er – egal, was er tut – Erfolg haben wird, tut sich leicht; denn es tritt ein Automatismus ein. Schwarzenegger glaubt an sich. Dieser Glaube ist tief in ihm verwurzelt. Alles in seinem Unterbewußtsein ist auf Erfolg gerichtet. Deshalb wird er ganz automatisch oder gewohnheitsmäßig alles tun, was förderlich für Erfolg ist.

CHARISMA-FAKTOR

Auf Erfolg gerichtetes Denken muß zu einer Gewohnheit werden.

Erfolgsorientierte Menschen denken an Erfolg, traurige Menschen haben traurige Gedanken, jemand, der sich ständig mit Krankheiten befaßt, wird krank. Ein Mensch, der einen Mißerfolg nach dem anderen hat, denkt nur an Fehlschläge. Vielen Menschen ist gar nicht bewußt, daß sie Meister über ihre Gedanken sind. „Ich hab soviel im Kopf", hört man oft. Wie groß unsere Kapazitäten sind, das wissen wir. Doch nicht die Menge macht es aus, sondern die Qualität! Nicht der Gedanke bestimmt den Menschen, sondern der Mensch bestimmt sein Denken. So ist nicht nur beruflicher Erfolg die Folge positiver Gedanken, auch Gesundheit, Aussehen und persönliche Ausstrahlung sind die sichtbaren Resultate unserer Gedanken. Jeder Gedanke ist wie ein Saatkorn. Je häufiger Sie die Saat gießen, desto besser wächst das Korn; je häufiger Sie den gleichen positiven Gedanken denken, desto tiefer prägt er sich ein und um so mehr Energie erhält dadurch. Vielen Menschen ist die Bedeutung ihrer Gedanken nicht bewußt. Sie wundern sich lediglich, warum ihr Leben nicht erfolgreich ist. Sie erkennen nicht, daß sie selbst Verursacher sind und ihre Gedanken Ihre Wirklichkeit geschaffen haben. Und weil das Unterbewußtsein die Tendenz hat, jeden Gedanken zu realisieren, sollten wir diese Tendenz nutzen.

Am Anfang jeder Tat steht die Idee. Nur was gedacht wurde, existiert.

Wir wissen, daß jede Information, jeder Gedanke, mit einem Gefühl gekoppelt und dementsprechend in unserem Gedächtnis und unserem Unterbewußtsein abgelegt ist. Aus diesem Wissen oder dieser Erfahrung heraus erfolgt unsere Reaktion, die wir als gegeben betrachten. Nun kann man natürlich bei diesem Standpunkt bleiben. Von solchen Menschen hört man gern das Argument: „Ich bin halt so." Wenn Sie so bleiben wollen, dann ist das natürlich in Ordnung; denn jeder hat die Macht, das Recht und die Freiheit, sein Leben nach seinen Vorstellungen und Wünschen zu gestalten.

Das Unterbewußtsein hat keinen Verstand, es kontrolliert nicht. Das Unterbewußtsein ist reine Funktion, und der Antriebsmotor sind Ihre Gedanken. So programmieren Sie Ihr Unterbewußtsein jeden Augenblick, auch jetzt in diesem Moment, in dem Sie diese Zeilen lesen. Macht es klick?

Ihr Programm, Ihre Gedanken entscheiden, ob das Unterbewußtsein für oder gegen Sie arbeitet. Vielleicht möchten Sie gern Vorstandsvorsitzender werden, aber Sie „wissen" (hier spricht der Verstand), daß dies nicht möglich ist, weil Sie „glauben" (Achtung: mögliche Veränderung!), daß Ihnen die eine oder andere Voraussetzung fehlt. Was tut Ihr Unterbewußtsein? Es bestätigt Sie in Ihrer Meinung. Folglich werden Sie nicht Vorstandsvorsitzender. Ihr Kollege aber – mit den gleichen Voraussetzungen wie Sie – trägt in sich das Bild des Vorstandsvorsitzenden, er sieht seine eigenen Stärken, ist zuversichtlich und von sich und seiner Idee überzeugt. Was tut sein Unterbewußtsein? Es aktiviert alle Fähigkeiten in ihm, um das zu realisieren, was er denkt. Er tritt sicher auf, strahlt soviel Optimismus und Überzeugung aus, wie er braucht, um den Posten zu bekommen. – Und natürlich bekommt er ihn auch. Entscheidend sind nicht die fachlichen Qualifikationen, sondern entscheidend ist zuerst einmal die Einstellung zu sich selbst und zur Situation, dann das Denkmuster und die Denkgewohnheit.

Wir müssen uns mit den Dingen beschäftigen, die wir verursachen wollen.

Wenn sich aber jemand für einen Versager hält und immer nur denkt „Ich kann das nicht", „Ich schaffe die Arbeit nicht", „Ich komme mit meinem Kollegen nicht klar", was glauben Sie, tut das Unterbewußtein in einem solchen Fall? – Es veranlaßt diesen Menschen, alles zu tun, damit sich seine Vorstellung realisiert. Auf diese Weise machen sich Versager selbst zu Versagern. Alles beginnt mit dem Gedanken: Ein Versager denkt wie ein Versager und erst dann wird er auch zum Versager.

Haben Sie das Prinzip verinnerlicht? Möchten Sie jetzt der werden, der Sie wirklich sind? Möchten Sie Ihre Persönlichkeit entwickeln, Ihre charismatischen Fähigkeiten entfalten? Dann ist es Zeit, einmal eine Bestandsaufnahme zu machen:

Welchen Inhalt haben meine Gedanken?

Schreiben Sie in den nächsten vier Wochen **Ihre Gedanken auf**.

Nehmen Sie jeweils ein Blatt für die positiven, konstruktiven Gedanken und eines für die negativen Gedanken.

Auf diese Art und Weise wird Ihnen deutlich, wie Ihre Denkstruktur ist. Sie sehen, ob die positive Seite überwiegt, erkennen die Schwerpunkte für positive bzw. negative Denkansätze. Sie wissen dann genau, bei welchen Gelegenheiten Sie innehalten sollten, um Ihre Gedanken in die richtige Richtung zu lenken. Sie wissen dann viel besser, warum Sie in bestimmten Situationen gerade so und nicht anders reagieren. Sie können jetzt eingreifen, können negative Programmierungen gezielt überspielen und in positive Ansätze umwandeln.

Es liegt an Ihnen, welche Informationen Sie mit welchen Gefühlen koppeln. Natürlich handeln Sie erst einmal nach den bereits bestehenden Mustern. Sie nehmen etwas wahr, das wird entsprechend den vorgegebenen Programmierungen empfunden, und entsprechend reagieren Sie. Das heißt, Sie reagieren auf bestimmte Situationen immer gleich; denn das Schema ist bereits installiert. Das Schlimme daran ist aber, daß Sie gar nicht mehr merken, was hier abläuft, denn Sie sind es ja so gewohnt. Um so wichtiger ist es, alte Verhaltensmuster und Denkweisen zu entlarven. Die Auflistung Ihrer Gedanken hilft Ihnen dabei. Dann wissen Sie, wo Sie mit Ihrer Arbeit an sich selbst anfangen sollten. Nicht mehr unbewußte Denkstrukturen leiten Sie, sondern Sie übernehmen jetzt das Steuer – Sie schalten sich ein in Ihr Leben!

Nun legen Sie eine weitere **Liste über Ihre Angewohnheiten** an – auch hier eine positive und negative Seite.

Gewohnheiten – das sind die bereits manifestierten Gedanken. Sie wissen, daß Erfolg darauf beruht, positive Gedanken so lange zu denken, bis sie zur Gewohnheit werden. Die Summe der positiven Gewohnheiten bestimmt den Grad Ihres Erfolges. 98 % des Verhaltens ist abhängig von Gewohnheiten. Das Leben erfolgreicher Menschen besteht aus einer Fülle von positiven Gewohnheiten, und das ist eigentlich nichts anderes als eine Reihe von positiven Programmierungen, die im Gehirn verankert sind. Erfolgreiche Menschen sind nicht etwa bessere oder klügere Menschen. Erfolgreiche Menschen haben lediglich mehr positive Gewohnheiten als andere.

CHARISMA-FAKTOR

Nichts verändert sich, außer Sie verändern sich!

1. Schritt:
Erkennen der Gewohnheiten und der Gedankenstruktur.

2. Schritt:
Neue Ziele festlegen.

3. Schritt:
Bewußtes, zielorientiertes Denken.

4. Schritt:
Unterbewußtsein neu (positiv) programmieren.

5. Schritt:
Ständig an sich arbeiten.

Glaube versetzt Berge

Wir haben es nicht nur mit verstandesmäßigen Argumenten zu tun, sondern mit etwas nicht ganz Greifbarem, nicht richtig Erklärbarem. Der Glaube an Erfolg oder Mißerfolg bestimmt unser Handeln. Selbst der große Schachmeister Kasparow hat das eine oder andere Spiel verloren, nur weil er sich aufgegeben hatte und nicht mehr an seinen Sieg glaubte. Das gestand er in einem Interview. Wie oft werden bei Katastrophen noch Überlebende gerettet, lange nachdem Experten jede Hoffnung aufgegeben hatten. Erinnern Sie sich an das Grubenunglück in Lassing. Der verschüttete Bergmann hätte nach allen bis dato gemachten Erfahrungen bereits tot sein müssen, aber die medizinischen Regeln wurden außer Kraft gesetzt. Das Unglaubliche ist geschehen, sein unerschütterlicher Glaube an eine Rettung hat in seinem Körper alles mobilisiert, um zu überleben. Ein Wunder für die Mediziner, weniger ein Wunder für Menschen, die die Kraft des Glaubens kennen. Der Glaube an die Rettung, der Glaube an das Leben, der Glaube an die Chance zum Überleben mobilisiert alles in Geist und Körper. Der Glaube versetzt Berge! Und deshalb ist es das Schlimmste für den Menschen, den Glauben an die Zukunft zu verlieren.

Befassen wir uns nun mit dem, was Sie glauben. Schreiben Sie deshalb bitte auf ein Blatt Papier zehn Punkte an die Sie glauben: Ich glaube an … (z.B. Erfolg).

Und nun notieren Sie ebenfalls zehn Punkte, was Sie von sich glauben: Ich glaube, daß ich … Fähigkeiten habe.

CHARISMA-FAKTOR

Nicht die Realität bestimmt, sondern unser Glaube und unsere Einstellung.

Glauben an den Erfolg – das ist schon der halbe Erfolg. Glauben Sie, daß die anstehende Verhandlung positiv verlaufen wird, dann sind Ihre bewußten und unbewußten Reaktionen positiv – dann strahlen Sie Zuversicht aus. Mit einer solchen Ausstrahlung schaffen Sie die besten Voraussetzungen für ein erfolgreiches Gespräch; denn Sie erreichen Ihren Gesprächspartner wirklich, sprechen ihn auf allen Ebenen an. Wer sollte da widerstehen? Umgekehrt funktioniert das Prinzip ebenso: Negative Einstellung bewirkt Negatives. Wenn ein Verkäufer glaubt, daß er keinen Abschluß machen wird, dann programmiert er sich – und zugleich den potentiellen Käufer – auf Mißerfolg. Und es tritt genau das ein, was er glaubt. Dieses Prinzip kennen wir als die sich selbsterfüllende Prophezeiung – Selffulfilling prophecy.

Es tritt ein, was Sie denken – und die ständige Wiederholung eines Gedankens wird zur Überzeugung, zur Gewohnheit und zum Glauben.

Wissen ist Macht: Zielklarheit

Nur wer ein Ziel hat, kann auch ankommen. Unser Ziel heißt Erfolg. Doch was ist Erfolg für Sie?

Jeder versteht darunter etwas anderes. Deshalb ist es ganz wichtig, daß Sie sich darüber klarwerden, was Sie wollen. Nicht andere Menschen sollen Ihr Leben bestimmen, sondern ausschließlich Sie sollten für sich entscheiden. Lassen Sie sich nicht von Zufall, Umständen, Schicksal, Glück oder Unglück bestimmen. Nehmen Sie Ihr Leben bewußt in Ihre Hände, mischen Sie sich ein, übernehmen Sie die Verantwortung für sich. Erst wenn Sie wirklich wissen, was Sie wollen, können Sie sich gezielt an die Arbeit machen. Es geht nicht darum, wie ein Wahnsinniger zu arbeiten und auf der Stelle zu treten, sondern es geht darum, ein Ziel – sein Lebensziel – festzulegen und es zu erreichen. Konzentration auf eine Sache, auf ein Ziel, ist das Zauberwort, die Lösung.

Eigenartigerweise denkt jeder, der engagiert arbeitet, an einen Erfolg, vergißt aber häufig, genau zu definieren, was er darunter versteht. Ohne Plan geht es oft im Krebstempo voran – zwei Schritte nach vorn, einen Schritt zurück. Man will zwar Erfolg – heute ist das mehr Geld, morgen eine höhere Position, dann wieder mehr Geld, weil das Haus renoviert werden muß … Kein Wunder, daß auf diese Art und Weise ein konstanter Fortschritt nicht sichtbar wird. Erfolg bedeutet in solchen Fällen immer nur, eine kurzfristige Reaktion auf äußere Umstände, aber nicht ein wirklich erfolgsorientiertes Denken und Planen. Haben Sie eine Erfolgsstrategie? Oder rackern Sie sich damit ab, Umsatzziele zu erreichen, Personallücken zu schließen – kurz, die täglichen Arbeiten so gut wie möglich zu erledigen? Geht es Ihnen nur darum, so einigermaßen über die Runden zu kommen und dann auf die große Chance zu warten? So kommen Sie nicht weiter. Ein gewisses Gefühl der Unzufriedenheit macht sich ab und zu bei Ihnen bemerkbar, aber die Hoffnung auf eine Veränderung läßt Sie weitermachen.

Was also ist Erfolg für Sie persönlich?

Für den Opernsänger bedeutet Erfolg, an der Met zu singen; für den Schauspielschüler, an der Falckenberg-Schule aufgenommen zu werden; für ein Model, bekannter zu werden als Claudia Schiffer; für den Fußballspieler, das entscheidende Tor in der Weltmeisterschaft zu schießen; für den Buchhalter, Millionär zu sein; und für den Abteilungsleiter, Vorstandsvorsitzender zu werden.

Erfolg kann bedeuten, sich das Rauchen abzugewöhnen, weniger fernzusehen, reiten zu lernen, mehr zu verdienen als der Bruder, größere Abschlüsse zu machen als der beste Verkäufer in Ihrer Firma. Erfolge sind für mich ganz einfach gelöste Probleme. Wir sind nicht auf der Welt, um wie im Paradies zu leben. Wir sind hier, um Probleme zu lösen. Und davon gibt es reichlich, wohin man auch blickt. Ein Problem bietet eine Chance, zu zeigen, aus welchem Holz Sie geschnitzt sind. Welche Probleme in dieser Welt können Sie lösen? Gäbe es keine Probleme, dann gäbe es auch keine Aufgaben.

Um Erfolg zu haben, sollten Sie den Bereich finden, in dem Sie Probleme lösen können, in dem Sie Ihre Aufgaben und Ihren Lebenssinn finden. In diesem Bereich nämlich können Sie Spitze sein, können Erfolg haben und Erfüllung finden. Fragen Sie sich aber auch: „Bin ich ein Mensch, der Probleme macht, oder bin ich ein Mensch, der Probleme löst?“ In welchem Bereich kann ich am besten Probleme lösen oder – anders ausgedrückt (s.o.) – Erfolg haben?

Ihre Aufgabe ist nicht, jeden Tag andere Probleme zu lösen. Ihre Aufgabe ist, den Bereich zu entdecken, in dem Sie top sind! In diesem Bereich können Sie Ihre Fähigkeiten zum Einsatz bringen, können sich von der Masse abheben und Ihre Einmaligkeit beweisen.

CHARISMA-FAKTOR

Erfolg ist nur ein anderes Wort für Leben.

Erfolg ist so unterschiedlich wie Menschen sind. Es gibt Erfolg im Beruf, im Privatleben, im finanziellen Bereich, Erfolg als Mann oder Frau, Erfolg beim Sport oder bei den schönen Künsten. Sie können diese Liste beliebig ergänzen. Wollen Sie wirklich Erfolg? Entscheidend für Sie ist:

- Wissen Sie, welche Art von Erfolg Sie wollen?
- Sind Sie bereit, sich für Ihren Erfolg mit Begeisterung und Elan einzusetzen?

Und noch etwas Wichtiges:

Der Erfolgswille muß täglich neu geweckt werden, um dem grauen Alltag keine Chance zu geben.

Fragebogen: **Erfolg**

- Was heißt Erfolg für Sie persönlich?
- Seit wann haben Sie diese Vorstellung von Erfolg?
- Wer hat Sie zu diesem Erfolgsbild inspiriert?
- Hat sich Ihr Bild vom Erfolg im Laufe der Zeit verändert?
- Können Sie auf Erfolge zurückblicken?
- Listen Sie diese Erfolge auf!
- Welche Menschen bezeichnen Sie als erfolgreich?
- Und warum?
- Nennen Sie zehn Menschen, die für Sie das Wort Erfolg repräsentieren!
- Haben Sie ein Vorbild für Erfolg?
- Wann hatten Sie das letzte Erfolgserlebnis?
- Welche Eigenschaften zeichnen nach Ihrer Meinung erfolgreiche Menschen aus?
- Was unterscheidet den Erfolgreichen vom Versager?

Und nun zu Ihrer persönlichen Erfolgsstrategie:

- Welche Erfolgs-Eigenschaften haben Sie?
- Was hat einen durchschlagenden Erfolg bisher verhindert?
- Welche Ziele haben Sie sich für dieses Jahr gesetzt?
- Welche Ziele haben Sie sich für diesen Monat, diese Woche, den heutigen Tag gesetzt?
- Welche Ziele haben Sie im letzten Jahr, im letzten Monat, in der letzten Woche, gestern erreicht?

- Wie können Sie die Einwirkung äußerer Einflüsse auf Ihre Pläne reduzieren?
- Was können Sie verändern, damit Sie Ihre Ziele schneller erreichen?
- Helfen Sie anderen Menschen, erfolgreich zu sein? (Wem, wie?)

Erarbeiten Sie sich eine Erfolgsstrategie. Schreiben Sie Ihre Ziele auf, führen Sie ein Erfolgstagebuch, in das Sie jeden Tag Ihre Fortschritte eintragen. Machen Sie Ihren Erfolg für sich sichtbar – anhand einer Erfolgskurve. Dann wissen Sie, wo Sie stehen und wo die Barrieren liegen. Stellen Sie die Weichen für Ihren Erfolg; denn:

CHARISMA-FAKTOR

Erfolg ist ansteckend!

Erfolg ist nicht einem Zufall zu verdanken und ist auch nicht eine Angelegenheit, die man nur einmal erlebt nach dem Motto „Einmal erfolgreich sein, immer erfolgreich sein". Erfolg ist das, was auf Taten „er-folgt". Die Folge von Denken und Handeln ergibt Erfolg. Wir leben nicht im Paradies, sondern es ist unsere Aufgabe, unser Leben zu meistern und unsere Probleme zu lösen. Für mich ist jedes gelöste Problem ein Erfolg.

Nur durch ständige Beschäftigung mit Ihren Zielen, durch konstante Arbeit, durch Engagement und Begeisterung kann Erfolg erfolgen. Erfolg kann Ihnen zwar niemand schenken, kann Ihnen aber auch niemand nehmen. Erfolg kann nur von Ihnen selbst kommen und durch Sie selbst geschehen. Sie können die Weichen stellen; denn Erfolg zieht Erfolg an. Alles hängt von Ihnen ab.

Erfolgsschritte:

- Zielklarheit
- Entfaltung der charismatischen Persönlichkeit
- Erfolgsdenken
- Erfolgsstrategie

Die Macht des gesprochenen Wortes

Rhetorik – die Lehre vom meisterhaften Gebrauch der Stimme und der Worte, das Instrument der Erfolgreichen – ist eine Kunst. Bereits im Mittelalter gehörte die Redekunst zu den „Sieben freien Künsten". Und wenn Sie glauben, daß im Zeitalter der Informationstechnologie das gesprochene Wort nicht mehr so wichtig ist, dann irren Sie gewaltig. Gerade weil heute viele Geschäfte vor dem Computer, per Internet oder Btx-Modem und ähnlichem abgewickelt werden, ist der persönliche Kontakt wichtiger denn je. Der Eindruck, den Sie machen, bestimmt die Beziehung. Nicht ein Faktor allein – wie Auftreten, Gesten und Mimik, Stimme oder Worte – entscheidet, ob Sie Erfolg haben oder nicht.

CHARISMA-FAKTOR

Durch die Macht der Sprache komme ich an die tiefsten Schichten meines Unterbewußtseins.

Das Wort spielt eine entscheidende Rolle, sei es am Telefon oder im persönlichen Gespräch. Mit der Stimme erreichen Sie Ihr Gegenüber am intensivsten; denn die Stimme wirkt direkt auf das Unterbewußtsein. Das Ungeborene kann nichts sehen, aber es hört die Geräusche, nimmt vor allem die Stimme der Mutter wahr. Ein neugeborenes Baby kann die Stimme der Mutter aus allen anderen Stimmen heraushören. Wir sehen daran, daß alles, was wir hören, sich tiefer in unser Gedächtnis und unser Unterbewußtsein einprägt als das, was wir über andere Kanäle wahrnehmen.

Rhetorik ist die Kunst, andere zu gewinnen und zu überzeugen, Mitarbeiter zu führen und erfolgreich zu machen. Rhetorik ist die Fähigkeit, Gedanken überzeugend mitzuteilen. Die richtigen Worte mit einer klangvollen Stimme gesprochen – so erreichen Sie Ihre Zuhörer bis in ihren Wesenskern und können sie wirklich begeistern. Rhetorische Fähigkeiten kann man trainieren; fehlt aber die Persönlichkeit, bleibt die nachhaltige Wirkung aus. Deshalb steht die Kunst des überzeugenden Redens mit der Entfaltung der Persönlichkeit in engem Zusammenhang.

Hypnose – sich und andere programmieren

Haben Sie schon einmal eine Hypnose-Show erlebt? Ich lade gern den bekanntesten Hypnotiseur Deutschlands, Herrn Gaspardin, gelegentlich zu meinen Seminaren ein. Damit gebe ich meinen Seminarteilnehmern die Gelegenheit, an sich selbst zu erfahren, zu welchen Taten ein Mensch fähig ist, wenn er nicht von Hemmungen und Zweifeln gebremst wird. Lassen Sie mich ein Beispiel erzählen:

Gaspardin versetzte Freiwillige in Hypnose, sagte ihnen, daß sie Straßenbauarbeiter seien, die mit einem Preßlufthammer den Asphalt aufbohren müßten. Sie werden es kaum glauben, aber die Menschen – frei von Zwängen – arbeiteten wie die Wilden. Sie hielten den imaginären Bohrer in ihren Händen, ihr Körper wurde geschüttelt, die Straße wurde imaginär aufgebohrt. Das war so überzeugend, daß man als Zuschauer fast glaubte, den Lärm der Bohrmaschinen zu hören.

Oder der junge Mann, den Gaspardin zum Katzenliebhaber machte: Er forderte ihn auf, seinen rechten Schuh auszuziehen und sich vorstellen, der Schuh sei seine Katze. „Sie haben Ihre Katze im Arm und streicheln sie ganz liebevoll." Hingebungsvoll schmust der junge Mann mit seinem Schuh. Auf die Frage, wie seine Katze heiße, sagte er: „Susi". Dann sagte Gaspardin zu ihm: „Ihre Katze ist jetzt verärgert, sie faucht und kratzt Sie." Voller Schreck wurde der Schuh in die Ecke geworfen. Wieder im Wachzustand, erinnerte sich der junge Mann durchaus an das Geschehen und wunderte sich. „Ich mag nämlich keine Katzen", sagte er.

Diese „Demonstrationen" werden ausschließlich mit Freiwilligen gemacht. Ein anderes überzeugendes Beispiel besteht darin, daß Gaspardin alle Seminarteilnehmer bittet, die Augen zu schließen, sie in Trance versetzt und dann den Befehl gibt, ihre Hände zu heben. Die Hände, die vorher auf dem Tisch lagen, heben sich langsam immer höher und höher. Es ist schon erstaunlich, was ein Mensch zuwege bringt, wenn er richtig angesprochen wird. Sie glauben nicht, wie viele Teilnehmer die Augen öffnen und erstaunt feststellen, daß sie eine Hand – oft sogar beide Hände – hoch über ihrem Kopf halten ...

Auffallend an Gaspardin ist, daß er nicht über sich selbst spricht, sondern nur darüber, was der andere tun soll oder auch tun kann. In diesem Zusammenhang möchte ich Ihre Aufmerksamkeit wieder auf charismatische, erfolgreiche Menschen lenken. Haben Sie bemerkt, daß solche Persönlichkeiten nicht – oder höchst selten – von sich selbst sprechen, daß sie aber viel von ihren Zielen und Visionen reden. Und nun achten Sie einmal auf Ihren Bekanntenkreis. Sind nicht diejenigen, die immer nur von sich sprechen, die eitlen, arroganten Typen, die auf diese Weise ihren Minderwertigkeitskomplex kompensieren? Die in sich gefestigten Persönlichkeiten mit einem tiefen Selbstbewußtsein haben gar nicht nötig, daß sie sich selbst in den Mittelpunkt stellen. Sie sind – durch ihre Ausstrahlung – der Mittelpunkt.

Hypnose ist aber auch, wenn Sie entspannt in Ihrem Lieblingssessel sitzen, eine CD mit Anne-Sophie Mutter eingelegt haben und sich ganz in die Musik vertiefen. Dann befinden Sie sich in einem – nicht ganz so spektakulären, aber ebenso wirkungsvollen – hypnotischen Zustand. Hypnose ist nämlich nichts anderes als ein Zustand intensiver Konzentration nach innen. In einem solchen Zustand sind die Grenzen zwischen den einzelnen Bewußtseinsebenen durchlässig. Der Mensch kann auf seine tiefen Fähigkeiten ohne Schwierigkeiten zurückgreifen. Beispielsweise kann in diesem Entspannungszustand schneller und leichter gelernt werden, Probleme können gelöst werden, weil verstandesmäßige Barrieren wegfallen. Vielleicht haben Sie es selbst schon einmal erlebt – eine Operation unter Hypnose. Sie nehmen alles wahr, was geschieht, dennoch fühlen Sie keinen Schmerz. Mein Zahnarzt beispielsweise arbeitet mit Hypnose – seitdem gehe ich auch beschwingt zum Zahnarzt …

CHARISMA-FAKTOR

Hypnose ist die Verlängerung der Rhetorik; die Macht des gesprochenen Wortes.

Unsere Gewohnheiten bestimmen unser Verhalten. Nichts ist schwieriger, als gute Vorsätze einzuhalten. Denken Sie nur an die vielen Neujahrsvorsätze. Wie lange haben Sie es durchgehalten, nicht zu rauchen, täglich zu joggen oder nicht mehr zu fluchen? Wieviel vergebliche Versuche haben Sie gemacht, um freundlicher zu Ihrem Kollegen zu sein, wie oft sich vorgenommen, gelassen zu reagieren, wenn Ihre

Sekretärin zum hundertsten Mal die Termine zu knapp vereinbart? Sie geben sich redlich Mühe. Warum ist es nicht möglich, wenigstens in unwichtigen Angelegenheiten konsequent einen Vorsatz durchzuführen? Wenn man schon im kleinen scheitert, hat es doch keinen Sinn, sich große Veränderungen vornehmen zu wollen – so denken Sie doch! Und damit stehen Sie nicht allein da.

Das Zauberwort heißt Hypnose. Wir wissen, daß wir in unserem Gehirn über ein gut ausgebautes Gedankenautobahnnetz verfügen bzw. feste Speicherprogramme installiert sind, die jede neue Information sogleich abspeichern. Falsche Programme können nicht gelöscht werden. Wir haben nur die Möglichkeit, neue Programme auf unserer Festplatte zu installieren. Als Feind Nummer eins dafür erweist sich der Verstand, der große Kontrolleur des Lebens. Neues kann immer gefährlich werden, deshalb leuchtet das Warnsignal auf. Wir geben auf, etwas zu verändern, bevor wir uns wirklich an die Arbeit gemacht haben.

Im Zustand der Hypnose oder besser gesagt der Selbst-Hypnose finden wir Zugang zum Unterbewußtsein, umgehen auf diese Weise die Barriere „Verstand“ und können uns selbst neu programmieren. In der Tiefenentspannung ist es einfacher, positive Gedanken im Unterbewußtsein zu verankern.

Der beste Hypnotiseur ist übrigens der Fernseher. Jeden Abend schlafen Millionen von Zuschauern vor diesem Gerät ein. Doch das Unterbewußtsein schläft nie, es nimmt jedes Wort auf...

Was ist Hypnose überhaupt?

Hypnose ist eine der ältesten Methoden, körperliche und seelische Beschwerden zu behandeln. Bereits im zweiten Jahrhundert vor Christus haben sich Yogis in Indien in diesenTrancezustand versetzt. Die alten Griechen waren bekannt für den hypnotischen „Tempelschlaf“. Hypnos, der Gott des Schlafes, stand Pate für die Bezeichnung Hypnose, die der englische Arzt James Braid Mitte des 19. Jahrhunderts prägte. Der amerikanische Psychiater Milton Erickson entwickelte die Hypnose weiter.

Suggestionen

Zur charismatischen Ausstrahlung gehören Energie, Zuversicht, Autoriät sowie menschliche Wärme. Vielleicht fühlen Sie sich im Moment gar nicht so dynamisch, und es fällt Ihnen schwer, mit Elan Ihre Aufgaben anzugehen? Das können Sie ändern!

Stellen Sie sich jeden Morgen vor den Spiegel, lächeln Sie sich an und sagen Sie:

„Heute ist der erfolgreichste Tag in meinem Leben. Ich habe Freude an der Arbeit, gehe freundlich auf alle Menschen zu, kann meinen Vorschlag bei der Sitzung überzeugend darstellen ...“

Sie spüren sofort, daß es Ihnen besser geht. Wie funktioniert das?

Suggestionen und Autosuggestionen sind gezielte Beeinflussungsmethoden. Sie möchten andere Menschen beeinflussen, möchten sie begeistern, motivieren und inspirieren. Bevor Sie andere beeinflussen, müssen Sie sich selbst beeinflussen; denn nur was aus Ihrem Wesenskern kommt, kann den anderen wirklich erreichen und ansprechen – deshalb ist die Autosuggestion, die Selbstbeeinflussung, so wichtig.

Suggestion wird manchmal als Manipulation bezeichnet. In einem alten Lexikon, nämlich Meyers Konversations-Lexikon, Leipzig und Wien, aus dem Jahre 1897 heißt es unter anderem:

„... Unter Suggestion versteht man einen Vorgang, bei welchem ein Erfolg dadurch eintritt, daß man die Überzeugung – vor dem Eintritt des Erfolges – einer Person einpflanzt. ... Man darf annehmen, daß, wenn man bei jemand eine Vorstellung erweckt, diese Vorstellung an sich eine gewisse Neigung hat, sich zu verwirklichen ... Die Empfänglichkeit für Suggestionen, ... ist besonders in Hypnose gesteigert ...“

Praktisch betrachtet heißt das, wenn Sie in sich die Vorstellung erwecken, eine charismatische Persönlichkeit zu werden, dann bewirkt diese Vorstellung, daß alle Fähigkeiten in Ihnen zusammenwirken, um dieser Vorstellung zu entsprechen.

Von Natur aus gibt es keine dummen Menschen. Durch destruktive und negative Suggestionen wird jedoch vielen Menschen eingeredet, sie könnten dieses und jenes nicht – so lange, bis sie es glauben. Wunderkinder hingegen haben ganz andere Suggestionen erhalten. Ihnen hat man eingeredet, sie seien etwas ganz Außergewöhnliches – und dann sind sie es geworden. So einfach funktioniert das.

Im Sport kann man die Wirkung der positiven Programmierung übrigens auch sehr gut beobachten. Wenn der Trainer seine Mannschaft auf sich programmieren kann, dann läuft das Spiel. Und dem Manager ergeht es nicht anders.

CHARISMA-FAKTOR

Die Autosuggestion ist die konzentrierteste Methode der Selbstbeeinflussung.

Sie können Ihre Energien bündeln und auf die Entfaltung Ihrer charismatischen Fähigkeiten richten. Sie können sich schlechte Angewohnheiten ab- und neue, positive Gewohnheiten angewöhnen.

Suggestion ist aber noch weit mehr (s. dazu auch Kapitel 4). Ich stelle Ihnen deshalb meine zehn Gebote der Suggestion vor:

1. Gesetz der Suggestion:

Ein König muß aussehen wie ein König.

Legen Sie größten Wert auf sorgfältige Kleidung. In den ersten 30 Sekunden kann Sie ein Fremder nur nach Ihrem äußeren Eindruck beurteilen.

2. Gesetz der Suggestion:

Wenn Sie eine Glocke anschlagen, schwingt die andere Glocke im gleichen Ton mit.

Das besagt, daß Sie in anderen Menschen immer nur das zum Schwingen bringen können, was in Ihnen selbst schwingt. Sind Sie verärgert und verstimmt, werden Sie diese Schwingung auf den anderen übertragen. Lachen Sie, wird die Welt Ihnen ein fröhliches Gesicht zeigen.

3. Gesetz der Suggestion:

Je reiner der Ton, desto reiner ist auch das Echo.

Je reiner Ihre Gedanken und Gefühle sind, desto reiner werden sie wieder zurückkommen.

4. Gesetz der Suggestion:

Ihr Name ist eine Suggestion.

Manche Menschen haben Angst, ihren Namen zu nennen. Sie nuscheln ihn und werden dadurch schnell wieder vergessen. Stehen Sie stolz zu Ihrem Namen. Nennen Sie ihn überall laut und deutlich, und zwar komplett mit Vor- und Nachnamen. Haben Sie immer Ihre Visitenkarte bei sich und geben Sie diese dem Gesprächspartner zu Beginn des Gesprächs. Stellen Sie sich auch sonst bei Parties, Empfängen oder Veranstaltungen Ihren Mitmenschen vor, und warten Sie – auch als Frau – nicht, daß andere auf Sie zukommen.

5. Gesetz der Suggestion:

Der isolierte Mensch gelangt niemals zum Erfolg.

Wie schon vorher gesagt, sollten Impulse immer auch von Ihnen ausgehen. Warten Sie nicht, daß andere auf Sie zukommen. Werden Sie initiativ, und machen Sie den ersten Schritt. Fremde sind Freunde, die man noch nicht kennt. Machen Sie viele Menschen zu Ihren Freunden durch Ihren Charme und Ihre Frische.

6. Gesetz der Suggestion:

Je größer die Konzentrationskraft, desto faszinierender ist Ihre Anziehungskraft.

Sie müssen Ihre Mitmenschen faszinieren. Sie müssen deren Aufmerksamkeit wecken und erhalten.

7. Gesetz der Suggestion:

Je ruhiger eine Person ist, desto mehr richtet sich ihre Energie auf das, was sie sagt. Denken ist ein bioelektrischer Prozeß.

Wenn Sie konzentriert denken und reden, werden Sie Ihre Mitmenschen anziehen. Es ist von großem Nachteil, erst zu reden und nachher zu denken.

8. Gesetz der Suggestion:

Durch den bewußten Einsatz Ihrer Augen steigert sich die Suggestivkraft Ihrer Worte um 25 %.

Ihre Augen sind Fenster nach innen und außen. So, wie auch die Körperbewegungen Ruhe und Unruhe ausstrahlen, geschieht dies besonders intensiv durch Ihre Augen.

Üben Sie die Suggestivkraft Ihrer Augen, indem Sie immer wieder einen Punkt fixieren, und zwar so lange, bis Ihre Augen zu zucken beginnen. Dann schließen Sie bewußt die Augen zwanzig Sekunden lang, damit Sie sich entspannen. Hinterher wird Ihr Blick um so suggestiver sein.

9. Gesetz der Suggestion:

Dank ist eine positive Suggestion.

Durch Dank machen Sie Ihre Mitmenschen zu Wiederholungstätern. Danken Sie Ihren Mitmenschen für alles, was diese für Sie tun. Sie öffnen damit die Seele und das Herz Ihrer Mitmenschen. Jeder wird sich bemühen, Ihnen immer wieder etwas Positives und Gutes zu tun.

10. Gesetz der Suggestion:

Jede wirksame Botschaft geht vom Herzen aus und wendet sich an das Herz.

Um andere Menschen von Ihren Ideen zu überzeugen, brauchen Sie eine mitreißende Begeisterung. Das heißt, Sie sollten bildhaft, plastisch und anschaulich sprechen und auch Ihre Körpersprache mitwirken lassen. Sachlichkeit und Steifheit können nichts bewirken. Ihre Mitmenschen möchten nicht nur etwas hören, sie wollen auch etwas erleben.

1. Welche neuen Erkenntnisse hat mir dieses Kapitel vermittelt?

2. Was möchte ich davon umsetzen?

3. Wie gehe ich praktisch vor?

4. Mein Schritt-für-Schritt-Plan:

5. Mein Zeitplan für die einzelnen Schritte:

6. Erfolgskontrolle:

3. Kapitel
CHARISMA IM BERUFSLEBEN

Das Wissen griechischer Rhetorikschulen

Mehr als 2500 Jahre alt ist die Rhetorik – oder Redekunst, was das griechische Wort übersetzt bedeutet. Damals bezeichnete man Reden vor Gericht als Rhetorik. Später wurde die geschliffene Rede gepflegt, um bestimmte Ziele zu erreichen: Feldherren mußten ihre Heerscharen motivieren; überwältigende Leichenreden aus der Antike sind uns bekannt. Heute noch lernen die Schüler Reden aus der Antike auswendig – Reden, die auch heute die Zuhörer mitreißen und begeistern; Reden, die so überzeugend sind, daß sie die vorgefaßte Meinung der Zuhörer innerhalb kürzester Zeit völlig umwerfen und damit Stimmung und die gesamte Situation völlig verändern.

Erhalten hat sich bis heute der Aufbau einer klassischen Rede: Einleitung – Hauptteil – Schluß. Die Rede wurde zu einer richtigen Kunst. Profis wetteiferten um den verbalen Sieg. Sokrates, Plato und Aristoteles waren die bekannten griechischen Rhetoriker. Jeder von ihnen hatte eine andere Auffassung. Plato beispielsweise war gegen die Rhetorik, die er als Trick bezeichnete, um bestimmte Empfindungen im Gesprächspartner zu erwecken. Nach seiner Meinung würde die Redekunst mißbraucht, um von der Wahrheit abzulenken und persönliche Ziele zu erreichen. Er beschritt den Frage-Antwort-Weg – heute noch als sokratischer Dialog bekannt. Den Zuhörer zu überzeugen war für Sokrates der Zweck der Redekunst. Eine andere Richtung schlug Aristoteles ein: Überzeugende Argumentation, richtige Beweisführung, Berücksichtigung psychologischer Aspekte sowie Emotionen versuchte er zu verbinden. Hinzu kam der Aufbau der Rede sowie die Stillehre. Sein Werk wurde im Laufe der Zeit vervollständigt.

Bei den Römern war es Cicero, der sich um die Redekunst verdient machte. Später wurde Rhetorik sogar in der Schule gelehrt. Im ersten Jahrhundert nach Christus schuf Quintilian das vielleicht bekannteste Lehrbuch, das auch heute noch Bedeutung für die Rhetoriklehre hat.

Im Mittelalter gehörte Rhetorik zur höheren Bildung. Der Schwerpunkt verlagerte sich auf die Interpretation und hier besonders auf die Interpretation der Bibel. Rhetorik konzentrierte sich zu dieser Zeit auf die Rede vor Gericht, die Predigt in der Kirche sowie auf das Schreiben geschliffener Briefe. Im 15. Jahrhundert wurden Reden zu allen möglichen Anlässen modern. Dann eroberte die Rhetorik die Politik – Robespierres und Dantons Wortgefechte wurden berühmt. Auch in Deutschland gewann die Redekunst im politischen Bereich an Bedeutung. Als exzellente Redner im 19. Jahrhundert galten Bismarck und Lasalle.

Rhetorische Fähigkeiten sind heutzutage wichtiger denn je. Überall werden Reden abgehalten – bei Partei, Gewerkschaft oder im Verein. Reden wird „in“. Und seit Medien wie Radio und Fernsehen populär sind, geht nichts mehr ohne die Kunst des Redens.

Aber alles, was man gebrauchen kann, kann auch mißbraucht werden. Das mußten wir im Dritten Reich erleben.

Seit den 50er Jahren wurde Rhetorik im Geschäftsleben – aber auch im Privatleben – zunehmend wichtiger. Heutzutage ist es üblich, daß Firmen ihre Mitarbeiter zu Rhetorikseminaren schicken. Es gibt Rhetoriktrainings für Verkäufer, für Redner, für PR-Leute ... Das richtige Wort – richtig gesprochen –, schon seit der Antike spielt es eine wichtige Rolle im menschlichen Leben.

Haben Sie gewußt, daß die deutsche Sprache über etwa 400 000 Wörter verfügt? In der Regel benutzt der Deutsche jedoch nur 1 %, also 4000 Wörter, um seine Gedanken, Wünsche und Gefühle auszudrücken, um zu überzeugen, zu motivieren und zu begeistern. Es überrascht deshalb nicht, daß es nur einen einzigen Rhetorikprofessor an der Uni in Tübingen gibt. Wortarmes Deutschland! Wir reden so viel und sagen doch so wenig. Wir reden aneineinander vorbei, weil wir uns nicht korrekt ausdrücken. Wir erwarten einfach vom Gesprächspartner, daß er mit unseren Aussagen etwas anfangen kann. Dabei setzen wir als selbstverständlich voraus, daß er all das, was wir wissen, denken und glauben, auch weiß. Doch das ist der große Irrtum. Ihr Gegenüber kann nur mit dem etwas anfangen, was Sie ihm sagen. Nicht mehr und nicht weniger. Dazu kommt das Problem, daß jeder von uns seinen eigenen, individuell geprägten Wortschatz hat und wir uns auch deshalb nicht verstehen. Wie soll man mit diesen Voraussetzungen eine gemeinsame Basis finden?

Mißverständnisse, Ärger, Fehlentscheidungen und Mißerfolg sind die logischen Konsequenzen, wenn wir nicht lernen, uns richtig auszudrücken, wenn wir nicht lernen, brillant zu sprechen.

CHARISMA-FAKTOR

Das richtige Wort richtig zur rechten Zeit sprechen!

Ohne rhetorische Fähigkeiten ist ein Manager zum Scheitern verurteilt. Wir haben es mit immer komplizierteren Sachverhalten zu tun, die genau erklärt werden müssen. Wie soll ein Mitarbeiter das neue Konzept verstehen, wenn es nicht klar und eindeutig definiert wird? Wie soll er sich damit identifizieren, wenn er nicht dafür motiviert wird? Warum soll er Mehrarbeit in Kauf nehmen, Neues dazu lernen? Wie soll ein Chef seine Mitarbeiter motivieren, wenn ihm die Worte fehlen? Aber oftmals werden ja viel zu viele Worte gemacht – in stundenlangen Sitzungen wird diskutiert, diskutiert und nur diskutiert –, und anhand von Beweisen will sich jeder durchsetzen. Doch was ist das Resultat der Diskussionen mit Beweisführung? Vielleicht werden ja so Meinungen durchgesetzt – auf die harte Art. Überzeugung, Motivation oder Begeisterung kann auf diese Art und Weise aber nicht erreicht werden. Das ist einfach zu erklären: Das Diskutieren stört die rechte Gehirnhälfte, sie schaltet ab, und so arbeiten wir nur mit der linken Seite. Ruhige, überzeugende Argumente kommen nicht mehr an. Der Gesprächspartner blockt ab. Für mich kommt Beweisführung einer intellektuellen Vergewaltigung gleich.

Deshalb eine wichtige Frage:

Wie sieht es mit Ihren Kommunikationsfähigkeiten aus?

- Müssen Sie Anordnungen,Wünsche etc. oft wiederholen?
- Bemerken Sie häufig fragende Blicke, wenn Sie etwas gesagt haben?
- Wird alles nach Ihren Anweisungen korrekt erledigt?
- Haben Sie den Eindruck, daß Ihre Gesprächspartner Sie richtig verstehen?

- Woran bemerken Sie das?
- Gibt es viele Mißverständnisse?
- Wie oft werden Sie gefragt: „Wie haben Sie das gemeint?"

Von der Rhetorik zur Verkaufspsychologie

Wir sind alle Verkäufer – ob Sie Controller sind, Art Director, Vertriebsleiter, Marketingchef oder Chefsekretärin. Sie verkaufen jeden Tag Ihre Fähigkeiten, Ihre Vorstellungen, Ihre Kenntnisse. Dabei kommt es nicht auf das Wissen an, sondern auf die Art und Weise, wie Sie sich präsentieren, wie Sie Ihren Gesprächspartner „erreichen" und ob Sie ihn überzeugen können. Nicht umsonst wird Rhetorik auch als die Lehre von der Wirkung des Menschen bezeichnet. Dazu gehört die Persönlichkeit, die Ausstrahlung durch Sprache und Körpersprache.

Gehen wir davon aus, Sie sind rhetorisch fit, sind ein Profi in der Gesprächsführung – und doch reicht das noch immer nicht aus, wenn Sie wirklich top sein wollen. Noch wichtiger als die reine Technik ist es nämlich, den Gesprächspartner und sein Vertrauen zu gewinnen. Der Einfachheit halber spreche ich von Käufer und Verkäufer, doch das Gesagte beschränkt sich nicht auf den Verkauf von Waren, sondern auch um den „Verkauf" von Emotionen, Ideen, Visionen, Zielen ...

1. Vertrauensbasis schaffen
   Das Wichtigste – und auch das Schwierigste – ist, Vertrauen zwischen Verkäufer und potentiellem Käufer herzustellen. Nicht Argumente zählen, sondern die Fähigkeit des Verkäufers, Zugang zum Herzen des Kunden zu finden. Wer nur den Verkauf seiner Produkte im Sinn hat, nur seine Meinung durchsetzen will, also vom Kopf her operiert, der spricht auch nur den Kopf an, der kann kein Vertrauen gewinnen. Auf den Kunden zugehen, seine Bedürfnisse und Wünsche wirklich ernst nehmen, das ist der Weg zum Erfolg. Wenn Sie wissen, welche Dinge Ihr Kunde mag und welche er nicht schätzt, können Sie dies bei Ihrer Argumentation berücksichtigen. Wenn Sie Ihren Kunden als Menschen sehen – als einen Freund, für den Sie Ihr Bestes geben –, dann wird Ihr Kunde zu einem Freund, der Ihnen vertraut, und er wird auf Ihren Rat hören.

Gefühle lenken und verstärken die Konzentration unbewußt, aber nachdrücklich.

Wenn Sie Ihrem Kunden eine neue Werbestrategie vorschlagen, dann fallen Sie sicher nicht mit der Tür ins Haus, sondern schaffen erst einmal eine harmonische Atmosphäre. Sie bieten ihm bestimmt keinen Kaffee an, wenn Sie bemerkt haben, daß er Teetrinker ist. Und wenn Sie besonders aufmerksam sind, dann kennen Sie auch seine Lieblingssorte. Damit erweisen Sie Ihrem Kunden Respekt und zeigen ihm, daß er Ihnen wichtig ist – so wichtig, daß Sie auf seine Vorlieben achten und sie berücksichtigen. Ihr Kunde fühlt sich wohl, öffnet sich für Ihre Argumente.

Wenn Sie wissen, daß der Konzern, bei dem Sie sich vorstellen, ein neues Produkt auf den Markt bringen wird, dann werden Sie sicherlich eine positive Bemerkung dazu machen. Sie signalisieren damit Interesse am Unternehmen, zeigen Engagement und schaffen eine gute Gesprächsbasis. Und Sie werden unwiderstehlich, wenn Sie sich für Ihr Gegenüber interessieren. Viele Menschen denken, sie müßten immer von sich sprechen, damit man ihnen Aufmerksamkeit schenkt. Weit gefehlt! Schenken Sie Aufmerksamkeit, und jeder wird auf Sie achten!

So gibt es viele Kleinigkeiten, mit denen Sie Herzen öffnen können.

Was strahlen Sie aus?

- Fühlt man sich in Ihrer Gegenwart wohl?
- Was macht Ihre Gegenwart so angenehm?
- Sucht man Ihre Gegenwart?
- Wissen Sie, was Ihr Gesprächspartner wirklich von Ihnen will?

2. Sensibel agieren
Wenn Sie zu einem wichtigen Gesprächstermin gehen – und welches Gespräch wäre nicht wichtig? –, dann sollten Sie Ihre Antennen ganz ausfahren. Viele Menschen sind nur darauf konzentriert, wie sie ihrem Gegenüber ihre Idee oder ihr Produkt verkaufen können; sie sind so mit sich selbst beschäftigt, daß sie gar nicht bemerken, daß die Stimmung für ein Verkaufsgespräch nicht beson-

ders günstig ist – sei es, daß der Kunde unter Druck steht, Probleme ganz anderer Art hat oder kein echtes Interesse an dem Produkt hat –, all dies aber nicht ausspricht.

CHARISMA-FAKTOR

Signale wahrnehmen

Ein aufmerksamer Beobachter, dessen Anliegen es ist, wirklich zufriedene Kunden zu haben, wird solche „Störungen" nicht übersehen. Ein kurzes freundliches Gespräch ist sinnvoller als der von vornherein vergebliche Versuch, einen Auftrag zu erhalten. Motto: Wichtig ist der Kunde, vorrangig ist **sein** Wohlbefinden.

Sehr sensibel reagiert übrigens jeder Mensch auf Zeit. „Wieviel Zeit bin ich meinem Gesprächpartner wert?" Zu spät kommen, zu früh gehen, der tödliche Satz „Ich habe keine Zeit" ... Wissen Sie, wieviel potentielle Kontakte damit von vornherein unwiderruflich zerstört werden?

Wenn Sie keine Zeit für Ihren Gesprächpartner haben, egal ob das der Pförtner in Ihrem Unternehmen ist oder der Aufsichtsratsvorsitzende, dann sollten Sie Ihre Zeitplanung kritisch überprüfen. Ist Ihnen aufgefallen, daß charismatische Persönlichkeiten niemals den Eindruck erwecken, als stünden sie ständig unter Zeitdruck? Vielmehr zeichnet sie aus, daß sie sich für jeden Zeit nehmen, daß sie für jeden ein freundliches Wort, ein Lächeln haben.

3. Menschenkenntnis
Je mehr Menschenkenntnis Sie besitzen, desto besser können Sie Ihren Gesprächspartner einschätzen, desto leichter können Sie sich auf ihn einstellen. Es wäre natürlich praktisch, könnte man Menschen klassifizieren in Freundliche, Konservative, Aufgeschlossene, Verschlossene etc. Aber jeder Mensch hat verschiedene Facetten. Es kommt das zum Vorschein, was Sie ihn Ihrem Gegenüber ansprechen:

Herr Müller hat jedes Mal feuchte Hände, wenn er zum Chef gerufen wird. Er ist verkrampft und unsicher; denn er ist der festen Überzeugung, der Boß mag ihn nicht. Ganz anders dagegen reagiert Herr Huber. Er geht locker und gelassen in die Vorstandsetage. Zu ihm ist der Chef freundlich, und er bringt viele seiner Vorschläge durch. Er ist der Überzeugung, der Big Boß ist ihm wohlgesinnt.

Erwarten Sie von anderen Menschen, daß sie positiv, freundlich, aufgeschlossen sind, dann werden Sie in der Regel genau das erhalten. Erwarten Sie umgekehrt, daß Ihre Vorschläge abgeschmettert werden, daß jemand Sie nicht mag, dann aktivieren Sie in Ihrem Gegenüber allein durch Ihre Einstellung just dieses Verhalten. Es geschieht, was Sie glauben. Probieren Sie es einfach einmal aus! Denn nichts überzeugt mehr als die eigene Erfahrung.

Wählen Sie drei Personen aus, von denen Sie annehmen, daß sie Sie nicht besonders mögen, die nicht gerade entgegenkommend oder überschwenglich freundlich sind. Sagen Sie sich jetzt, daß diese Menschen Sie mögen, daß sie Ihre Vorschläge akzeptieren, ja begeistert von Ihren Ideen sind. Diesen Gedanken verbinden Sie nun auch mit einem Bild. Nehmen wir ein Beispiel:

Stellen Sie sich vor, wie Sie zum Chef gehen, er Sie freundlich empfängt, sich nach Ihnen und Ihrem Befinden erkundigt. Sie führen ein angenehmes Gespräch, Ihr Vorschlag wird angenommen, und Sie verlassen mit einem positiven Gefühl den Raum. Sie wissen, Ihr Chef respektiert Sie, er mag Sie sogar.

Machen Sie solche Übungen des mentalen Trainings konsequent, und notieren Sie dann die Veränderungen im Verhalten Ihrer Mitmenschen. Was Sie in einem anderen Menschen ansprechen – besonders auch unbewußt –, das wird wirksam; denn (positive) Erwartungen steuern unser Verhalten.

Mit der Erfahrung kommt das Wissen. Ein geiziger Typ benötigt andere Argumente als ein innovativer, der Zögerer und Zauderer muß anders angepackt werden als der Angeber. Sich vor dem Gespräch auf den Kunden, den Mitarbeiter oder den Kollegen vorzubereiten, sich auf seine ganz individuelle Einstellung und Verhaltensweise einzustellen, sich in seine Gefühlswelt, in seine Argumentationen und Wünsche einzufühlen, das ist für einen Menschen mit Charisma ganz normal. Von vornherein ist damit eine gute Basis für Gespräche gegeben. Jeder fühlt sich wohl.

4. Nicht überrumpeln – überzeugen!
Manchmal dauert es etwas länger, einen Kunden wirklich zu überzeugen. Doch Geduld zahlt sich aus. Wenn ein Kunde, ein Mitarbeiter wirklich überzeugt ist von Ihren Argumenten, dann haben Sie gewonnen – nicht nur einen Auftrag, sondern Sie haben auf der ganzen Linie gewonnen. Ihr Kunde, Ihr Mitarbeiter vertraut Ihnen, ist überzeugt von Ihren Argumenten und folgt Ihrem Rat bzw. engagiert sich für Ihr Vorhaben.
Mit geschickten Methoden gelingt es sicherlich manchmal, einen zögernden Kunden zu einem Vertragsabschluß zu überreden – doch das funktioniert in der Regel nur einmal. Ein überzeugter Kunde aber kommt immer wieder. Mit Mitarbeitern ist das einfacher – man ordnet eben an. Doch das Resultat ist nicht überwältigend, wenn der Mitarbeiter nicht überzeugt ist, wenn er lediglich die Arbeit erledigt. Nehmen Sie sich die Zeit, andere Menschen von Ihren Ideen oder Produkten zu überzeugen; nicht überreden, nicht überrumpeln, nicht drängen – überzeugen! Zum Überzeugen gehört übrigens nicht nur reden, wie so viele Menschen glauben. Zuhören, genau hinhören, was der andere sagt, sich in seine Situation versetzen – das ist ebenso wichtig wie richtige Argumente. Je mehr Ihr Gesprächpartner von seinen Wünschen und Vorstellungen preisgibt, desto besser können Sie auf seine Argumente eingehen. Aktives Zuhören ist ein wesentlicher Bestandteil der Überzeugungskraft!

5. Kundenpflege – von Herz zu Herz
Kontakte sind wie Pflanzen; sie benötigen ständige Pflege. Wenn Sie Ihren Blumenstock nur dann gießen, wenn er blüht, wird er Sie nicht lange erfreuen. Wenn Sie Ihren Kunden nur anrufen und besuchen, wenn Sie ihm etwas verkaufen möchten, dann weiß er, für Sie ist er lediglich ein Objekt. So geht es auch Ihrem Mitarbeiter: Gespräche auf rein geschäftlicher Ebene, kein privates Wort, keine Nachfrage nach dem Befinden, nach der Familie. Der Mitarbeiter, der Kunde fühlt sich nicht angenommen – die emotionale Ebene wird einfach negiert. Die Folgen sind katastrophal (s. auch „Der neue Managertyp“ auf Seite 106), das Ergebnis kommt über das

Mittelmaß nicht hinaus. Für charismatische Führungspersönlichkeiten ist der Kontakt auf der persönlichen, emotionalen Ebene ein echtes Bedürfnis, denn auf dieser Ebene entscheidet sich letztlich alles: Auftrag, Engagement, Erfolg.

Guter, vertrauensvoller Kontakt sichert Folgeaufträge. Kleine Mühe – große Wirkung: Ein Anruf, ein Besuch oder eine kleine Aufmerksamkeit – und sei es auch nur, auf einen interessanten Artikel in der Zeitung hinzuweisen – zeigt Ihrem Kunden, daß Sie ihn als Mensch schätzen. Die Frage, ob sein Kind wieder gesund ist, zeigt Ihrem Mitarbeiter, daß Sie zugehört haben, als er Ihnen gegenüber seine Sorgen erwähnte, und daß er für Sie wichtig ist. Er fühlt sich deshalb wohl, arbeitet gern für Sie. Der Weg zum Erfolg führt über die Herzen Ihrer Mitmenschen.

CHARISMA-FAKTOR

Der Erfolg Ihres Lebens wird bestimmt von der Fähigkeit, positiv zu sprechen.

6. Persönlichkeit zieht an

Ein Verkäufer, der Optimismus, Elan und Sympathie ausstrahlt, zieht den Kunden an. Nicht allein die Worte überzeugen, die nonverbalen Signale wirken auf die nonverbale Ebene des Kunden ein. Stimmlage, Tonfall, Sprechgeschwindigkeit, Mimik, Körpersprache und auch die Kleidung sprechen das Unterbewußtsein an. Die Wirkung der Persönlichkeit wirkt auf andere, deshalb ist die Arbeit an der Persönlichkeit so wichtig.

Die wenigsten Menschen befassen sich intensiv mit sich selbst und mit ihrer Wirkung auf andere. Dabei ist die eigene Wirkung – die Ausstrahlung – einer der entscheidendsten Faktoren für Erfolg oder Mißerfolg. Denn erst das Wissen, wie man auf andere Menschen wirkt, macht es uns möglich, Schwächen abzulegen und Stärken zu verstärken. Dann gibt es nichts mehr, was uns davon abhalten könnte, zu einer strahlenden Persönlichkeit zu werden. Trainieren Sie Ihre Wirkung auf andere Menschen (siehe 4. Kapitel).

7. Der Name ist das Wichtigste im Leben
Um so erstaunlicher ist es, daß so viele Menschen geradezu achtlos mit dem Namen umgehen. Sie kennen zwar die genaue Typ-Bezeichnung des neuesten Porschemodells, aber wenn es um die Namen von Mitarbeitern, Kunden oder Kollegen geht, sind sie da sehr nachlässig. Oft höre ich: „Namen kann ich mir einfach nicht merken…“ Wenn das auch bei Ihnen so ist, dann brauchen Sie sich nicht zu wundern, wenn Sie von vornherein schon verloren haben. Der Kunde will im Mittelpunkt stehen, will das Gefühl haben, daß er Ihnen wichtig ist. Doch wie kann er das, wenn Sie nicht einmal seinen Namen wichtig nehmen?

Der Mensch ist das einzige Wesen, das über seinen Wert selbst entscheidet. Der Mensch kann alles lernen. Wenn Sie Probleme haben, dann arbeiten Sie mit Eselsbrücken. Schreiben Sie die Namen auf, die Sie sich nicht merken können, und lernen sie diese systematisch auswendig. Achten Sie vor allem darauf, daß Sie von vornherein den Namen des Kunden korrekt erfassen.

Ich kenne Menschen, die werfen Briefe ungeöffnet weg, wenn der Name auf dem Kuvert auch nur einen einzigen kleinen Fehler enthält.

Denken Sie aber auch daran: Ihr Name ist genauso wichtig. Sorgen Sie dafür, daß Ihr Kunde Ihren Namen richtig hört, melden Sie sich am Telefon klar und deutlich mit Ihrem Namen. Bestes Beispiel ist 007. Sie erinnern sich, wie er sich vorstellt: „Mein Name ist Bond, James Bond.“ So prägt sich ein Name fest im Unterbewußtsein ein.

8. Die richtige Gesprächsführung
Die drei Phasen des Gesprächs: Wie in der Natur, so läuft es auch bei einem erfolgreichen (Verkaufs-)Gespräch:

– Säen	– Vertrauen bilden
– Wachsen	– Überzeugen
– Ernten	– Abschluß

Sowenig, wie Sie eine Frucht dazu bringen können (außer mit unnatürlichen Mitteln), früher zu reifen, sowenig können Sie Ihren

Kunden mit Druck zu einem schnelleren Abschluß bringen bzw. Ihren Mitarbeiter überzeugen. Aufbau von Vertrauen, die Phase der Überzeugung – es benötigt Zeit, wenn Entschlüsse wirklich reifen sollen. Ein guter Verkäufer oder Vorgesetzter weiß das und unterstützt diesen Prozeß, indem er die Führung übernimmt, indem er seinen Kunden, seinen Mitarbeiter hypnotisiert. Mit Ruhe, Aufmerksamkeit, guten Argumenten und Geduld wachsen Sicherheit und Vertrauen. Charismatischen Verkäufern scheint der Erfolg förmlich zuzufliegen – sie gewinnen durch ihre magische Ausstrahlung.

Viele Menschen glauben, man kann nur durch Beweise überzeugen, so haben wir es ja auch in der Schule gelernt. Wer mit Beweisen operiert, der ist auch davon überzeugt, daß er recht hat. Betrachten wir jedoch einmal diese sogenannten Beweise genauer, dann erkennen wir, daß sie einer Prüfung meist gar nicht standhalten. Sicher ist, daß der Gesprächspartner vor den Kopf gestoßen wird, innerlich total abblockt; das Gespräch ist gelaufen. Ich bezeichne Beweise als eine Art intellektueller Vergewaltigung. Analysieren Sie erfolglose Verhandlungen, und Sie werden feststellen: Wer mit Beweisen arbeitet, erleidet Mißerfolge.

Persönlichkeit – Ausstrahlung

Zur charismatischen Ausstrahlung gehören auf jeden Fall folgende Eigenschaften und Fähigkeiten:

1. Visionen haben und sie vermitteln
   Wir kommen zurück auf den Sinn unseres Lebens, unseres Tuns. Die Vision eines Politikers mag sein, sein Land aus der Wirtschaftskrise zu führen, die Vision des Fußballtrainers ist, die Weltmeisterschaft zu gewinnen, der unbekannte Tenor sieht sich mit Placido Domingo zusammen auf der Bühne stehen. Ohne Vision gibt es keinen Fortschritt, keine Ziele und keinen Erfolg.

   Überzeugen, das ist der erste Schritt, aber es reicht nicht aus. Ihre Mitarbeiter müssen sich mit Ihrer Vision identifizieren, müssen sich für ein gemeinsames Ziel begeistern können. Dazu sind sie nur in der Lage, wenn sie auch einen Sinn für sich selbst in der von Ihnen vermittelten Vision erkennen können. Ist Ihnen das gelungen?

- Was gibt Ihre **Vision** Ihren Mitarbeitern?
- Welchen Vorteil haben sie davon?
- Welchen Sinn sehen Ihre Mitarbeiter in der Realisation Ihrer Vision?
- Warum sollten Ihre Mitarbeiter sich für Ihre Vision engagieren?
- Wie vermitteln Sie Ihre Vision?
- Was kann andere Menschen an Ihrer Vision begeistern?
- Haben Sie den Eindruck, Ihre Gedanken, Ihre Worte „kommen an" bei Ihren Mitarbeitern?
- Sind Sie von Ihrer Vision so überzeugt, so begeistert, daß Sie mit Überzeugungskraft und voller Begeisterung von Ihrem Ziel sprechen?

Ein Mensch, der weiß, was er will, hat genaue Visionen von der Zukunft. Wer orientierungslos ist, tritt auf der Stelle, läuft im Kreis, geht zurück und strauchelt.

Viele Menschen haben Visionen, die sie tief in ihrem Herzen tragen, aber gar nicht wagen, darüber zu sprechen. Doch solange Visionen nicht weitergegeben werden, können sie nicht Realität werden. Warum haben nicht mehr Menschen den Mut, ihre Visionen umzusetzen? Träumen auch Sie nur von Ihren Zielen? Sind Sie nur in Ihren Träumen der Topmanager, der erfolgreiche Unternehmer mit den überwältigenden Ergebnissen? Warum begnügen Sie sich mit Träumen, wenn Sie doch alles in sich tragen, um diese Träume Realität werden zu lassen? Fehlt Ihnen die Überzeugung von der eigenen Idee? Haben Sie doch einfach den Mut zu einem hohen Ziel! Sie sind Spitze, und Sie können alles, wenn Sie es wirklich wollen! Die meisten Menschen wissen nur nicht so genau, was sie wirklich wollen. Heute ist es dies, morgen ist es etwas anderes. Damit vergeudet man Zeit und Energie, und eines Tages blickt man auf sein Leben zurück und muß erkennen, daß man gelebt hat, wie ein Hase hoppelt – im Zickzack-Kurs. Aber noch ist es nicht zu spät. Stellen Sie sich die Gretchen-Frage: Wohin will ich, welche Visionen habe ich?

Konzentration ist verdichtete Energie!

Sie haben Ihren Lebenssinn gefunden, Sie wissen, was Sie wollen, und Sie haben eine einzige, großartige Vision. Diese Vision darf nicht nur den Verstand ansprechen, sie muß immer auch das Innere des Menschen berühren, seine Gefühle, Bedürfnisse und Wünsche.

Vergessen Sie nicht: Eine Vision hat ihre Wurzeln in der Realität – ihren Zielpunkt aber in der Zukunft.

2. Vertrauen zu sich und seiner Vision
Nehmen wir an, Ihre Vision ist, Ihre Werbeagentur zur Nummer eins in Deutschland zu machen. Ihre Agentur liegt momentan gut im Mittelfeld, Sie sind spezialisiert auf Dienstleistungsunternehmen, haben einige gute Großkunden, haben sehr gute Mitarbeiter, aber Sie möchten mehr. Die Basis ist gegeben – die Wurzeln sind in der Realität angesiedelt.

Am Anfang jeder Tat steht die Idee. Nur was gedacht wurde, existiert.

Wie vorgehen? Machen Sie sich einen Stufenplan. Es ist leichter, sich in kleinen Schritten vorwärts zu bewegen, als zu versuchen, den großen Sprung zu schaffen. Mit kleinen Schritten lassen sich auch Kurskorrekturen besser vornehmen, es bricht nicht gleich das Gesamtkonzept zusammen.

Arbeiten Sie mit Suggestionen, schalten Sie Ihr Unterbewußtsein ein. Sie können keinen besseren Verbündeten, keinen zuverlässigeren Helfer finden. Erarbeiten Sie sich Ihre persönliche Erfolgsformel (s. auch 4. Kapitel). Und vervollständigen Sie Ihr Erfolgskonzept, indem Sie sich bildlich vorstellen, wie die Aufträge eintreffen, wie die Umsatzzahlen steigen, wie Ihre Agentur Schritt für Schritt vorankommt.

Jeder Gedanke, den Sie denken, ist bereits ein Teil der Realität. Erinnern Sie sich:

Das Unterbewußtsein – die Baustelle des Lebens und der Arbeitsraum der Seele – hat die Tendenz, jeden Gedanken zu realisieren.

Reihen Sie einen kleinen Erfolg an den anderen. Jeder noch so kleine Schritt verstärkt in Ihnen das Vertrauen zu Ihrem großen Ziel. Ihre Vision, wird für Sie selbst jeden Tag mehr zu einer Realität. Sie sind überzeugt von dieser Vision, und diese Überzeugung können Sie Ihren Mitarbeitern vermitteln.

Ihre Mitarbeiter werden mit jedem kleinen Erfolg – ein neuer Kunde, ein größerer Auftrag – mehr motiviert, weil auch sie am Erfolg partizipieren.

- Wer möchte nicht zur Topagentur in Deutschland gehören?
- Wer möchte nicht an einem Millionenauftrag beteiligt sein?
- Wer möchte nicht mit Stolz sagen können, diese Anzeige, diesen Mediaplan oder diesen Text habe ich gemacht?

Ihr Vertrauen zu Ihren Zielen überträgt sich auf Ihre Mitarbeiter. Und zusammen schaffen Sie es!

3. Fachkenntnis
Auch wenn Fachkenntnisse nicht über den Erfolg entscheiden – erinnern Sie sich, nur zu 35 % sind Fachkenntnisse am Erfolg beteiligt –, so sind sie aber dennoch notwendig. Es ist kaum vorstellbar, daß jemand, der von Werbung keine Ahnung hat, die Topagentur in Deutschland leiten wird. Aber alles ist erlernbar. Wenn Sie feststellen, daß Ihre Begabung mehr im künstlerischen, im politischen oder im verkäuferischen Bereich liegt, dann ist es doch kein Problem, sich in dieses Gebiet einzuarbeiten, zu lernen und sich Kenntnisse anzueignen.

Fachkenntnisse sind notwendig, damit Sie überzeugen können – Ihre Kunden und Ihre Mitarbeiter. Sie können keine Ziele vorgeben, keine Visionen vermitteln, wenn Sie die Materie überhaupt nicht kennen. Über ein gewisses Maß an Fachkenntnissen müssen Sie verfügen; denn sonst können Sie nicht entscheiden, sind nicht frei und unabhängig. Haben Sie diese Voraussetzung für Ihre Vision?

4. Kommunikationsfähigkeit
   Was nützen eine überzeugende Vision, ausgezeichnete Fachkenntnisse, wenn Sie nicht in der Lage sind, anderen Menschen Ihre Vision anschaulich vor Augen zu stellen? Ihr Vorhaben ist von vornherein zum Scheitern verurteilt, wenn niemand Sie richtig versteht, wenn keiner von Ihrer Begeisterung angesteckt wird. Richtig kommunizieren bedeutet, den anderen Menschen dort abzuholen, wo er steht. Ihre Mitarbeiter haben wenig Interesse, sich dafür aufzuarbeiten, daß Ihr Gehalt sich verdoppelt. Aber wenn Ihre Mitarbeiter mehr verdienen, weil die Firma größere Aufträge erhält, dann wird sich jeder für die Firma einsetzen. Bevor Sie Ihre Ziele aufzeigen, sollten Sie sich fragen, was daran für Ihre Mitarbeiter von Vorteil ist.

   Eine genaue Definition, Planung und gemeinsame Erfolgskontrolle gehören ebenso zur Kommunikation wie überzeugendes Reden und klare Anweisungen. Lassen Sie sich Feedback geben, damit Sie wissen, ob man Sie richtig verstanden hat!

   Unter Kommunikationsfähigkeit verstehe ich nicht allein die richtige Wortwahl, sondern auch das wirkliche Verständnis, das fließende Hin und Her von Informationen, den Austausch von Gedanken. Entscheiden Sie sich dafür, Ihre Vision zu realisieren!

Die meisten Menschen sitzen das ganze Leben im Bremser-Häuschen. Besser: Gas geben! Nach den Sternen greifen!

Entfalten Sie Ihr Charisma, zeigen Sie, daß Sie eine Führungspersönlichkeit sind, der man mit Begeisterung folgt. Ihre Vision ist es wert, sich dafür einzusetzen, sich dafür anzustrengen, weil diese Vision einen Sinn hat.

Stellen Sie Ihre Vision auf den Prüfstand:

- Erfüllt sie die Ansprüche?
- Stehen Sie selbst mit Herz und Verstand hinter Ihrer Vision?

Resümee: Was nützt eine Vision, wenn Sie selbst nicht zutiefst davon überzeugt sind, daß Ihre Idee einmalig und zugleich realisierbar ist? Dann ist und bleibt es nur eine Idee.

Was nützt eine Vision, wenn die nötigen Fachkenntnisse nicht vorhanden sind? Auch dann bleibt die Vision nur eine Illusion. Vertrauen und Fachkenntnisse sind nötig, bewirken aber allein noch gar nichts, wenn es Ihnen nicht gelingt, Ihre Mitarbeiter zu überzeugen, zu begeistern und zu motivieren. Die Fähigkeit zur Motivation – ohne Kommunikation nicht möglich.

Ohne Vision – kein Charisma!

Der neue Managertyp

Eine internationale Studie aus dem Jahr 1998, an der sich 2000 Führungskräfte aus 23 Ländern beteiligten, kam zu dem Resultat, daß der Mensch der entscheidende Erfolgsfaktor für das wirtschaftliche Wachstum im 21. Jahrhundert sein wird. Bisher war das anders. Der Erfolg basierte auf optimalem Einsatz von Maschinen und Finanzen. Heute hingegen ist mehr denn je innovatives Denken gefordert. Der Schwerpunkt hat sich gewandelt – weg von der Maschine und hin zum Menschen.

Um so fataler ist es, daß das Arbeitsklima in Deutschland so schlecht ist. Der Mensch ist zwar das wichtigste Potential, aber er fühlt sich nicht wohl. Mitarbeiter fühlen sich nicht richtig verstanden, nicht in Entscheidungsprozesse integriert, menschlich nicht anerkannt und sehen ihre Leistungen nicht angemessen honoriert. Viele haben innerlich gekündigt, machen Arbeit nach Vorschrift oder werden oft sogar richtig krank. Eine Untersuchung hat es an den Tag ge-bracht: 90 % der Mitarbeiter sind mit ihren Vorgesetzten nicht zufrieden!

Auch das Ergebnis einer anderen Befragung ist sehr aufschlußreich: Von knapp 5000 Arbeitnehmern zwischen 16 und 55 Jahren wurde den Vorgesetzten zwar bescheinigt, daß sie durchsetzungsfähig, kompetent und belastbar sind. Ein vernichtendes Urteil wurde ihnen aber bezüglich der „weichen“ Führungseigenschaften ausgestellt. Es fehle an Verständnis für den Mitarbeiter, an Motivationsfähigkeit und an Mut, auch mal eigene Fehler zuzugeben.

Es herrscht in diesem Punkt sogar Übereinstimmung zwischen Arbeitgebern und Arbeitnehmern: Drei Viertel der befragten Manager stimmten diesem Ergebnis zu und erkannten, daß falsche Menschenführung die Ursache für die schlechten Betriebsergebnisse ist. Und

96 % waren sich darüber im klaren, daß nur über eine bessere Kommunikation, über Integration der Mitarbeiter in Entscheidungsprozesse, über mehr Teamarbeit und vor allem mit mehr Menschlichkeit eine Veränderung zum Positiven zu bewirken ist.

Diese Studie macht auch deutlich, wie sehr die Leistung des Mitarbeiters vom Chef abhängt. Als Beispiel wurde genannt, daß viele Manager dazu zu neigen scheinen, Fehler von Mitarbeitern zu registrieren, jedoch nicht anzusprechen, sondern eher den Mitarbeiter mehr zu kontrollieren. Der Mitarbeiter spürt das natürlich und fühlt sich verunsichert. Er wird ängstlich und unfrei – macht dadurch mehr Fehler. Der Vorgesetzte sieht eine schwache Leistung des Mitarbeiters, reduziert seine Ansprüche an ihn.

Was passiert? Ein Mechanismus setzt sich in Gang: Der Mitarbeiter arbeitet entsprechend der Erwartung des Chefs. Der Teufelskreis ist geschaffen: negatives Denken – negative Folgen! Anhand dieses Beispiels wird deutlich, wie wichtig richtige Menschenführung ist:

CHARISMA-FAKTOR

Echte Kommunikation – Vorbild sein – positive Impulse setzen!

Ein anderes gutes Beispiel für den engen Zusammenhang von Führungsqualität eines Vorgesetzten und der Qualifikation der Mitarbeiter ist das Delegieren von Aufgaben. Untersuchungen weisen auf eine große Überbelastung der Führungskräfte hin sowie auf eine Unterforderung der leitenden Mitarbeiter. Wie kommt das? So mancher Chef ist immer noch davon überzeugt: „Bevor ich das Risiko eingehe, daß mein Mitarbeiter einen Fehler macht, erledige ich die Aufgabe selbst.“ Fazit: Der Chef bricht zusammen, der Mitarbeiter bricht auch zusammen – aber nicht aus Überarbeitung, sondern aus Frust und Demotivation. Er hat keine richtige Arbeit, kann keinen Sinn in seiner Tätigkeit sehen, hat keine Verantwortung und wird nicht gefördert. Der Teufelskreis hat sich geschlossen: Wem man nichts zutraut, der traut sich selbst auch nichts zu.

Wenn Sie Ihren Mitarbeitern nur solche Arbeiten geben, die sie schon können, nehmen Sie ihnen die Chance, zu lernen und an einem

Problem zu wachsen. Die Folge ist Stagnation, Demotivation, innere Kündigung – Weiterentwicklung findet nicht statt.

Natürlich muß auf beiden Seiten – bei Vorgesetzten und bei Mitarbeitern – die Bereitschaft zu mehr Kommunikation, zu mehr Miteinander, zu mehr Eigenverantwortung geweckt werden. Aber der Impuls muß von Ihnen selbst kommen.

Gutes Arbeitsklima basiert auf einer guten Kommunikation sowie der Berücksichtigung der emotionalen Bedürfnisse der Mitarbeiter. Diese Erkenntnisse werden langsam auch beachtet und zeigen Folgen. Viele Firmen wollen nun bei der Auswahl von Mitarbeitern mehr auf soziale Kompetenz setzen als bisher. Daß dies nicht nur ein Lippenbekenntnis ist, macht eine Auswertung von 98 Stellenanzeigen in der FAZ im Frühjahr 1998 deutlich: Teamgeist, Fach- und Methodenkenntnisse sind die am meisten geforderten Fähigkeiten, dann erst folgen Durchsetzungsvermögen und Motivationskraft.

Durchsetzen auf die weiche Art

Durchsetzen ja, aber auch auf die weiche, die menschliche Art. Das heißt nicht, daß das Zeitalter der Softies angebrochen ist. Es bedeutet, daß nicht Ellbogen und Fachkenntnisse die Hauptkriterien für Karriere sind, sondern Sozialkompetenz jetzt auf Platz eins des Anforderungsprofils steht. Der Mitarbeiter wird nicht als ein Produzent von Leistungen gesehen, sondern als ein Mitarbeiter, der auch Mensch ist. In der Süddeutschen Zeitung vom 19./20. September 1998 ist zu lesen: „Jeder zweite Arbeitnehmer hat innerlich gekündigt." Die meisten Mitarbeiter fühlen sich vom Chef nicht richtig anerkannt, mangelhaft informiert und nicht motiviert. Dieses Ergebnis zeigt klar, daß die Zeit der starren Führung „von oben" passé ist. Ohne Teamarbeit, ohne eine echte „Zusammen"-Arbeit, geht gar nichts mehr. Der Mitarbeiter will mehr als nur einen Job, will mehr als nur seine Zeit im Betrieb „absitzen". Er will aktiv teilnehmen am Geschehen in der Firma, will an den Entscheidungen beteiligt werden, möchte Informationen und konkrete Zielvorgaben – und er will einen Sinn in seiner Tätigkeit sehen. Letztendlich ist es genau das, was die Chefs sich immer gewünscht haben. Früher klagten sie, daß sowenig Engagement von seiten der Mitarbeiter da ist. Nun haben wir Mitarbeiter, die mehr wollen, es aber nicht bekommen. Wo also liegt das Problem?

Vorgesetzte, die gewohnt sind, sich bedenkenlos durchzusetzen ohne Rücksicht auf Verluste – sind ganz einfach out. Solche Manager, die gewohnt sind, ihre Entscheidungen aufgrund ihrer Position durchzusetzen, tun sich schwer mit dieser veränderten Situation. Auf Mitarbeiter einzugehen, sie aktiv zu beteiligen bedeutet für sie ja auch, Kritisches zu hören, mit der Meinung anderer Menschen umgehen zu müssen. Und das – ein wesentlicher Punkt – erscheint im ersten Augenblick wie ein Verlust oder zumindest eine Reduzierung der Autorität und Teilung der Macht. Sich dieser neuen Situation zu stellen, ohne um Einfluß und Autorität fürchten zu müssen, ist nicht einfach. Dazu benötigt man schon ein sehr ausgeprägtes Selbstbewußtsein, ein gutes Selbstwertgefühl, muß eine in sich ruhende, gefestigte Persönlichkeit sein. Wer gewohnt ist, von einem hohen Podest aus zu „regieren“ und anzuordnen, muß umdenken lernen: Basis für ein wettbewerbsfähiges Unternehmen ist Teamarbeit, das heißt – anders ausgedrückt – mehr Einfluß für Mitarbeiter.

Da liegt für viele Manager das Hauptproblem. Sie glauben, dadurch Ansehen, Macht und Autorität zu verlieren. Das ist sicher so für Führungskräfte – ich sage hier bewußt „Kräfte“ –, die aufgrund ihrer Position führen. Für charismatische Manager trifft dies nicht zu; denn sie bleiben immer „Boß“ – nicht aufgrund der Position, sondern aufgrund ihrer Persönlichkeit, wegen ihrer unwiderstehlichen Ausstrahlung, von der Mitarbeiter und Kunden gleichermaßen angezogen werden. Bei einer charismatischen Persönlichkeit kann jeder sich entfalten. Der Kunde kann frei seine Wünsche, Bedenken und Freuden äußern. Die Mitarbeiter können ihre Fähigkeiten einsetzen und erhalten das, was der Hälfte der Arbeitnehmer fehlt – nämlich Anerkennung. Zufriedene Mitarbeiter lassen sich gern fordern – sie möchten auch gefordert werden, müssen aber auf der menschlichen Ebene akzeptiert werden. Mitarbeiterführung – ohne Druck auszuüben – heißt, nicht jeden Tag Spitzenleistungen zu erwarten. Auch ein Sportler kann nicht jeden Tag einen neuen Weltrekord aufstellen. Marschieren kann man zwar befehlen, aber Rekorde nicht.

CHARISMA-FAKTOR

Mitarbeiter fordern und fördern!

Es ist Zeit, sich zu fragen, wie das Ergebnis einer Befragung in Ihrer Abteilung, in Ihrer Firma aussähe?

Der Umgang mit Mitarbeitern

- Wieviel Prozent Ihrer Mitarbeiter haben innerlich schon gekündigt?

Und warum?

- Wie gehen Sie mit Ihren Mitarbeitern um?
- Geben Sie Ihren Mitarbeitern die Möglichkeit, ihre Fähigkeiten richtig einzusetzen?
- Wie reagieren Sie auf Kritik von Mitarbeitern?
- Sind Ihre Anforderungen an Ihre Mitarbeiter realistisch?
- Wie sieht es mit der menschlichen Akzeptanz aus?
- Ist Ihr Selbstwertgefühl stark genug, um auch andere nach oben kommen zu lassen?
- Sorgen Sie dafür, daß Ihre Mitarbeiter Freude an der Arbeit haben?
- Was wissen Sie vom Privatleben Ihrer Mitarbeiter (Familienverhältnisse, Urlaubsziele, Hobbys etc.)?
- Wie oft erkundigen Sie sich nach privaten Angelegenheiten Ihrer Mitarbeiter?
- Wie ist das Klima in Ihrer Firma/Abteilung?
- Können Sie sich durchsetzen, ohne sich auf Ihre Position zu berufen?
- Geben Sie Ihren Mitarbeitern das Gefühl, Sie könnten deren Arbeit besser oder schneller erledigen?
- Verunsichern Sie Ihre Mitarbeiter durch Fragen oder Argumente?
- Kontrollieren Sie Ihre Mitarbeiter stark?
- Lieben Sie es, Ihre Mitarbeiter zu überraschen, indem Sie zu ungewohnten Zeiten in die Büros, in den Betrieb kommen?
- Korrigieren Sie Fehler Ihrer Mitarbeiter, oder geben Sie Gelegenheit, diese selbst zu erkennen und Verbesserungen vorzunehmen?

- Begründen Sie Entscheidungen?
- Nehmen Sie Rücksicht die Empfindungen Ihrer Mitarbeiter?
- Fragen Sie Mitarbeiter auch mal um Rat? Befolgen Sie ihn auch?
- Teilen Sie den Erfolg mit Ihren Mitarbeitern? Wenn ja, wie?

Lassen Sie diese Fragen auch einmal Ihre Mitarbeiter beantworten, um zu sehen, ob Ihre Einschätzung mit der Ihres Teams übereinstimmt.

Wichtige Fragen sind das, die eng mit Charisma und Management by Charisma zu tun haben. Nehmen Sie sich Zeit, überlegen Sie sich, was Sie verändern sollten und wie Sie in Zukunft vorgehen möchten. Ärgern Sie sich nicht, wenn Sie erkennen, daß Sie das eine oder andere hätten anders machen können. Wichtig ist, daß Sie die Konsequenzen aus den neuen Erkenntnissen ziehen. An der Vergangenheit können Sie nichts ändern, aber die Zukunft liegt noch in Ihren Händen. Fehler machen alle, aber der Kluge lernt daraus für die Zukunft.

Hier habe ich für Sie noch einige wichtige Fragen zusammengestellt:

1. Geben Sie Ihren Mitarbeitern Entscheidungs- und Handlungsspielraum?
   Lassen Sie ihnen die Möglichkeit, auch einmal völlig neue Ideen – vielleicht sogar ganz verrückte – auszuprobieren? Unterstützen Sie innovatives Denken? Oder ist das nur ein Lippenbekenntnis, und Sie lassen den Mitarbeitern kaum Eigenverantwortlichkeit, mischen sich in jede Kleinigkeit ein? Geben Sie Ihren Mitarbeitern vor, was sie tun sollen, lassen ihnen aber die Freiheit, es auf ihre Art und Weise durchzuführen? Können diese selbst die Handlungsabläufe bestimmen, selbst Entscheidungen treffen und somit die Verantwortung für ihre Aufgabe übernehmen?
2. Sorgen Sie dafür, daß Ihre Mitarbeiter immer entsprechend informiert sind?
   Oder erfahren diese erst aus der Presse, daß Produktionsstätten ausgelagert werden, Entlassungen bevorstehen?
3. Nehmen Sie die Vorschläge Ihrer Mitarbeiter ernst, diskutieren Sie sie aus?
   Oder treffen Sie „einsame" Entscheidungen?
4. Können Sie mit Fehlern von Mitarbeitern umgehen?

Oder sind Sie sofort extrem mißtrauisch, wenn jemand einen Fehler macht und kontrollieren ihn nun besonders?

5. Können Sie loben und vor allem auch Erfolge der Firma/der Abteilung als eine Gemeinschaftsleistung ansehen und anerkennen? Oder denken Sie, zuviel Lob macht die Mitarbeiter übermütig?
6. Können Sie Aufgaben delegieren?
   Oder glauben Sie, nur Sie können es besser?
7. Geben Sie Ihren Mitarbeitern die Möglichkeit, sich weiterzubilden (beispielsweise Seminare, wie „Der erfolgreiche Weg“)?
8. Erhalten Ihre Mitarbeiter von Ihnen Feedback?
9. Fühlen sich Ihre Mitarbeiter wohl in Ihrer Gegenwart? Werden Sie oft gefragt?
   Oder sind Ihre Mitarbeiter ausgesprochen zurückhaltend und auch verkrampft, wenn sie mit Ihnen zu tun haben?
10. Äußern Ihre Mitarbeiter ihre Meinung frei, hören Sie auch einmal ein Wort der Kritik von ihnen? Wie reagieren Sie darauf?

Menschenführung

Der autoritäre Führungsstil ist nicht mehr zeitgemäß. Daß eine Person allein alle Macht und Autorität für sich beansprucht, Weisungen erteilt und Kritik und Lob ausspricht, ist zwar heute noch anzutreffen, sollte aber längst der Vergangenheit angehören. Mitarbeiter, die in jeder Beziehung „kurz“ gehalten werden, können keine volle Leistung erbringen, geschweige denn kreative Vorschläge machen oder eine eigene Meinung äußern. Das Problem liegt darin, daß Menschen, die viele Jahre gewohnt waren, autoritär zu führen, einen Machtverlust in Teamarbeit sehen. Teamarbeit bedeutet mehr Eigenständigkeit und weniger Unterordnung für die Mitarbeiter – mehr persönliche Autorität des Chefs und weniger seine Amtsautorität. Auf einer solchen Basis kann eine konstruktive und kreative Zusammenarbeit entstehen.

Menschen richtig zu führen – zu einem Erfolg, an dem jeder beteiligt ist und sich auch beteiligt fühlt –, das ist wahrlich eine Kunst. **Management by Charisma ist der Führungsstil der Zukunft.**

Viele Führungskräfte sind aufgrund ihrer Fachkompetenz aufgestiegen, haben sich hohe Positionen erarbeitet und stehen nun vor einer neuen Aufgabe, Menschen führen zu müssen. Sie haben nicht gelernt, sich in andere Menschen zu versetzen, sich mit ihnen auseinanderzusetzen, sie zu überzeugen, zu motivieren und sie zu loben.

Aber es gibt auch Vorgesetzte, die Autorität – sowohl persönliche wie auch fachliche – in einer Art und Weise ausstrahlen, die jeden beeindruckt. So etwas ist Charisma. Solche Menschen überzeugen durch ihre Persönlichkeit, ihre Ausstrahlung. Für solche Menschen ergreifen Mitarbeiter gern und von selbst die Initiative, sind beflügelt von den Visionen und wachsen über sich selbst hinaus. Denn unterbewußt entsteht der Wunsch, ebenso zu werden wie das charismatische Vorbild – und das beflügelt.

CHARISMA-FAKTOR

Eine charismatische Persönlichkeit ist die ideale Führungspersönlichkeit, der man nicht aus Pflichtgefühl folgt, sondern weil man an sie glaubt und ihr vertraut.

Führen setzt neben fachlichem Können bestimmte Fähigkeiten und Veranlagungen voraus. Das sind charakterliche, geistige und körperliche Eignung und ganz besonders die Fähigkeit, Menschen zu motivieren, sie anzuleiten und sie zum gemeinsamen Handeln veranlassen. Das ist nur möglich, wenn eine Führerpersönlichkeit, ein Leader, ständig an sich selbst arbeitet, sich weiterentwickelt. Wer das Außergewöhnliche will, muß selbst außergewöhnlich sein!

Es ist nicht entscheidend, als was wir geboren werden, welche Startbedingungen wir vorfinden, sondern was wir selbst daraus machen.

Alles ist in Ihnen. Konzentrieren Sie sich auf das Wesentliche, lassen Sie sich nicht ablenken von Ihrem Ziel: Nehmen Sie das Steuer Ihres Lebens selbst in die Hände, und stellen Sie sich ganz auf Erfolg ein – Erfolg durch Charisma! Dazu werfen wir einen kurzen Blick auf Grundprinzipien der Menschenführung, ohne die es nicht geht:

Erstes Grundprinzip: Vertrauen

Vertrauen erwirbt ein Manager, der mit Herz und Verstand führt, der Verantwortung übernimmt, Vorbild ist, Leistungen anerkennt, Sinn für Gerechtigkeit hat und Mitarbeiter fördert und auch fordert. Vertrauen, das einmal mißbraucht wurde, läßt sich nur schwer wieder aufbauen. Und nichts zerstört Vertrauen mehr als das Gefühl, falsch oder schlecht geführt zu werden.

Wenn Sie und Ihr Unternehmen Spitze sein wollen, dann reicht es nicht aus, daß Sie Ihre Mitarbeiter veranlassen, ihre Aufgaben sorgfältig zu erfüllen. Da brauchen Sie die ganze Kraft, den vollen Einsatz eines jeden Mitarbeiters. Da muß die Bereitschaft vorhanden sein, Verantwortung zu übernehmen, Mehrarbeit zu leisten, eigene Ideen einzubringen, fair mit Kollegen und Vorgesetzten umzugehen und selbständig zu handeln.

Zweites Grundprinzip: Die sinnvolle Aufgabe

Der Aufgabe einen Sinn geben ist einer der wichtigsten Faktoren. Daraus entsteht die Motivation, der Antriebsmotor. Motivation kommt nicht von selbst, sondern wächst durch die Vorgabe erstrebenswerter Ziele, wobei der materielle Anreiz – wie Untersuchungen gezeigt haben – nicht mehr den höchsten Stellenwert hat. Der Mitarbeiter muß in Planung und Entscheidungen einbezogen werden. Wer zum Ausführungsgehilfen degradiert ist, wird weder Engagement zeigen noch motiviert sein.

Drittes Grundprinzip: Mitarbeiter richtig einsetzen

Um Mitarbeiter richtig einzusetzen, benötigt ein Chef viel Menschenkenntnis, Einfühlungsvermögen, Fachkenntnisse und Durchsetzungskraft. Doch wenn das gelingt, wenn der Mitarbeiter den für ihn optimalen Arbeitsplatz erhält, dann kann er seine Fähigkeiten entfalten, kann sich engagieren, hat Freude an der Arbeit und erhält Lob und Anerkennung. Das Unternehmen hat einen Mitarbeiter, der motiviert und engagiert ist – Pluspunkte auf beiden Seiten!

Wir sind glücklich, wenn uns unser Leben gelingt.
Glück kommt von „glücken“.

Viertes Grundprinzip: Übereinstimmung in den Zielen und Identifikation damit

Übereinstimmung ist eine gute Ausgangsbasis für die Zusammenarbeit, die Identifikation mit den gemeinsamen Zielen fällt leichter. Gemeinsamkeit fördert den Teamgeist und läßt dem Mitarbeiter Entfaltungsmöglichkeiten – zum Vorteil aller. Gerade die Förderung der individuellen Fähigkeiten ist einer der Schlüssel zum Erfolg für die gesamte Mannschaft.

Fünftes Grundprinzip: Motivation

Egal ob Sie fünf Mitarbeiter haben oder fünfhundert – ohne Motivation werden Sie keine Ziele erreichen. Selbst Sie kommen ohne Motivation keinen Schritt weiter. Motivieren bedeutet, Mitarbeiter voll mit einzubeziehen in die Erfolge und in die Problematik. Wenn Sie als Persönlichkeit geschätzt und geachtet werden, dann lassen Ihre Mitarbeiter Sie in schwierigen Zeiten nicht auflaufen, sondern werden alles tun, um Ihnen – und zwar Ihnen persönlich, weil Sie ein Mensch mit Ausstrahlung sind – zu helfen. Nicht die einsamen Entscheidungen bringen Sie weiter, sondern die vertrauensvolle Zusammenarbeit. Wenn Sie Ihren Mitarbeitern in Krisenzeiten vermitteln, daß diese sich selbst helfen, wenn sie Ihnen helfen, dann haben Sie gewonnen. Motivation ist ein Virus, der sich schnell ausbreitet, wenn der Boden bereitet ist.

Sechstes Grundprinzip: Ein gutes Beispiel geben

Sich einmal selbst an einen Computer setzen, eine Druckmaschine bedienen oder selbst zum Kunden gehen – damit erwerben Sie das Vertrauen Ihrer Mitarbeiter. Sie sind einer von Ihnen! Ihre Mitarbeiter können sich viel eher mit Ihnen und Ihren Visionen identifizieren, wenn sie sehen und spüren, daß auch Sie sich mit ihnen identifizieren; eine Wechselwirkung entsteht. Diese hat auch Napoleon genutzt, als er bei einer wichtigen Schlacht mit einem Bajonett in der Hand gegen den Feind kämpfte. „Er ist einer von uns“, das spornt an – nicht nur auf dem Schlachtfeld.

CHARISMA-FAKTOR

Die Persönlichkeit des Managers hat enormen Einfluß auf das Leistungsvermögen der Mitarbeiter.

Die Ausstrahlung der Führungspersönlichkeit entscheidet über fast alles: das Arbeitsklima, das Leistungsvermögen und die Schlagkraft eines Teams und damit letztendlich über den Erfolg eines Unternehmens.

Vom modernen Manager wird viel gefordert:

- Autorität – persönlich und fachlich
- Menschlichkeit
- Schnelle Reaktion – im Denken und im Handeln
- Belastbarkeit
- Voraussicht
- Entscheidungsfähigkeit/Entschlußkraft
- Initiative
- Einfühlungsvermögen (emotionale Intelligenz)
- Motivations- und Begeisterungsfähigkeit
- Kompromißfähigkeit
- Fähigkeit, eigene Fehler einzugestehen
- Fachkenntnis

Den Chef erleben

Mitarbeiter wollen ihre Chefs sehen, hören und vor allem auch erleben. Ein Chef, der keine Zeit für seine Mitarbeiter hat, der durch zwei Vorzimmerdamen abgeschirmt ist, kann niemanden motivieren.

Menschenführung beginnt als erstes bei sich selbst – sich selbst führen und sich nicht von Umständen, Zufällen oder oberflächlichen Interessen hin- und hertreiben lassen. Zielklarheit, Selbstinitiative und Eigenständigkeit müssen da sein.

CHARISMA-FAKTOR

Führen heißt, Verantwortung für sich, aber auch für den anderen zu übernehmen.

Die technologische, soziale, kosmopolitische und ökologische Entwicklung hat zu einer völligen Veränderung der Werte geführt. Was früher undenkbar erschien, ist heute Normalität – beispielsweise die Vereinbarkeit von Beruf und Familie, flexible Arbeitszeiten etc. Mit der Veränderung der Werte hat sich auch das Führungsverhalten gewandelt. Nicht mehr zeitgemäß sind Führungs-„Kräfte". Was wir brauchen, sind Persönlichkeiten – Führungs-„Persönlichkeiten"! Menschen, die mit Charisma führen, ein Team begeistern und motivieren können – ihnen gehört das nächste Jahrtausend. In einer Zeit mit hohem Freizeitwert reicht das Gehalt nicht mehr aus, einen Mitarbeiter dazu zu bewegen, Überstunden zu machen oder mehr Engagement zu zeigen, als zur Erfüllung seiner Aufgabe nötig ist. Nach einem starren Führungsstil nach dem Motto „Befehl und Gehorsam" hat sich die teamorientierte Zusammenarbeit etabliert.

Der Boß als Partner

Das Verhältnis Mitarbeiter zu Mitarbeiter oder Mitarbeiter zum Chef wird heute eher als eine Art Partnerschaft, ja fast schon als eine Beziehung definiert. Das Selbstbewußtsein des Mitarbeiters orientiert sich nicht nur an der eigenen Position, sondern mehr und mehr an der Persönlichkeit des Vorgesetzten. Also auch hier findet ein Wertewandel statt: „Die Firma – das sind wir." Der Boß übernimmt zunehmend auch die Aufgabe als Coach.

Ohne Teamarbeit geht es heute nicht mehr. Das hat auch die Einstellung des Arbeitnehmers zu seiner Tätigkeit verändert. Er will nicht nur für seine Leistung anerkannt, sondern auch als Mensch akzeptiert und wichtig genommen werden, denn er bringt sich ja auch als Mensch in den Arbeitsalltag ein. Modernes Führen bedeutet, Bedingungen zu schaffen für optimales Leistungsverhalten. Dazu gehört beispielsweise, ein Wir-Gefühl zu schaffen, indem der einzelne Mitarbeiter in das Geschehen integriert wird, an den Entscheidungen beteiligt ist, indem seine Vorschläge ernsthaft diskutiert werden und er Feedback erhält. Gemeinsame Erfolgserlebnisse, die nicht nur über den Kopf ablaufen, sondern sich auch auf der emotionalen Ebene abspielen, animieren den Mitarbeiter, mit Herz und Kopf bei der Arbeit zu sein.

Optimale Kommunikation von oben nach unten

Eine Veränderung kann nur von oben nach unten vollzogen werden. Geht der Chef mit Begeisterung an die Realisierung der Unternehmensziele – und kann er sein Team motivieren und begeistern –, werden es ihm seine Mitarbeiter nachmachen. Das Leistungsbewußtsein multipliziert sich, die Leistung wird meßbar besser, der Gewinn steigt. Der Mitarbeiter empfindet sich als Teil des Ganzen, ist motiviert und geht seine Aufgaben mit großem Verantwortungsbewußtsein, Engagement und noch mehr Begeisterung an.

Für Management by Charisma ist Kommunikation eine der wichtigsten Faktoren. Es geht nicht darum, Informationen untereinander auszutauschen, sondern die Mitarbeiter optimal und schnell über Vorhaben, Ziele und Veränderungen zu informieren. Schädlich ist, wenn von oben nur kontrolliert und begrenzt, aber nicht informiert wird. Eine partnerschaftliche Zusammenarbeit setzt positive Energien frei. Erfolge lösen Begeisterung in der Gruppe aus, bewirken eine Welle der Solidarisierung.

Management by Charisma fördert die freie Entfaltung der Mitarbeiter zum Vorteil aller: der Abteilung, der Firma, des einzelnen Mitarbeiters.

Der Sinn in der Arbeit

Ging es früher meist darum, Geld – und zwar möglichst viel Geld – zu verdienen, so wird heute der Sinn, den eine Arbeit gibt, immer wichtiger. Dazu möchte ich Ihnen eine kleine Geschichte erzählen: Als der Kölner Dom gebaut wurde, besuchte der Kaiser die Baustelle. Er fragte einen Steinmetz: „Was machst du?“ Der Steinmetz antwortete: „Ich behaue den Stein.“ Damit sagte dieser die Wahrheit. Der Kaiser ging weiter, fragte den nächsten Steinmetz: „Was machst du?“ Er antwortete: „Ich muß Geld für meine Familie verdienen.“ Auch das entsprach der Wahrheit. Dann fragte der Kaiser den dritten Steinmetz: „Was machst du?“ Er antwortete: „Ich will mithelfen, diesen schönen Dom zu bauen.“

Der Mensch will nicht nur einen Arbeitsplatz, er möchte eine **sinnvolle Aufgabe**, für die er sich engagieren kann, möchte als Mitarbeiter und Mensch angenommen, akzeptiert und motiviert werden. Wie oft höre ich von jungen, äußerst fähigen Menschen, daß sie gern einen Teil ihres Gehalts geben würden für mehr Einbindung in eine Aufgabe und für eine größere Akzeptanz ihrer Persönlichkeit. Warum nutzen nur so wenige in den Führungsetagen dieses Potential?

Sie sind in einer Führungsposition, Sie tragen Verantwortung – für die Firma, für die Mitarbeiter und für das Erreichen der vorgegebenen Ziele, aber auch dafür, daß nicht nur Sie, sondern auch Ihre Mitarbeiter einen Sinn in ihrer Tätigkeit erkennen können. Sie strahlen das aus, was in Ihnen ist. Können Sie Ihren Mitarbeiter das geben, was sie benötigen?

Sie wirken nicht allein durch die Position, die Sie innehaben; mehr und eindrucksvoller wirkt Ihr Verhalten, Ihre Ausstrahlung auf Ihre Mitmenschen. Sie führen Ihre Mitarbeiter, Ihr Team, und nehmen damit bewußt – oder unbewußt – auch Einfluß auf das Leben dieser Menschen. Den Gesetzmäßigkeiten folgend nehmen Ihre Mitarbeiter umgekehrt auch Einfluß auf Sie: Was Sie geben, kommt zu Ihnen zurück.

Vergessen Sie nicht, der Impuls muß von Ihnen ausgehen!

CHARISMA-FAKTOR

Für Ihre Mitarbeiter verkörpern Sie als Persönlichkeit das Ziel.

Ihre Persönlichkeit gibt den Ausschlag, ob sich der Mitarbeiter mit einem von Ihnen vorgegebenen Ziel identifiziert oder nicht, ob er einen Sinn in der Aufgabe erkennen kann oder nicht. Und davon hängt es maßgeblich ab, ob er sich engagiert oder nicht. Es liegt an Ihnen, ob es Ihnen gelingt, Ihren Mitarbeiter auf der richtigen Ebene anzusprechen und ihn für die gemeinsame Aufgabe zu interessieren, zu motivieren und zu begeistern.

Das Denken und Handeln anderer Menschen beeinflussen

Sie wollen Ihre Ziele erreichen, Sie wollen Erfolg für sich, für Ihre Mitarbeiter, für Ihr Unternehmen. Allein schaffen Sie das nicht. Zur

Erreichung Ihrer Ziele benötigen Sie die Hilfe Ihrer Mitarbeiter. Aber wie nehmen Sie Einfluß auf Ihre Mitmenschen? Folgen sie Ihnen überhaupt, und wenn ja, warum?

Checkliste

Es steht Ihnen eine Bewertung von 1–10 zur Verfügung, wobei 10 für sehr stark steht.

Wie schätze ich meine Fähigkeiten ein, andere Menschen zu beeinflussen?

Wie beeinflusse ich das Denken und Handeln meiner Mitarbeiter?

- durch Vorbildfunktion
- durch Überzeugung
- durch Vermitteln von Visionen
- aufgrund meiner Position
- aufgrund meiner persönlichen Ausstrahlung
- aufgrund meiner Erfahrung
- aufgrund meines Charmes
- aufgrund von Fachkenntnissen
- aufgrund von rhetorischen Fähigkeiten
- durch innere Ruhe und Gelassenheit
- durch Begeisterung
- durch Belohnung (materielle Anreize, Versprechungen etc.)
- durch Bestrafung (Androhung von Jobverlust etc.)
- durch Intrigen
- durch Entzug von Aufmerksamkeit

Sie können Einfluß auf andere Menschen nehmen, weil Sie eine Persönlichkeit mit einer starken Ausstrahlung und Überzeugungskraft sind oder weil Sie eine hohe Position innehaben. Entsprechend ist auch der Grad der Beeinflussung.

Macht der Position oder der Persönlichkeit?

Macht ermöglicht Beeinflussung auf Positionsebene: Der Vorstand einer Fluggesellschaft wird natürlich immer einen Platz in jeder Maschine bekommen, egal wie ausgebucht der Flug ist. Für die weltberühmte Sängerin wird auch kurzfristig überall das gewünschte Hotelzimmer bereitgestellt, einem Lions-Mitglied werden weltweit Türen geöffnet. Aber sogar bestimmte Designerkleidung, bestimmte Automarken oder entsprechende Uhren ermöglichen gewisse Privilegien. Alle äußeren Symbole der Macht ziehen bestimmte Reaktionen der Umwelt nach sich. Das gilt auch für Titel, wie Professor oder Doktor, oder für bestimmte Positionen, wie Filmproduzent, Geschäftsführer etc.

Aber eine Beeinflussung erfolgt in solchen Fällen eben nur auf der Positionsebene. Der Einfluß ist schlagartig vorbei, wenn die Symbole nicht sichtbar sind oder die Position verloren wurde. Dann zeigt sich deutlich der Unterschied zwischen Macht der Position und Macht der Persönlichkeit.

Vielleicht kennen Sie ja Situationen wie diese aus eigener Erfahrung: Eine neue Werbekampagne wird vorgestellt. Anwesend sind Geschäftsleitung, Abteilungsleitung Werbung, die Marketing- und Vertriebschefs sowie deren Assistenten. Die einzelnen Vorschläge werden diskutiert, und die Lösung B kristallisiert sich als die von allen favorisierte Lösung heraus. So scheint es jedenfalls – bis zu dem Augenblick, in dem der Geschäftsführer, der sich bisher nicht geäußert hat, zu erkennen gibt, daß er die Lösung D für besser hält. Innerhalb von Minuten ist die Präsentation dann gelaufen, die Entscheidung für D ist gefällt.

CHARISMA-FAKTOR

Persönlichkeit macht frei.

Tests haben ergeben, daß Menschen, die sich gesellschaftlich oder positionsmäßig tiefer angesiedelt fühlen, häufig ihre Spontanität verlieren und sich bemühen, sich korrekter auszudrücken, ihre Worte sorgfältiger wählen, ja sogar versuchen, die Stimme zu verändern und ihre Aussprache zu verbessern, sobald ihr Gegenüber seine Position zu erkennen gibt. Ein solch gekünsteltes Verhalten wird ausgelöst durch die Macht der Position.

Versucht der Vorstand der Fluggesellschaft als „unbekannter" Passagier einen Platz in einer ausgebuchten Maschine zu bekommen, dann wird ihm das kaum gelingen. Für die Sängerin, inkognito angemeldet, wird vermutlich nicht die Fürstensuite kurzfristig frei gemacht. Und möchte Herr Meier den Präsidenten des Lions Club in New York ohne Voranmeldung sprechen, dann wird auch dies nicht möglich sein. Es sei denn, er hat eine überaus strahlende Persönlichkeit, so daß die Sekretärin – entgegen allen Regeln – das Gespräch ermöglicht. Die Persönlichkeit wirkt, und die Ausstrahlung „be-wirkt" die Erreichung der Ziele, weil Vertrauen, Respekt und Zuversicht vermittelt werden. Sie sehen den Unterschied:

- **Macht der Position**
  verbreitet Unsicherheit. Hemmungen entstehen, die Angst wächst, Fehler zu machen. Der Mitarbeiter fühlt sich unfrei, weil er glaubt, er könne sich selbst schaden. Kreativität, Spontanität, innere Freiheit werden im Keim erstickt. Der Kontakt läuft auf der rationalen Ebene ab.

- **Macht der Persönlichkeit**
  bewirkt das Gegenteil, weil die persönliche Autorität über der Autorität durch die Position steht. Aus diesem Grund ist jeder bemüht, sein Bestes zu geben, fühlt sich frei, kann konstruktiv denken und ist motiviert. Der Kontakt entsteht auf der emotionalen Ebene, die Probleme werden auf emotionaler Ebene gelöst.
  Wichtig für Sie ist es, herauszufinden, auf welcher Ebene Sie andere Menschen beeinflussen. Deshalb sollten Sie um Ihre Wirkung auf andere Menschen wissen. Antworten Sie nicht nur mit Ja/Nein oder gut/schlecht/mittel, sondern gehen Sie ins Detail, schreiben Sie zu jedem Punkt drei Beispiele auf.

Checkliste: Wie wirke ich auf andere?

- Mein äußerer Eindruck (Auftreten, Kleidung, Schuhe, Farben, Stil, Frisur, Brille, Sprache, Gang ...)
- Meine Ausstrahlung (dynamisch, ehrgeizig, freundlich, hilfsbereit, schüchtern ...)
- Meine Sprache und Kommunikationsfähigkeit (klar und eindeutig, sicher, verständlich ...)
- Vermittle ich Visionen? (Welche Visionen sind das, und auf welche Art und Weise vermittle ich sie?)
- Kann ich motivieren? (Wen? Wie? Wo sehe ich Resultate?)
- Kann ich begeistern?
- Wirke ich vertrauenswürdig und zuverlässig?
- Wirke ich ruhig oder hektisch? (Bei wem und in welchen Situationen besonders?)
- Gebe ich meinen Gesprächspartnern das Gefühl, daß ich ernsthaft an ihnen interessiert bin? (Woran erkenne ich das?)
- Habe ich Zeit für meine Mitarbeiter?
- Kann ich gut zuhören? (Wie oft lasse ich den anderen nicht ausreden?)
- Lasse ich meinen Mitarbeitern Freiraum zur Entfaltung ihrer Fähigkeiten? (Realisiere ich auch die Vorschläge meiner Mitarbeiter?)
- Fühlen sich meine Mitarbeiter gefordert?
- Sind sie wirklich ihren Fähigkeiten entsprechend eingesetzt?
- Haben meine Mitarbeiter das Gefühl, daß ihre Leistungen entsprechend gewürdigt und anerkannt werden? (Auf welche Art und Weise bringe ich das zum Ausdruck?)
- Was veranlaßt meine Mitarbeiter, sich für mich, die Firma, die gemeinsamen Ziele überdurchschnittlich einzusetzen?
- Was verleiht mir persönliche Autorität, persönliche Ausstrahlung?
- Warum akzeptieren mich meine Mitarbeiter – **aufgrund meiner Persönlichkeit oder aufgrund meiner Position?**

Wie sehen die anderen Sie wirklich?

Oft liegen Welten zwischen dem Bild, das man von sich selbst hat, und dem Eindruck, den die Umwelt von einem hat. Um ein realistisches Bild zu bekommen, sollten Sie Menschen aus Ihrer Umgebung die oben genannten Fragen vorlegen. Natürlich muß dies in angemessenem Rahmen geschehen und ist erstens eine Frage des Vertrauens und zweitens eine Frage der Qualifikation. Wenn es um Ihr Verhalten bei schwierigen Vertragsverhandlungen geht, dann fragen Sie lieber nicht Ihre Zweitsekretärin – es sei denn, sie ist bei solchen Gesprächen immer dabei. Fragen Sie Vorgesetzte, Kollegen, Ihre Sekretärin, Ihren Assistenten – fragen Sie ruhig auch Ihre Mitarbeiter oder einmal einen Kunden. Das Feedback wird Ihnen zeigen, ob Ihre Selbsteinschätzung mit dem Bild, das Ihre Mitmenschen von Ihnen haben, übereinstimmt. Vielleicht haben Sie ja auch den Mut, sich ein Video von sich selbst anzusehen.

Beeinflussen und beeinflußt werden

Es stellt sich in diesem Zusammenhang natürlich auch die Frage: Von wem lassen Sie sich beeinflussen? Wie gefährlich ist Beeinflussung überhaupt? Ich höre schon die Einwände, man sollte niemanden beeinflussen. Das Leben in einer Gemeinschaft ist ohne Beeinflussung gar nicht möglich. Selbst wenn Sie wollten, Sie könnten gar nicht leben, ohne Einfluß zu nehmen. Das fängt schon damit an, daß Sie Ihre Kinder auf eine bestimmte Schule schicken, an Ihren Kollegen diese – und keine andere Arbeit – delegieren, eine bestimmte Formulierung für einen Brief wählen. Mit der Wahl Ihres Anzugs oder Kostüms nehmen Sie Einfluß auf den Eindruck, den Sie auf andere machen wollen. Sie sehen, ohne Einfluß läuft nichts. Es kommt nur auf die Richtung an. Erfolg, Karriere, Fortschritt, Leistung, persönliche Zufriedenheit – das sind legale Ziele. Um herauszufinden, ob man sich selbst beeinflussen läßt – wie stark, in welchem Bereich und in welche Richtung –, ist es notwendig, sich immer wieder bewußt zu fragen:

- Was will ich?
- Was habe ich erreicht?
- Wo stehe ich jetzt?

- Wo gehe ich hin?
- Wer nimmt Einfluß auf mich?
- In welche Richtung werde ich beeinflußt?
- Auf welche Art und Weise findet diese Beeinflussung statt?

Wenn Sie in sich selbst ruhen, Vertrauen zu sich haben und Ihre eigenen Visionen fest in Ihnen verankert sind, dann werden Sie kaum in die Gefahr starker negativer Beeinflussung durch andere geraten. Gut ist immer, sich in regelmäßigen Abständen selbst zu befragen und festzustellen, ob der Weg noch stimmt, ob man auch wirklich vorwärtskommt.

Einfluß auf andere Menschen zu nehmen bedeutet, Verantwortung für andere zu übernehmen. Doch – es ist wie immer – alles beginnt erst einmal bei Ihnen selbst. Bevor Sie überhaupt Verantwortung für andere übernehmen können, müssen Sie erst einmal für sich die Verantwortung übernehmen.

CHARISMA-FAKTOR

Jeder Mensch hat in sich die Fähigkeit, andere Menschen zu beeinflussen durch seine Persönlichkeit, durch seine einzigartigen Qualitäten.

Was Sie tun – ob gut oder weniger gut –, es kommt immer zu Ihnen zurück. Gelingt es Ihnen, Ihre Mitarbeiter so zu motivieren, daß sie mit Freude und Elan arbeiten, werden sie Höchstleistungen erbringen. Der Erfolg Ihrer Mitarbeiter ist zugleich Ihr Erfolg. Alles potenziert sich. Die positive Energie schwingt von einer Seite zur anderen. Sie bestimmen durch Ihr Führungsverhalten die Richtung und ziehen den Erfolg magisch an.

Vorbildfunktion

Menschen, die etwas bewirken, die etwas aus ihrem Leben gemacht haben, sind Vorbilder. Das sind Menschen, die sicher und selbstbewußt ihren Weg gegangen sind, die Ziele und Visionen entwickelt und deren Erreichung konsequent verfolgt haben. Wie sehen solche Menschen aus? Denken Sie einmal an große Vorbilder unserer Zeit, wie Nelson Mandela, John F. Kennedy, Victor Frankl... Leicht erkennt man diese Menschen, die die Welt bewegen. Wo immer sie auftreten – sie stehen im Mittelpunkt. Ich denke da jetzt weniger an das große Polizei- oder Fotografenaufgebot. Wirkliche Persönlichkeiten wirken auch dort, wo niemand ihren Namen kennt oder um ihre Leistung weiß. Solche Menschen ziehen ganz automatisch die Aufmerksamkeit an. Fast scheint es wie Magie; eine magische Anziehungskraft geht von charismatischen Menschen aus. Die Haltung ihres Körpers ist Ausdruck ihrer Geisteshaltung: Mit beiden Füßen stehen sie fest auf dem Boden, ihr Schritt ist zielstrebig, der Blick offen und freundlich, ihr Händedruck fest, die Stimme tief und voll.

Vorbilder zeichnet aus, daß sie nicht ängstlich, unsicher oder unstet sind. Sie sind auch keine perfekten Menschen, aber sie sind von sich und ihren Fähigkeiten überzeugt. Es sind selbstverantwortliche Menschen, die sich auf ihre Stärken konzentrieren und wissen, daß sie alles können, wenn sie es nur wollen. Sie strahlen Optimismus aus, können auf andere Menschen zugehen, und sie faszinieren. Erfolg ist für sie etwas ganz Natürliches – Erfolg ist für sie eine Gewohnheit.

Vorbilder werden kopiert. Das ist ein ganz natürlicher Prozeß. Erfüllt jemand eine Vorbildfunktion, erweckt er in anderen Menschen das Bedürfnis, diesem Vorbild nachzueifern. Das sehen wir nicht nur in Lady-Di-Frisuren oder in Michael-Jackson-Verschnitten.

Sie wissen ja, daß der Mensch zu 85 % von der Umwelt beeinflußt wird. Jeder von uns übernimmt von anderen Menschen bestimmte Verhaltensweisen, am meisten natürlich von einem Vorbild. Dies geschieht oft sogar unbewußt und automatisch. Gut können Sie das daran sehen, wenn zwei Personen miteinander sprechen. Sind sie auf einer Wellenlänge, herrscht Sympathie vor, dann werden sogar die Bewegungen kopiert. Ganz besonders gut sehen Sie das bei einem verliebten Paar. Schlägt der eine die Knie übereinander, dauert es nicht lange, bis es der andere unbewußt nachahmt.

Ebenso – wenngleich nicht so deutlich sichtbar – kopieren Mitarbeiter ihren Chef. Das geschieht nicht nur in äußeren Dingen. Sie übernehmen sein Verhalten und – zwar fast unbewußt – seinen Tonfall, die Gestik, den Blick. Dieser Nachahmungseffekt entwickelt sich auf der emotionalen Ebene. Der Boß kommt „an“, und deshalb ist es ein ganz natürlicher Wunsch, auch „anzukommen“ und so zu werden wie er. Denn alles, was gefällt, möchte man gern selbst haben oder selbst verkörpern. Deshalb ist es leicht erklärbar, warum in manchen Firmen ein gutes Arbeitsklima herrscht. Der Boß ist beliebt und wird akzeptiert, ist immer gut gelaunt und dynamisch. Das hat zur Folge, daß die Mitarbeiter es ihm nachmachen. Aber ein Chef, der Vorbild ist, bewirkt noch viel mehr: Er spornt zu Leistung, Engagement an, denn für ein Vorbild setzt man sich ganz ein, einem Vorbild möchte man schließlich auch gefallen. Ein Vorbild gibt einen gewissen Kick. Der Wunsch, genauso zu werden, und das Gefühl „Ich kann das auch – ich schaffe es auch.“

CHARISMA-FAKTOR

Je mehr Sie für sich tun, desto mehr tun Sie für Ihre Mitarbeiter.

Mehr als Ihr Fachwissen wirkt Ihre Ausstrahlung. Damit erreichen Sie Ihre Mitmenschen. Und diese möchten – wie Sie – strahlender Mittelpunkt werden, wünschen sich, daß man auch von ihnen sagt: Dieser Mensch hat Charisma!

- Welche Vorbilder haben Sie in welchen Bereichen (Beruf, privat, Hobby)?
- Seit wann haben Sie diese Vorbilder?
- Hat Ihr Vorbild Ihr Leben verändert?
- Wenn ja, wie hat es Ihr Leben geprägt?
- Welche Eigenschaften Ihres Vorbildes beeindrucken Sie am meisten?
- Welche davon möchten Sie selbst haben?
- Was haben Sie von Ihren Vorbildern gelernt?

Ein brasilianisches Sprichwort sagt: „Narren lernen , wenn sie lernen, auf eigene Kosten. Kluge lernen immer auf Kosten anderer.“

Auch Sie brauchen nicht alle schmerzhaften Erfahrungen selbst zu machen. Verfolgen Sie aufmerksam, was andere Menschen tun, wie sie es tun und was sie damit bewirken. Orientieren Sie sich an Ihrem Vorbild. Lernen Sie von ihm. Wenn Sie ein erfolgreicher Verkäufer werden wollen, dann schauen Sie, wie der Topverkäufer in Ihrer Firma arbeitet. Wollen Sie ein ausgezeichneter Schachspieler werden, dann verfolgen Sie Karparows Züge. Wenn Sie eine glückliche Ehe führen möchten, dann schauen Sie sich um nach einem vorbildlichen Paar. Wie gehen diese Menschen miteinander um, was ist für sie wichtig, was vermeiden sie, worum bemühen sie sich?

Erfolg zieht Erfolg an, deshalb haben erfolgreiche Menschen immer auch eine Vorbildfunktion.

CHARISMA-FAKTOR

Lernen durch Vorbild!

Suchen Sie die Nähe erfolgreicher Menschen. Nichts zieht einen Menschen so sehr nach oben wie der Umgang mit erfolgreichen Siegertypen. Gleiches wird von Gleichem angezogen. Ich sehe das immer wieder bei meinen Seminaren. Dynamische Menschen stehen schnell bei ihresgleichen, die Schüchternen finden sich sehr bald und bilden einen Kreis.

- Wo stehen Sie?
- Welche Menschen ziehen Sie an?
- Wer sucht Ihre Nähe, Ihren Kontakt?

Auch ein Vorbild hat ein Vorbild. So orientieren Sie sich an Ihrem Vorbild, lernen von ihm, und andere Menschen wiederum lernen von Ihnen, denn Sie sind ihr Vorbild.

Charismatische Persönlichkeiten haben die Fähigkeit, Zweifel und Bedenken auszuräumen, sie strahlen Zuversicht und Sicherheit, Optimismus und Erfolgswillen aus. Charismatische Persönlichkeiten strahlen von innen; denn nur was in einem Menschen vorhanden ist, das kann er auch ausstrahlen. Vergleichbar ist das mit dem Computer: Wenn Ihr Computer eine bestimmte Grafiksoftware hat, dann können Sie Grafiken mit diesem Programm erstellen.

Hat ein Mensch innere Strahlkraft, eine positive Einstellung und Einfühlungsvermögen, dann strahlt er das unwillkürlich aus. Er kann gar nicht anders.

So führen erfolgreiche Menschen

Charisma wird von jedem anders empfunden, und so kann es durchaus sein, daß Sie die eine oder andere Persönlichkeit, mit der wir uns jetzt kurz befassen, nicht als charismatisch betrachten. Eines haben jedoch alle gemeinsam: Sie sind erfolgreich.

In einer Zeit, in der Erfolg nur möglich ist, wenn man einen Informationsvorsprung hat und rechtzeitig das eigene Kapital und das Know-how mobilisiert sowie die Mitarbeiter motiviert, ist es entscheidend, den richtigen Manager zu haben. Er muß knallharte Entscheidungen treffen, damit leben, daß er für unsoziale Maßnahmen kritisiert wird, daß Fehler das Unternehmen ruinieren und ihn sein Ansehen und seinen Ruf kosten können. Ein Unternehmen kann nur auf Erfolgskurs gesteuert werden, wenn durch den Mann an der Spitze Visionen entstehen, die Mitarbeiter vom Erfolgswillen mitgerissen und motiviert werden, ihr Bestes zu geben.

CHARISMA-FAKTOR

Motivation und Mut

Deshalb müssen Grundsatzfragen beantwortet werden:

- Wer soll das Unternehmen führen?
- Wie muß das Unternehmen geführt werden?
- Welche Eigenschaften soll die Führungspersönlichkeit besitzen?
- Welche Werte werden vorgegeben?

Den Weg des Erfolgs muß jeder für sich selbst festlegen. Egal welche Branche, egal ob es sich um ein kleines Unternehmen oder um einen großen Konzern handelt, fest steht, daß nicht nur der Intellekt, sondern vor allem auch Emotionen angesprochen und Botschaften vermittelt werden müssen.

Nehmen wir als Beispiel Daimler-Benz. Der Konzern steht heute stärker und wirtschaftlich solider da als vor zwei Jahren. Im Jahr 1994 war Deutschlands größtes und feinstes Unternehmen ein Sanierungsfall. Von 1987 bis zum 24. Mai 1995 war Edzard Reuter Konzernchef, seit diesem Tag ist Jürgen Schrempp Chef des Konzerns. Reuter und Schrempp sind Visionäre, wobei Reuters Vision eines „integrierten Technologiekonzerns" im Zeitalter der Globalisierung und zunehmenden Arbeitsteilung zum Scheitern verurteilt war, Schrempps Vision dagegen hat Bodenhaftung. Er sagt: „Was nützt es uns, tolle Visionen und Gedanken zu haben, womit wir im Jahre 2010 Geld verdienen können, wenn bis dahin das Unternehmen wirtschaftlich nicht überlebt?" Das ist es, was Aktionäre und Mitarbeiter anspricht und überzeugt; denn wir leben heute.

Wer ist **Jürgen Schrempp**?

Aufgewachsen in Freiburg, hatte er in der Kindheit viel Freiheit. In seinem Elternhaus wurde aber auch großer Wert auf eigene Leistung gelegt. Da sich Schrempp schon immer für Technik und Autos begeisterte, wunderte es nicht, daß er eine Lehre als Automechaniker machte, dann kam das Ingenieurstudium. 1967 begann er seine Karriere in der Stuttgarter Zentrale von Daimler-Benz, anschließend war er für verschiedene Mercedes-Gesellschaften im Ausland tätig. 1989 zum Vorstandschef der DASA berufen, wurde er 1995 Vorstandschef von Daimler-Benz. Sein Vorgänger, Edzard Reuter, hatte ihn als Nachfolger favorisiert, weil er in ihm den richtigen Mann sah, der sowohl das traditionelle Fahrzeuggeschäft wie auch die neuen Technologiesparten kannte, und weil er ihn für fähig hielt, die bevorstehenden schwierigen Aufgaben zu lösen.

Woran liegt es, daß Jürgen Schrempp Erfolg hat? Nach Max Weber gibt es drei Führungsansprüche:

- Erbfolge
- Herrschaftsanspruch laut Gesetz
- Autorität

Charisma durch Autorität ist besonders in Krisensituationen erforderlich. Der „Krisen-Manager" muß den angeschlagenen Konzern sanieren. Er ist eine Art Feuerwehrmann, wie zum Beispiel auch Karl-Josef

Neukircher. Auch der „Macher-Manager" wie Jürgen Schrempp hat Charisma durch Autorität, und zwar Autorität durch Persönlichkeit sowie Autorität durch Position.

CHARISMA-FAKTOR

Macht und Dynamik: der MACHER

Warum ist Schrempp ein „Macher-Manager"?

Er hat den Blick für das Machbare und das Gespür für die Zukunftsmärkte. Durch seine Entscheidungen ist Daimler-Benz wieder zu dem geworden, was es früher war – zu einem soliden Unternehmen. In diesem Zusammenhang ist auch der neue Zusammenschluß mit der Chrysler Corporation zu sehen, der geschickt und fast in Agentenart unter dem Codenamen „Gamma" eingefädelt wurde.

Schrempp zaudert nicht lange, wenn es um die Revision von Fehlern – einschließlich der eigenen – geht. Als Chef von DASA hat er die Fokker-Übernahme befürwortet, später dann – als Konzernchef – hat er die Schließung des Unternehmes Fokker eingeleitet mit dem Hinweis, daß er für die Fehlinvestition die volle Verantwortung trägt.

Jürgen Schrempp verkörpert Macht und Dynamik, was auch Gertrud Höhler als unerläßlich für Spitzenpositionen erachtet. Die besten Leute sind oft unbequem, sie sind die Sprengmeister alter Systeme und Strukturen, sie machen nicht halt vor Tabus. Sie scheuen keine radikalen Veränderungen, auch wenn Wandel unbequem ist und weh tut. Ohne die Radikalität der unabhängigen Köpfe gerät ein Unternehmen in die Stagnation. Macher-Manager müssen aber auch den Mut haben, ihre Visionen und Wertvorstellungen zu leben und vorzuleben. Sie müssen glaubwürdig sein. Sie müssen Meister in der Rhetorik sein, über hohe emotionale Intelligenz verfügen, um die Mitarbeiter von ihren Ideen zu überzeugen, müssen in der Lage sein, ihnen ein Wertgefühl „Die Firma seid ihr" vermitteln.

Motivieren, Ziele vorgeben, Informationen weitergeben, unternehmerisch denken und handeln – das sind die entscheidenden Faktoren, um erfolgreich zu führen und ein Unternehmen zum Spitzenunternehmen zu machen. Schrempp hat es geschafft – er ist vom charismatischen „Krisen-Manager“ zum charismatischen „Macher-Manager“ geworden. Nicht umsonst wurde er im Herbst 1998 zum Manager des Jahres ernannt.

Ein weiterer Faktor ist die Innovation. Kontinuität bedeutet für ein Unternehmen Untergang. Wir leben in einer Welt, die sich schnell ändert. Wir haben es mit einer Konsumgesellschaft zu tun, deren Wünsche und Ansprüche sich rasch verändern. Folglich muß ein Manager, ein Macher, bei seiner Planung dies berücksichtigen, muß flexibel auf alle Anforderungen reagieren, ohne die großen Ziele dabei aus den Augen zu verlieren, das heißt neue Produkte entwickeln, welche die Bedürfnisse des Kunden berücksichtigen, wie beispielsweise die A- und M-Klasse bei Daimler-Benz.

Zukunftsorientiert hat Schrempp sich von der Vision eines „integrierten Technologiekonzerns“ verabschiedet. Damit hat er Tabus gebrochen, alte Strukturen zerschlagen, obwohl er an deren Aufbau selbst beteiligt war. Hohe Ziele hat Schrempp sich gesetzt:

Er will Daimler-Benz präsent in der ganzen Welt sehen, unabhängig von nationalen Konjunkturzyklen. Sein Ziel ist, mindestens die Nummer zwei auf dem Weltmarkt zu sein (und insgeheim strebt er sicherlich die Nummer eins an).

Er will voll motivierte Mitarbeiter, mit denen das magische Dreieck umgesetzt werden kann: Die Verbindung der Interessen der Aktionäre, der Mitarbeitern und der Kunden. Damit ist jede Gruppe am Erfolg (oder Mißerfolg) beteiligt. Der Aktionär bekommt eine hohe Dividende, der Kunde ein gutes Produkt und der Mitarbeiter einen Cash-Bonus.

Jürgen Schrempp wird als Visionär mit Bodenhaftung bezeichnet, ein Senkrechtstarter, der dafür bekannt ist, daß er alle Führungsinstrumente prüft und über ein großes Maß an Selbstkontrolle verfügt. Er sagt:

„Man muß sich jeden Tag klarmachen, worin die eigene Aufgabe besteht, welche Ziele man hat und wie man sie erreicht.“

(Wirtschaftswoche Nr. 25/17.6.1994 – Seite 51).

Schrempp hat das Gespür für Zukunftsmärkte, hat das Gefühl für das Machbare, denkt global, ist fähig zu motivieren, ist ein hervorragender Rhetoriker und sicher und klar in seinen Entscheidungen. Er hört zu, prüft die Argumente, doch die Entscheidung trifft allein er. In einem Interview (Wirtschaftswoche Nr. 48/21.11.1996 – Seite 95) bekennt er: „Visionen dürfen nicht nur Überschriften sein, sie müssen auch an konkreten Dingen festgemacht werden ..." Er betont in diesem Gespräch seine klare Linie, die Konzentration auf ein Ziel: „... mit leistungsstarken, motivierten Mitarbeitern Produkte herstellen, die unsere Kunden begeistern ..."

CHARISMA-FAKTOR

Glaube an sich selbst!

Er ist bekannt dafür, daß ihn Herausforderungen reizen, dabei hält er sich auch im Job an die Bergsteigerregel: Bevor man einen ungewissen Ausgang einer Tour riskiert, sollte man absteigen. Das heißt im Business: „Lieber 90 % erreichen als alles verlieren" (Wirtschaftswoche Nr. 50/7.12.1995 – Seite 56). Sein Motto: „Es ist hierzulande sehr viel mehr möglich, als manche Kritiker glauben."

Ich möchte Ihnen gern auch noch andere Erfolgsformeln – so unterschiedlich wie die einzelnen Persönlichkeiten – vorstellen als eine kleine Charisma-Fibel. Jeder Manager legt Wert auf etwas anderes:

So sagt **Jürgen Dormann, Vorstandsvorsitzender der Hoechst AG**, zum Thema Führungsstil, daß für ihn das direkte Gespräch mit den Mitarbeitern äußerst wichtig sei. Beispielsweise reist er meist allein und trifft sich mit seinen Managerteams an deren Arbeitsort. Das hilft, ein besseres Gefühl für die Situation und eventuell erforderliche Veränderungen vor Ort zu entwickeln. Dormann will den konstruktiven Dialog, nimmt sich Zeit für die Mitarbeiter. Ein bis zwei Tage pro Woche werden freigehalten, damit er für Kollegen und Mitarbeiter dasein kann.

CHARISMA-FAKTOR

Zeit für Mitarbeiter haben und sie begeistern.

In einem Interview mit der Wirtschaftswoche (Nr. 40/26.9.96 – Seite 144) sagt er: „... Führung hat auch mit Bauchgefühl zu tun: Man erspürt, welche Dinge rasche Aufmerksamkeit erfordern ...“ Für Dormann bedeutet Führung – abgesehen von klarem und analytischem Denken – vor allem die Fähigkeit, mit Kollegen eng zusammenzuarbeiten mit dem Ziel, sich gegenseitig zu ergänzen. Das ist besonders bei Konzernen mit internationaler Beteiligung wichtig, da die interkulturellen Aspekte berücksichtig werden müssen. Die größte Herausforderung für einen Manager ist für Dormann die Art und Weise, wie Menschen zu begeistern sind.

Der Schwerpunkt für Erfolg liegt für **Peter Littmann, Vorstandsvorsitzender der Hugo Boss AG**, darin, ein selbstbestimmtes Leben zu führen und Freiheit durch die Erfüllung der Aufgaben zu erlangen. Macht als Unternehmer betrachtet er als ein Mittel, die vorgegebenen Ziele zu erreichen.

CHARISMA-FAKTOR

Macht zur Erreichung von Zielen nutzen.

Ganz andere Prioritäten hat **Götz-Michael Müller, Chef von Kraft Jacobs Suchard in Deutschland**. Eine Partnerschaft zwischen Führung und Team in einer Atmosphäre von Offenheit und Vertrauen ist für ihn die Grundlage für den Erfolg. Er sieht das größte Kapital nicht in den Marken des Unternehmens, sondern in den Mitarbeitern, die die Produkte managen. Ohne zufriedene Mitarbeiter gibt es keine zufriedenen Kunden.

CHARISMA-FAKTOR

Wertschätzung der Mitarbeiter, Offenheit und Vertrauen pflegen.

Nestlé-Boß Helmut Maucher hält die Glaubwürdigkeit des Managers für einen wesentlichen Punkt für erfolgreiches Führen, ebenso Kommunikations- und Motivationsfähigkeit.

Bei **Bertelsmann** wird viel für den Nachwuchs getan, aber auch viel erwartet: Neben ausgezeichneten analytischen Fähigkeiten, Kreativität, einer ausgeprägten Persönlichkeit, Teamfähigkeit, müssen Mitarbeiter auch Durchsetzungsstärke, soziale Kompetenz und Konzentration auf die Aufgabe vorweisen. Bertelsmann erwartet von einem Manager, daß er unternehmerisch denkt und handelt, über Ideenreichtum verfügt, dynamisch und stark in der Kommunikation ist. Er soll das Wertesystem vorleben. Können allein zählt nicht, Handeln ist gefordert: Die Tat zeigt, ob Konzepte tatsächlich in der Realität bestehen und erfolgreich sein können. Die Freude an der Arbeit beflügelt und macht außergewöhnliche Leistungen erst möglich.

CHARISMA-FAKTOR

Vormachen und vorleben.

Den Hauptpunkt für Erfolg sieht **Jack Welch, General Electric**, in der Konzentration auf das Wesentliche. Das bedeutet, die Sensibilität für wirklich wichtige Dinge zu schärfen und sich voll auf das Wichtigste, das Hauptziel, zu konzentrieren und seine Kräfte zu bündeln. Dadurch wird soviel Energie freigesetzt, daß selbst hohe Ziele erreichbar werden.

Auf ausgezeichnete Information der Mitarbeiter setzt **Hans-Ulrich Plaul, Bruderus:** Gut informierte Mitarbeiter, die um die wirtschaftliche Lage und die Probleme des Unternehmens wissen, fühlen sich sicher und können sich und ihre Fähigkeiten entfalten.

CHARISMA-FAKTOR

Mitarbeiter immer gut informieren.

Dale Carnegie hat wohl wie kaum ein anderer den Traum vom Erfolg verkörpert. Auch 40 Jahre nach seinem Tod stehen seine Bücher auf den Bestsellerlisten. Die Vision, daß jeder reich und glücklich werden kann, wenn er an sich arbeitet, hat bis heute nicht an Anreiz verloren. Was macht den Erfolg aus? Carnegie war ein Visionär, seiner Zeit weit voraus. Was heute allerorts gepredigt wird, das hat er vor langer Zeit schon erkannt: Sich auf den Kunden einstellen, um seine Bedürfnisse und Wünsche zu wissen und sie zu erfüllen; den Kunden in den Mittelpunkt zu rücken; loben, lächeln und die Würde des Menschen respektieren – das war seine Erfolgsformel. Sein Motto „Jeder kann nach vorn kommen, wenn er will“ hat nicht an Aktualität verloren.

CHARISMA-FAKTOR

Visionen glaubhaft vermitteln.

„Geht's raus und spielt's“ – dieser Satz reicht aus, um die Mannschaft von FC Bayern zu motivieren. Andere Trainer können tagelang mit der Mannschaft trainieren, und dennoch spielt die Mannschaft nicht mit vollem Einsatz. Franz Beckenbauer hat das, was andere nicht haben: Charisma. Franz Beckenbauer hat mit seiner Ausstrahlung Erfolg, nicht nur beim Fußball. Er ist eine erfolgreiche Führungskraft und begehrt als Werbeträger.

Und nun noch ein kurzer Blick in die Politik:

In einem Interview mit dem Süddeutsche Zeitung Magazin (Nr. 39 vom 25.9.98) bekannte Ex-Bundeskanzler Kohl, daß er nicht nur mit dem Verstand reagiert, sondern auch aus dem Gefühl heraus, daß auch in der Politik Sympathie oder Antipathie einen Einfluß auf das Verhalten haben. Als Beispiel nannte er die Beziehung zu Francois Mitterrand, den er vor seiner Wahl zum Bundeskanzler nur einmal getroffen hatte. Um die Basis für eine gute Zusammenarbeit zu schaffen, war Kohl vier Stunden später – nach Vereidigung des Kabinetts – im Elysée-Palast, eine Geste, die Mitterrand zu schätzen wußte.

Für Helmut Kohl ist Freundschaft, gebaut auf Vertrauen, das sich langsam entwickelt, wichtig. Das Bauchgefühl, wie Kohl es nennt, und die Beobachtung helfen, hinter die Fassaden zu sehen, die wahren Absichten zu erkennen. Die Vision des Ex-Bundeskanzlers war, dazu beizutragen, daß mehr Frieden und Freiheit in der Welt herrsche. Und das ist ihm auch gelungen. Wahre Größe jedoch zeigt sich in schwierigen Situationen. Souveränität und Persönlichkeit zeigte Kohl dann auch nach der Niederlage.

CHARISMA-FAKTOR

Wissen, was der andere braucht.

Die Wahl in Deutschland im Herbst 1998 hat deutlich gemacht, daß es nicht um Themen und Inhalte ging, sondern um die Frage Kohl oder Schröder.

Schröder ist das, was im Sinn von Weber der charismatische Politiker-Typ ist. Ein Mann, der Menschen für sich begeistern kann. Er verkaufte die Illusion des Wandels bei gleichzeitiger Sicherheit, daß keine Änderungen stattfinden. Schröder ist ein Macher, einer, der „sich einmischt“, einer, der gelernt hat. „Ich weiß genau, wo ich herkomme, also weiß ich auch genau, wohin ich will“ (SZ vom 16.9.98), sagt er. Und für sein Ziel hat er hart gearbeitet, hat sich nicht gescheut, andere zu fragen, ob er gut war. Gerhard Schröder hat schnell gelernt. Man sagt, daß er selten einen Fehler zweimal gemacht hat. Er hat alles von den Erfolgreichen abgeschaut, hat es ihnen nachgemacht: überzeugende Gesten und starke Worte, die ankommen und begeistern. Geschickt kokettiert er mit seinen Schwächen und nutzt seine Herkunft. Seinen Willen zur Macht versteckt er nicht. Schon bei den Jusos hat er angekündigt, daß er einmal Kanzler werden würde: „Und Kanzler werde ich!“ Denn wenn man nur eine Sache wirklich will im Leben, dann bekommt man sie auch. Und das hat er bewiesen.

CHARISMA-FAKTOR

Konzentration auf ein Ziel.

Visionen haben, sie vermitteln und dafür zu kämpfen – gekoppelt mit der Persönlichkeit –, das ist ein wohl häufig gemeinsamer Charisma-Faktor. Das haben auch andere Persönlichkeiten, die hier nicht genannt wurden: Mahatma Gandhi, Mutter Teresa, Albert Schweitzer, Willy Brandt und viele andere.

Anhand der genannten Beispiele wollte ich Ihnen Erfolg auf den unterschiedlichsten Wegen zeigen – Erfolg, immer geprägt von der jeweiligen Persönlichkeit.

Welche dieser Personen würden Sie als charismatisch bezeichnen?

Und warum?

Welche der genannten Eigenschaften und Fähigkeiten möchten Sie gern selbst haben?

1. Welche neuen Erkenntnisse hat mir dieses Kapitel vermittelt?

2. Was möchte ich davon umsetzen?

3. Wie gehe ich praktisch vor?

4. Mein Schritt-für-Schritt-Plan:

5. Mein Zeitplan für die einzelnen Schritte:

6. Erfolgskontrolle:

4. Kapitel: CHARISMA IST TRAINIERBAR

Sie haben sich vielleicht gefragt, warum ich so oft dazu auffordere, Fragen schriftlich zu beantworten bzw. Listen anzulegen. Das hat einen ganz praktischen Grund: Der Mensch glaubt immer das, was er sieht. Durch das Schreiben wird die Lernfähigkeit erwiesenermaßen um 90% gesteigert, das plastische und visuelle Denken wird gefördert. Wenn Sie mit diesem Buch bis hierher gearbeitet haben, dann machen wir jetzt den nächsten Schritt: von der Theorie zur Praxis – mit Suggestionen, Atem- und Sprachübungen. Dabei erfahren Sie an sich selbst, wieviel Kraft ein gesprochenes Wort hat. Das Wort kann Ideen erwecken, kann Visionen sichtbar werden lassen, es kann aus einem kleinen Funken ein leuchtendes Feuer werden lassen. Jeder Mensch trägt in sich einen göttlichen Funken – und zwar seit dem Augenblick der Geburt. Doch die meisten Menschen beachten diesen Funken nicht, nehmen ihn oft nicht einmal wahr. Nur wenige nützen dieses Energiepotential in sich, entzünden den Funken, damit daraus das Feuer der Begeisterung entstehen kann.

Begeisterung erweckt Begeisterung und Zuversicht.

Sie haben sich entschieden für den Erfolg, Sie wollen Ihre Stärken verstärken, Ihre Fähigkeiten entfalten, um zu einer strahlenden Persönlichkeit zu werden – um mit Charisma die Welt zu verändern. Sie wollen den Zufall ausschalten, wollen sich selbst ein-schalten, wollen sich einmischen. Dann heißt es lernen, lernen und nochmals lernen. Es genügt nicht, das folgende Kapitel nur einmal durchzuarbeiten. Leben bedeutet Lernen. Leben ist ein ständiger Lernprozeß, der lebenslänglich dauert. Sich weiterzuentwickeln, herauszufinden, welche Fähigkeiten in einem selbst stecken, mehr und größere Erfolgserlebnisse haben – das macht Spaß und Appetit auf mehr. Lernen, das ich meine, ist nicht stures Pauken. Lernen, von dem ich spreche, ist das Lernen für den Erfolg und dabei sich selbst, seine Einmaligkeit kennenzulernen.

Was gibt es Besseres, Befriedigenderes und Interessanteres? Wir brauchen Menschen, die Spitzenleistungen bringen, wir brauchen wieder eine Elite, wir brauchen charismatische Führungspersönlichkeiten. Haben Sie den Mut, sich hohe Ziele zu setzen!

Ich wünsche Ihnen viel Freude und sichtbare Fortschritte.

CHARISMA-FAKTOR

Die bewußte Entscheidung ist wichtig. Wir müssen anfangen, einmalig zu werden und unserer Individualität gemäß zu leben.

So werden Sie eine charismatische Persönlichkeit

Sich so oft wie möglich in den Alpha-Zustand zu versetzen ist die Voraussetzung für ein gutes Zusammenwirken der beiden Gehirnhälften. In diesem Zustand können wir unsere inneren Kräfte nutzen und Zugang zum Unterbewußtsein und zum Urwissen finden. Sind wir dann in einem solchen Entspannungszustand, können wir uns Suggestionen wirksam einprägen. Nichts blockiert uns dann mehr – Lösungen fallen einem wie von selbst ein. Erinnern Sie sich? Wenn Sie entspannt sind, dann sind die drei Ebenen des Seins durchlässig – Sie sind nicht mehr auf den Verstand begrenzt, sondern können auf das enorme Potential, das tief in Ihnen steckt, zurückgreifen. Entspannung bedeutet einerseits das Freiwerden des Geistes, und andererseits bedeutet es, ganz bei sich selbst sein. Stellen Sie sich einen Menschen vor, der „außer sich ist“ vor Ärger. Er kann niemals gelassen agieren oder reagieren. Im Entspannungszustand hingegen werden Körper, Geist und Seele durchlässig und frei, entfalten sich die intuitiven Fähigkeiten. Das ist der Zustand, in dem Ihr Unterbewußtsein für Sie und Ihre Ziele optimal arbeiten kann. Und Sie wissen, einen besseren Mitarbeiter können Sie nirgends finden!

Sie können lernen, mit gezielen Übungen und durch tägliches Training, sich immer wieder in Alpha zu versetzen. Da verstärken Sie Ihre Stärken. Sie können lernen, richtig zu atmen – mit dem Atem Energie aufzunehmen. Sie können lernen, nicht nur zu reden, sondern Ihre Stimme – als Ausdruck Ihrer Persönlichkeit – für Ihre Ziele richtig einzusetzen. Eine trainierte Stimme ist tiefenwirksam. Mit einer solchen Stimme erreichen Sie Ihren Gesprächspartner in der Tiefe seiner Seele. Und nicht vergessen: Sie können lernen, die Sprache des Körpers zu verstehen und zu nutzen.

Bevor wir uns jedoch an die praktische Arbeit machen, sollten Sie Ihr Ziel festlegen. Nur wer ein Ziel hat, kann auch ankommen. Auf dem Weg werden Sie immer wieder Entscheidungen treffen müssen, vielleicht immer wieder einmal prüfen, was wichtig ist oder was Sie einfach nur interessiert, wo Ihre Prioritäten liegen, was Sie ganz ändern, was Sie ablegen und was Sie vielleicht ganz neu lernen müssen. Doch mit jeder Entscheidung, die Sie bewußt und klar treffen, spüren Sie in sich eine Kraft, die wächst. Diese Kraft entsteht aus der Sicherheit, das Richtige zu tun. Sie wissen, Sie sind ein Mensch, der Entscheidungen treffen kann, und die wichtigste Entscheidung für Sie liegt in dem Satz: **„Ich werde mein Leben selbst gestalten!“**

Zielklarheit

„Wer ein Wozu im Leben hat, kann fast jedes Wie lösen“, sagte Nietzsche. Der Wille zum Sinn, den Sinn in seiner Aufgabe zu finden, das erfüllt den Menschen, gibt innere Zufriedenheit und ist Basis, auf der Charisma entstehen kann. Die meisten Menschen wollen zuviel auf einmal und erreichen deshalb wenig. Der dynamische Jungmanager, der im Eiltempo den Vorstandssessel anstrebt, im Tennisclub in der obersten Liga spielen will, für die Verhandlung mit den chinesischen Geschäftspartnern chinesisch lernt, jeden Morgen 30 Minuten joggt, am Abend das neueste In-Theaterstück anschaut, den Kindern ein guter Vater sein möchte, wird immer im Mittelmaß bleiben, wenn ihn nicht vorher ein Zusammenbruch stoppt oder ein Herzinfarkt hinwegrafft.

Auch der Big Boß, der der Sekretärin diktiert, gleichzeitig im Fernsehen die neuesten Börsendaten beobachtet und währenddessen seinen Assistenten anruft, um ihm Anweisungen für die bevorstehende Sitzung zu geben, wird nicht viel mehr erreichen.

In meinen Seminaren erzähle ich gern die Geschichte vom großen Bären: Es war einmal ein Bär, der viele Jahre in einen Käfig eingesperrt lebte. Jeden Tag marschierte er in dem Käfig auf und ab: zehn Schritte nach vorn, zehn zurück – mehr Platz gab es nicht. Und eines Tages geschah es. Der Bär wurde umgesiedelt, sollte einen besseren Platz mit angemessenem Ambiente erhalten. Er wurde mit einer Spritze betäubt und zu dem neuen Gehege gebracht. Hier warteten die Menschen, die sich für bessere Lebensbedingungen für ihn eingesetzt hatten, und erwarteten die Reaktion des Bären. Langsam kam das Tier zu sich, streckte und reckte sich und blickte sich etwas verwundert im neuen Umfeld um. Es gab da Bambusbäume, sogar ein kleiner Bach plätscherte durch das riesige Areal, das dem Bären nun zur Verfügung stand. Das neue Gebiet war so groß, daß man keine Begrenzung erkennen konnte. Der Bär stand langsam auf und fing an, seine Umgebung zu erkunden. Vorsichtig setzte er ein Bein vor das andere … acht, neun, zehn. Und dann kehrte er um. So ging das Tag für Tag. Am Leben des Bären hatte sich überhaupt nichts geändert – seine Welt war und blieb nur zehn Schritte groß. An die hatte er sich gewöhnt, das war „seine“ Welt. Mehr „Spielraum“ erwartete er nicht mehr.

So ähnlich mag es vielen Menschen mit ihren Wünschen und Zielen ergehen. Sie haben sich selbst eingeschränkt, haben sich selbst Grenzen gesetzt mit der Einstellung „Das kann ich nicht“ oder „Das schaffe ich nicht“. Im Lauf der Zeit haben sie sich dann an ihre eigene Begrenzung gewöhnt. Ihr Blickfeld hat sich verkleinert, und sie können gar nicht mehr über die eigenen Grenzen hinausblicken. Oder um es mit Arthur Schopenhauer auszudrücken: „Jedermann nimmt die Grenzen seines Horizonts für die Grenzen der Welt.“ Dabei bietet das Leben viel mehr – oftmals soviel mehr, daß wir es kaum glauben können. Wünsche kommen aus den tiefsten Schichten der Seele. Wer seine Wünsche ignoriert, vernachlässigt seine Seele.

- Wann haben Sie angefangen, Grenzen zu sehen und zu akzeptieren?
- Welche Grenzen haben Sie sich gesetzt?
- Welchen Spielraum gestehen Sie sich (noch) zu?
- Was haben Sie sich früher einmal zugetraut?
- Was haben Sie davon realisiert?
- Was haben Sie nicht realisiert? Warum nicht?

Erkennen Sie sich wieder? Haben Sie vor lauter Zielen Ihr Lebensziel aus den Augen verloren? Tanzen Sie auf allen Festen, sind Mitglied in allen Vereinen, wollen alles auf einmal? Oder haben Sie sich selbst mit den kleinen Erfolgen zufriedengegeben, haben Ihre wirklichen Grenzen noch gar nicht erkundet? Halten Sie einmal inne und überprüfen Sie Ihr Leben. Wo stehen Sie heute – beruflich und privat? Welches waren Ihre Vorstellungen vor zehn, fünf oder vor zwei Jahren? Was ist mit Ihren Zielen und Wünschen? Wo wollen Sie hin?

Nur der Mensch hat die Kraft, bewußt zu denken, zu planen und zu gestalten. Nur er kann sich selbst und damit sein Schicksal und seine Zukunft gezielt beeinflussen.

Räumen Sie auf in Ihrem Leben! Werfen Sie alles ab, was Sie belastet und daran hindert, Ihr Lebensziel zu verwirklichen! Werden Sie sich darüber klar: Erfolg können Sie nur haben, wenn Sie sich auf ein Ziel konzentrieren. Ein Mensch, der nicht weiß, was er will, läßt sich ge- und auch mißbrauchen. Ein Mensch, der nicht weiß, was er will, wird nicht geachtet. Und das Schlimmste: Wenn Sie nicht wissen, was Sie wollen, sagen Ihnen andere, was sie tun sollen. Sie führen ein Leben, das andere für Sie bestimmt haben, Sie werden manipuliert, leben fremd-bestimmt. Ist das nicht ein grauenvoller Gedanke? Und wenn Sie heute noch nicht wissen, was Sie wollen, dann muß dieser Zustand ja nicht weiter anhalten. Denken Sie nicht: „Ich werde nie wissen, was ich will." Alles ändert sich, alles fließt. Auch Sie können das ändern – jetzt in diesem Augenblick können Sie eine Entscheidung treffen. Und morgen sind Sie ein anderer: ein Mensch, der sein Leben selbst bestimmt, der seine eigenen Wünsche lebt, der sich für den Erfolg entschieden hat! Ein Mensch, der seine charismatischen Fähigkeiten nicht verkümmern läßt, der sich – seine Persönlichkeit – entfaltet. Jeder Mensch kann morgen etwas anderes sein, als er heute ist. Nichts ist unabänderlich, nichts gilt für ewig.

CHARISMA-FAKTOR

Ein klares Ziel und Ausdauer garantieren den Erfolg.

Werte bestimmen das Leben

Jeder Mensch kommt eines Tages an den Punkt in seinem Leben, an dem er sich fragt: „Ist das wirklich alles?“ Besonders betroffen macht diese Frage erfolgreiche Männer und Frauen; denn sie haben – so scheint es äußerlich – alles erreicht, was sie sich vorgestellt haben. Und am Ziel angekommen, fühlen sie eine innere Leere, eine tiefe Unzufriedenheit. Sie haben sich an Äußerlichkeiten orientiert, haben vielleicht ihre Ziele sich von anderen vorgeben lassen, haben sich aufgearbeitet, um etwas zu erreichen. Auf der Strecke geblieben sind dabei die persönlichen Werte, der individuelle Sinn des Lebens. Da bleibt trotz Erfolg immer ein Gefühl der Unzufriedenheit.

Stellen Sie sich deshalb diese Fragen immer wieder – so lange, bis Sie sich ganz im klaren sind:

- Was ist für Sie wertvoll?
- Was ist für Sie wirklich wichtig?
- Was macht Ihr Leben lebenswert?
- Was erfüllt Ihr Leben mit Sinn?

Werte bestimmen unser Leben. Schreiben Sie deshalb einmal die Namen von fünf Persönlichkeiten der Weltgeschichte auf, die für Sie am wertvollsten sind. Notieren Sie auch, weshalb diese Menschen so wertvoll sind. Hängen Sie diesen Zettel über Ihren Schreibtisch oder einen anderen Platz, an dem Sie ihn oft sehen.

Finden Sie den Sinn Ihres Lebens! Werden Sie sich bewußt, welche Werte für Sie wichtig sind! Wenn Sie das nicht wissen, dann sind Sie wie ein Spielball des Schicksals. Ein Mensch, der in den Tag hineinlebt, hier eine Chance wahrnimmt, dort eine Idee verfolgt, führt kein eigenverantwortliches Leben – er läßt sich von Umständen und Gelegenheiten bestimmen. Ein solches Leben ist leer, ohne Inhalt. Erst wenn Ihr Leben einen Sinn hat, wird es wertvoll – für Sie selbst, aber auch für Ihre Mitmenschen. Ein Mensch wird nur etwas durch eine Aufgabe, die er zu seiner macht. Der Mensch ist in der glücklichen Lage, seinen Wert selbst zu bestimmen, nämlich durch den Wert der Ziele, die er sich setzt. Das hat noch einen anderen, ganz wichtigen Aspekt. Auf dem Weg zur Verwirklichung Ihrer Ziele entwickelt, wächst und reift Ihre Persönlichkeit.

Welches ist Ihre Aufgabe, Ihre Lebensaufgabe?

Denken Sie an die Einmaligkeit, an die Konzentration auf eine Sache! Vielseitigkeit ist zum Scheitern verurteilt. Wenn Sie alles wollen, alle Ihre Wünsche realisieren möchten, dann werden Sie überall im unteren oder höchstens im mittleren Bereich bleiben. Ein strahlender Mensch aber hebt sich ab von der Masse, steht an der Spitze. Eine charismatische Persönlichkeit ist eine außergewöhnliche Persönlichkeit, die den Sinn ihres Lebens in ihrem Tun sieht und die auf diesem Gebiet top ist. Nur deshalb kann sie Kraft und Zuversicht ausstrahlen, kann andere Menschen in ihren Bann ziehen. Aus dem Aufgehen in der Lebensaufgabe entsteht die Fähigkeit, andere Menschen zu motivieren und zu überzeugen.

Werte beeinflussen das ganze Leben, jeden einzelnen Bereich. Vielleicht haben Werte Ihr Leben geprägt, ohne daß Sie sich darüber klar waren. Vielleicht sind Ihnen manche Werte in Ihrem Leben gar nicht bewußt, weil Sie diese von Eltern, Lehrern etc. einfach übernommen haben. Überprüfen Sie Ihre Werteskala. Werden Sie sich klar über die Werte, die Ihr Handeln bestimmen, und nehmen Sie eventuell Änderungen vor, wenn Sie feststellen, daß Sie Dingen in Ihrem Leben einen Wert beigemessen haben, der für Sie jetzt nicht mehr gegeben ist.

Ihr Leben wird bestimmt von Ihren Werten, Ihre Werte machen Ihren Charakter aus und sind Antriebsmotor für Ihre Ziele. Letztendlich orientiert sich jede Entscheidung an den persönlichen Werten. Die Aufgaben, die Sie zu den Ihren machen, geben Ihrem Leben einen Sinn, erfüllen Ihr Leben. Daraus entsteht die tiefe, innere Befriedigung, die einen Teil der charismatischen Ausstrahlung ausmacht.

Nehmen Sie sich jetzt viel Zeit für diese wichtige Frage:

Welche Werte spielen in meinem Leben eine Rolle?

Entsprechen Ihre Werte Ihren Vorlieben, Ihren Fähigkeiten, Ihren Wünschen?

Lassen Sie sich nicht verunsichern durch den Satz „Wissen ist alles“. Nicht die Vielseitigkeit zeichnet charismatische Führungspersönlichkeiten aus, sondern die Fähigkeit, auf einem Gebiet Spitze.

- Was können Sie alles?
- Was hat Ihnen das bisher gebracht?
- Was können Sie am besten?
- Auf welchem Gebiet sind Sie Spitze?

Hören Sie auf Ihre innere Stimme. Wenn Ihre Werte mit Ihrem Denken, Handeln und Fühlen ganz übereinstimmen, dann entsprechen sie Ihrem Wesen. Dann leben und handeln Sie aus Ihrer Mitte. Das wiederum erfüllt Sie mit Begeisterung. Daraus entsteht Charisma. Ihre Persönlichkeit strahlt aus auf Ihre Mitmenschen. Sie faszinieren, weil Sie das glauben, was Sie leben. Dieser Funke springt über auf Ihr Umfeld, auf Ihre Mitarbeiter, Kollegen und Kunden. Der Kreis schließt sich.

Die Lebensziele sind so unterschiedlich wie die Menschen. Deshalb muß die erste Frage lauten:

Welche Wünsche haben Sie?

Wünsche sind Vorboten der Fähigkeiten, die Ihnen liegen. Vielleicht hatten Sie als Kind den tiefen Wunsch, Klavierspielen zu lernen. Dann können Sie sicher sein, daß Sie eine Begabung für Musik haben, egal ob Sie diese inzwischen ausgelebt haben oder nicht. Wollten Sie schon immer ganz an der Spitze stehen, haben Sie sich schon als kleiner Junge als Fabrikdirektor gesehen? Oder wollten Sie Klassensprecher werden? Dann ist Ihre Begabung zum Führen sehr ausgeprägt. Finden Sie heraus, was Sie wirklich wollen, holen Sie Ihre Erinnerungen hervor, Ihre Träume und Visionen, lassen Sie Ihre Gedanken einfach treiben. So wie die Wolken am Himmel vorbeiziehen, lassen Sie die Bilder, die Sie einmal tief in Ihrem Herzen hatten, wieder vor Ihrem geistigen Auge erstehen.

Es spielt dabei erst einmal keine Rolle, ob es sich um große oder kleine Wünsche handelt, um solche, die realisierbar sind, oder solche, die utopisch erscheinen. Es geht allein darum, daß Sie sich selbst über Ihre Wünsche klar werden. Tauchen Sie ein in die Welt Ihrer Wünsche. Als Kind, als Jugendlicher, da hatten wir alle unzählige Wünsche. Aber wie ist das heute? Oftmals sind wir so sehr damit beschäftigt, Routinearbeiten durchzuführen, von einem Gehalt zum nächsten zu leben, daß wir unsere Wünsche vergessen. Vielleicht glauben Sie auch, daß es keinen Sinn hat, sich mit Wünschen zu befassen – vor allem wenn sie nicht erfüllbar erscheinen. Doch ist Ihnen bewußt, auf was Sie verzichten, wenn Sie Ihre Wünsche nicht ernst nehmen, vielleicht nicht einmal mehr wahrnehmen?

Vom Wunsch zum Ziel

Nehmen Sie sich für diese Übung eine Stunde Zeit und notieren Sie alle Ihre Wünsche.

Sie dürfen träumen, dürfen sich das Unmögliche wünschen – die Million im Lotto, den Vorstandsvorsitz ebenso wie die nie endende Liebe. Wieviel Wünsche haben Sie notiert?

– 200 und mehr?

Ich gratuliere Ihnen. Sie sind ein Mensch, der noch Träume hat.

– 150–200

Auch das ist ein sehr gutes Ergebnis

– 100–150

Sie liegen damit gut im Mittelfeld

– 50–100

Sie sollten sich mehr um Ihre Wünsche kümmern.

– Unter 50

Nehmen Sie sich noch einmal 30 Minuten Zeit, um nachzuforschen, ob dies wirklich alle Ihre Wünsche sind.

In Wünschen und Träumen äußert sich der innere Reichtum eines Menschen. Das ist der Grund, warum ich das Thema Wünsche so wichtig finde. Und deshalb sollten Sie sich wirklich Zeit nehmen, um sich mit Ihrem Innenleben zu befassen. Wie wollen Sie glücklich werden, wenn Sie nicht einmal wissen, was Sie glücklich macht?

Kinder sind ein sprudelnder Quell für Wünsche. Fragen Sie einen Fünfjährigen, was er sich wünscht. Eine wundervolle Fantasiewelt wird da vor Ihnen ausgebreitet. Je älter ein Mensch wird, desto weniger Wünsche scheint er zu haben. Das liegt weniger in der Natur des Menschen als in seiner Einstellung zum Leben. Es zählen nur Daten und Fakten; Träume, Visionen, Wünsche – dafür bleibt wenig Zeit. Oder besser gesagt: Der moderne Mensch nimmt sich wenig Zeit, sieht kaum einen Sinn in der Beschäftigung mit seinen Wünschen. Wünsche sind nicht sichtbar oder meßbar. Deshalb werden sie achtlos beiseite geschoben. Aber vergessen wir nicht: Für alles, was wir heute besitzen und genießen, stand immer zuerst ein Wunsch, eine Vision, ein Traum.

Aus dem kleinsten Gedankenfunken kann ein leuchtendes Feuer werden.

„Aus Luftschlössern entstehen die Paläste der Erde", so meinte Mulford. Wann bauen Sie Ihr erstes Luftschloß? Der Wunsch ist der Motor für alles, was im Leben geschieht – für Veränderung und Fortschritt, ob in der Wissenschaft, im Sport oder in der Technik. Warum leben wir heute so bequem? Weil es Menschen mit dem Wunsch nach mehr Komfort gab. Warum arbeiten wir? Weil wir den Wunsch nach einer Aufgabe, einem Lebenssinn, einer inneren Befriedigung, einem Haus oder einem Urlaub haben. Zuerst haben wir einen bestimmten Wunsch, dann kommt der Glaube, aus dem sich die Energie entwickelt, diesen Wunsch zu realisieren. Warum gibt es ein Medikament gegen Tuberkulose? – Weil Menschen von dem Wunsch beseelt waren, die Krankheit zu besiegen.

Wünsche sind der Motor: für den Wissenschaftler, der Wunsch zu forschen; für den Manager, ein Unternehmen erfolgreich zu führen; für Eltern, ihre Kinder zu fördern; für Liebende, den Partner glücklich zu machen; für Schauspieler, auf der Bühne zu stehen; für Sportler, einen Rekord zu erzielen; für …

Ich will Sie dazu motivieren, aus Ihren Begabungen Lebenserfolge zu machen und selbstgestalterisch aktiv zu werden.

Ohne Wunsch kein Ziel, keine Vision!

Die meisten Menschen planen ihr eigenes Leben schlechter als einen vierzehntägigen Urlaub. Was geschieht mit einem ungeplanten Leben? Schauen Sie sich doch nur um – überall sehen Sie die Resultate: Arbeitslosigkeit, Scheidungen, Suchtprobleme... Wir aber wissen, daß wir selbst unser Leben gestalten müssen, wenn wir nicht wollen, daß andere es gestalten. Deshalb übernehmen wir ab sofort die Verantwortung für unser Leben, legen zuerst den Zielpunkt und dann den Kurs fest.

Dazu gehört, daß Sie sich intensiv mit jedem einzelnen Ihrer Wünsche befassen. Prüfen Sie, wie wichtig Ihnen jeder Ihrer Wünsche ist. Was bedeutet es für Sie, wenn er nicht in Erfüllung geht? Nehmen Sie sich ruhig Zeit, denn es kommt darauf an, daß sich Ihr wichtigster Wunsch herauskristallisiert. Meine Erfolgsmethode basiert auf dem Gedanken „Konzentration auf eine Sache“. Wenn Sie also für die Verwirklichung Ihres Hauptwunsches nur 20 % Ihrer Energie einsetzen, dann bleiben immerhin noch 80 % für alle anderen Interessen. Sie sehen, Konzentration auf einen Punkt bedeutet noch lange keine radikale Einschränkung Ihrer Interessen. Entscheidend ist nur, daß Sie **einen** Wunsch zu Ihrem Lebensziel machen. Dann können Sie sich auf dieses Ziel konzentrieren, können Ihre Energie dafür einsetzen. Das ist der erste Schritt vom Wunsch zur Wirklichkeit, vom Traum zur Realität.

Wenn Sie sich nicht für einen Wunsch als Hauptwunsch entscheiden können, dann lassen Sie sich einfach Zeit. Stellen Sie sich vor, wie es wäre, würden Sie diesen oder jenen Wunsch realisieren. Lassen Sie Ihre Gedanken frei, spielen Sie in Gedanken alle Möglichkeiten durch. Früher oder später wissen Sie genau, was Ihnen am wichtigsten ist. Ihr Wunsch wird immer konkreter, je mehr Sie sich gedanklich mit ihm befassen. Arbeiten Sie Details aus – je klarer das Ziel, desto genauer können Sie es ansteuern, desto sicherer und auch schneller werden Sie es erreichen. Vergessen Sie nicht: Ihr Ziel muß einen Sinn haben, sonst fällt es irgendwann einmal in sich zusammen, weil Sie den Elan oder sogar das Ziel aus den Augen verlieren. Wenn Ihre Zielvorstellung Ihrem inneren Wesenskern entspringt, gibt diese Ihrem Leben Sinn, dann sind Sie beseelt von Ihrem Ziel. Verlieben Sie sich in Ihr Ziel! Ihr Leben hat einen Sinn, Ihre Aufgabe ist Ihr Lebensinhalt.

Wer nicht weiß, was er sich wünscht oder – schlimmer noch – vielleicht gar keine Wünsche hat, ist arm dran, läßt Lebenenergie einfach davonfließen.

Charismatische Menschen haben ihr Ziel zu ihrer Lebensaufgabe gemacht, sie leben für ihr Ziel. Dies ist von entscheidender Bedeutung für die Entwicklung charismatischer Fähigkeiten. Man kann zwar vieles antrainieren, aber Charisma ohne Lebenssinn – das gibt es nicht. Schauen Sie sich einmal charismatische Persönlichkeiten an: Sie vergeuden ihre Energien nicht, indem sie versuchen, auf verschiedenen Gebieten erfolgreich zu sein; sie haben einen Bereich – und da heben sie sich ab von allen anderen.

Ein Ziel – ein überragender Erfolg. Viele Ziele – Mittelmäßigkeit überall.

CHARISMA-FAKTOR

Gewinnen kann nur, wer sich von der Masse abhebt, wer Spitze ist auf seinem Gebiet.

Sie haben Ihr Ziel gefunden. Schreiben Sie es auf ein Blatt Papier – mit großen Buchstaben und mit viel Freude.

Mit diesem Ziel identifizieren Sie sich – leben Sie für dieses Ziel! Alles in Ihnen ist auf dieses Ziel programmiert. Es entspricht Ihrem Herzenswunsch, und deshalb werden Sie es erreichen. Sie brauchen nur auf Ihr eigenes Potential zurückgreifen – sich wieder erinnern –, und alles steht Ihnen zur Verfügung, was Sie benötigen. Denn: Alles ist in Ihnen. Ihr Denken ist auf Ihr Ziel gerichtet. Sie brauchen nur noch Ihr Unterbewußtsein zu beauftragen, und es tut alles, damit Sie dieses Ziel erreichen. Zielklarheit – der erste Schritt zum Ziel. Deshalb lassen Sie Ihre Wünsche frei, entdecken Sie Ihr seelisches Potential, finden Sie das Wichtigste in Ihrem Leben: Den Sinn, Ihre Aufgabe, Ihr Lebensziel.

Die Auflistung Ihrer Wünsche ist so enorm wichtig, damit Ihnen wirklich bewußt wird, wer Sie sind und was Sie wollen. Heben Sie Ihre Wünsche aus der Tiefe Ihrer Seele ans Licht, betrachten Sie sie genau, und entscheiden Sie, welcher davon der wichtigste Wunsch ist. Sie lernen sich selbst kennen – vielleicht sogar von einer ganz anderen Seite.

Und fragen Sie sich auch: Was wünschen sich

- mein Partner,
- meine Kinder,
- mein Vorgesetzter,
- mein Sekretär, meine Sekretärin,
- meine Mitarbeiter,
- meine Kunden,
- meine Kollegen, Freunde, Geschwister, Eltern etc.?

Auch mit diesen Wünschen sollten Sie sich auseinandersetzen. Sie sollten wissen, wovon die Menschen in Ihrem Umfeld träumen. Dann können Sie eine echte Beziehung aufbauen (Sozialkompetenz!). Wie wollen Sie Ihre Frau glücklich machen, wenn Sie nicht einmal wissen, was sie sich wünscht? Wie soll Ihr Kunde zufrieden sein, wenn Sie seine Wünsche und Vorstellungen nicht kennen?

„Es gibt viele Weg zum gleichen Ziel. Man kann nur einen gehen".

Deshalb hier einige Punkte, wie Sie den richtigen Weg eher finden können.

1. Vereinbarkeit der Wünsche
   Sie haben Ihre Hauptwünsche erkannt. Achten Sie darauf, daß diese Wünsche miteinander vereinbar sind. Sie können schlecht Geschäftsführer bei einem Zigarettenkonzern sein und gleichzeitig eine Position in einer Gesundheitsorganisation anstreben. Sie können sich kaum eine Tätigkeit wünschen, bei der Sie die meiste Zeit auf Reisen sind, wenn Sie gleichzeitig Ihr Familienleben intensiver gestalten wollen. Prüfen Sie, ob Ihre Wünsche zusammenpassen.

2. Rücksicht auf andere Menschen
   Selbstverständlich sollten Ihre Wünsche andere Menschen nicht verletzen oder ihnen schaden. Die Wirkung könnte für Sie fatal sein. Alles kommt früher oder später zurück!

3. Echte Wünsche
   Kontrollieren Sie, ob Ihre Wünsche wirkliche Wünsche sind oder ob Sie nur großes Interesse für eine bestimmte Sache haben. Wenn Sie etwas erreichen wollen, dann ist Interesse allein zu schwach,

um das Ziel zu erreichen. Der Wunsch muß von innen kommen und einen Sinn für Sie darstellen.

4. Beachtung bringt Verstärkung
   Wünsche sollten immer positiv sein. Alles, was Sie beachten, verstärkt sich, was Sie nicht beachten, wird unwichtig. Also deshalb lieber: „Ich bin jeden Tag gut gelaunt“ anstatt: „Ich habe keine schlechte Laune.“

5. Klare Definition Ihrer Ziele
   Wie soll ein Marathonläufer sein Ziel erreichen, wenn es nur heißt, er soll nach Berlin laufen? Er würde unnötige Zeit vergeuden auf der Suche nach dem exakten Zielpunkt. Das gilt auch für Ihre Wünsche. Wenn Sie mit Ihrem Einkommen nicht zufrieden sind, dann wählen Sie nicht die Formulierung „Ich möchte mehr verdienen“, sondern konkretisieren Sie: „Ich möchte (oder „Ich werde“) 160000 DM im Jahr verdienen.“ Nicht: „Ich möchte Karriere machen/beruflich weiterkommen“, sondern: „Ich möchte Abteilungsleiter/Verkaufsleiter werden.“ Ihr Unterbewußtsein arbeitet für Sie, aber es benötigt exakte Angaben.

6. Step by step
   Sie haben Ihr Ziel klar definiert. Bei Zielen, die sehr hoch gesteckt sind, sollten Sie sich einen Etappenplan erarbeiten. Stecken Sie sich kleine, erreichbare Unterziele, machen Sie einen Schritt-für-Schritt-Plan, und setzen Sie sich einen entsprechenden Zeitraum, in dem Sie Ihre Teilziele erreichen wollen.

Charisma-Hindernis: Zweifel, Angst & Co

Ein Gespenst geht durch Deutschland – so könnte man es wohl ausdrücken. Pessimismus – dieser Geist macht sich breit in unserem Land. Er lähmt die Energie, reduziert Lebensfreude und erzeugt als Folge Passivität. Die „Null-Bock“-Generation, die Jugend ohne Elan, ohne Engagement ist nichts weiter als ein Produkt dieser sich immer weiter ausbreitenden Lebenseinstellung. Sie wissen es selbst: Wenn Sie dauernd hören, daß Sie keine Chance haben, weil es zu wenig Stellen gibt, die Anforderungen extrem hoch sind – ja, dann ist es doch besser, sich schon gar nicht zu engagieren, es hat ja gar keinen Sinn. Daß so viele Jugendliche keine Perspektive für die Zukunft sehen, liegt nicht an der Wirtschaftslage, sondern viel mehr an einer negativen Einstellung. Wir haben die Verantwortung für diese Generation; an uns liegt es, den jungen Menschen zu zeigen, daß sie etwas erreichen können, wenn sie es wollen. Solange wir aber diesen negativen Äußerungen nicht widersprechen – vielleicht sogar selbst in den Klagechor einstimmen –, breitet sich Pessimismus immer weiter aus. Ich bin bereit – und praktiziere das auch täglich –, dafür einzustehen, daß es uns heute besser geht als je zuvor. Und deshalb muß dieses destruktive Denken aufhören! Wir sollten offen zu Leistung stehen, den Mut haben, Großes zu vollbringen und JA zu einer Elite zu sagen. Denn die benötigen wir dringend. Wir brauchen wieder Vorbilder – Menschen, die die Probleme anpacken und lösen, die andere mitreißen und ihnen wieder den Glauben und die Hoffnung an die Zukunft geben können.

CHARISMA-FAKTOR

Ja sagen zu Zukunft!

Selbstzweifel sind wie Fesseln, die unsere Bewegungsfreiheit einschränken. Zweifel, ob wir die Aufgaben erledigen können, schwächen so sehr, daß wir letztendlich dann nur deshalb versagen, weil wir uns nicht zutrauen, wozu wir ohne weiteres fähig sind (s. auch 2. Kapitel: Glaube versetzt Berge).

Betrachten Sie einmal Ihr Umfeld genau: Kennen Sie Kollegen, die so ganz beiläufig erwähnen, welche Schwierigkeiten entstehen könnten, wie gefährlich ein Fehler wäre, welche schrecklichen Konsequenzen ein Mißerfolg hätte … Wie Gift setzen sich solche Äußerungen fest. Je weniger jemand von sich selbst und seinen Fähigkeiten überzeugt ist, desto tiefenwirksamer sind diese destruktiven Bemerkungen. Haben Sie auch einmal bedacht, daß Ihr Kollege vielleicht sogar ganz bewußtes Mobbing betreibt? Schützen Sie sich davor, lassen Sie sich nicht negativ beeinflussen! Sie können zwar negative Äußerungen nicht verhindern, aber Sie können verhindern, daß diese Bemerkungen Auswirkungen haben, indem Sie sie nicht beachten. Denken Sie daran:

Beachtung bringt Verstärkung. Nichtbeachtung bringt Befreiung.

Sie entscheiden, was in Ihrem Gehirn gespeichert wird! Sie entscheiden, was Sie beachten oder was Sie nicht beachten!

Wir wollen uns kurz auch mit einem Gefühl beschäftigen, das für viele Menschen ein Problem darstellt, über das sie nicht gerne sprechen: die Angst. Angst hat viele Gesichter – Angst vor Versagen, Angst vor Vorgesetzten, Angst vor dem Fliegen, Angst vor Rotwerden, Angst, nasse Hände zu bekommen, Angst, eine Fehlentscheidung zu treffen oder sich lächerlich zu machen. Starr vor Angst – so sind manche Mitarbeiter, wenn sie zum Chef gerufen werden. Angst ist eine destruktive Energie, die das ganze Leben zerstören kann. Oft beginnt es mit einem Gefühl des Unbehagens, das sich im Lauf der Zeit verstärkt und irgendwann einmal in eine richtige, massive Angst ausartet.

Was ist Angst und wie geht man damit um?

Angst ist erst einmal ein natürlicher Instinkt. Stellen Sie sich vor, der Mensch hätte keine Angst: Dann würde er vom zwanzigsten Stock herunterspringen… Angst ist in gewissem Maße natürlich und angebracht, hat eine Schutzfunktion.

Ich spreche jedoch jetzt von der destruktiven Angst, von dem Gefühl, das die Freiheit beschränkt, Angst, die unbegründet, ja manchmal sogar selbstgemacht ist. Die große Gefahr bei der Angst liegt darin, daß sie sich immer mehr ausbreitet, wenn man sich ihr nicht stellt. Angst läßt den Menschen zum Zwerg werden, macht ihn dumm und klein. Und wenn man nicht dagegen vorgeht, dann bestimmt eines Tages die Angst das Leben.

Es gibt übrigens mehr Manager, die unter Ängsten leiden, als Sie sich vorstellen können. Viele von ihnen können ihre Ängste recht gut verbergen, nicht wenige allerdings brauchen Psychopharmaka. Diesen Weg sollten Sie nicht wählen, wenn Sie zu den Menschen gehören, die unter Ängsten leiden. Stellen Sie sich der Angst, und holen Sie sich Ihre innere Freiheit wieder. Machen Sie eine Analyse:

- Wovor haben Sie Angst?
- Wann trat die Angst zum ersten Mal auf, gab es einen bestimmten Auslöser dafür?
- Würden Sie sich generell als eher ängstlich bezeichnen?
- Wann tritt die Angst auf?
- Wann wird sie stärker oder schwächer?
- Wie äußert sie sich?
- Was unternehmen Sie dagegen?

Wenn keine krankheitsbedingten Ursachen für Ihre Ängste vorliegen und Sie an einer allgemeinen Angst leiden, dann können Sie gut lernen, Ihre Ängste abzubauen. Fliehen Sie nicht in übertriebene Hektik, übertünchen Sie nicht Ihre Angst, und unterdrücken Sie dieses Gefühl nicht. Nehmen Sie die Angst an, und lösen Sie sie auf, indem Sie genau das tun, wovor Sie Angst haben.

Die meisten Ängste werden verursacht durch mangelndes Selbstbewußtsein, negatives Denken, unrealistische Anforderungen an sich selbst. Machen Sie sich bewußt, daß Sie die Ängste abbauen können, so wie Sie diese zugelassen haben. Vielleicht war Ihnen der Mechanismus nicht bewußt, und Sie haben ganz einfach geschehen lassen, daß sich destruktive Gedanken mehr und mehr in Ihrem Unterbewußtsein festsetzen. Denn wenn Sie nicht Einfluß auf sich selbst nehmen, dann tun es andere. Wenn Sie nicht für positive Inhalte in Ihrem Unterbewußtsein sorgen, dann strömt unkontrolliert alles auf Sie ein. Sie essen ja auch nicht alles, was es gibt, sondern wählen gezielt aus. Warum wollen Sie für die Auswahl der geistigen Nahrung weniger Sorgfalt verwenden?

CHARISMA-FAKTOR

Die richtige geistige Nahrung: Positive Gedanken!

So wie Sie konstruktive und positive Gedanken fest in Ihrem Inneren verankern können und damit negative Programmierungen an Bedeutung verlieren, können Sie auch Angst immer mehr reduzieren.

Arbeiten Sie konsequent mit den richtigen Suggestionen oder mit meiner Kassette „Durch Tiefenentspannung zurück zum Urvertrauen".

Auch hier gilt: Beachtung bringt Verstärkung – Nichtbeachtung bringt Befreiung.

Sagen Sie deshalb nicht: „Ich habe keine Angst mehr". Sagen Sie: „Ich bin ruhig und sicher, kann jede Situation meistern."

Schenken Sie Ihrer Angst keine große Aufmerksamkeit oder viel Bedeutung. Akzeptieren Sie sie erst einmal. Wenn Sie eine Weile mit der Suggestion gearbeitet haben, werden Sie merken, daß Sie ruhiger und sicherer werden. Die Angst tritt in den Hintergrund, Sie spüren, daß Sie tatsächlich jede Situation meistern können – also auch Situationen, die Ihnen Angst machen bzw. machten. Und das ist ein unglaublich befreiendes Gefühl.

Streßforscher haben herausgefunden, daß ängstliche Menschen nicht in den Alpha-Zustand gelangen. So wundert es wenig, daß ängstliche Menschen nicht schöpferisch denken können. Doch genau das benötigen wir, um Freude am Leben zu haben, um die Welt lebenswert zu erhalten, um die Herausforderungen des Lebens zu meistern und die in uns schlummernden Fähigkeiten zum Vorschein zu bringen.

Fehlentscheidungen, Mißerfolg: Mit ihnen muß man leben; denn keiner ist unfehlbar. Lernen Sie aus den Fehlern. Anstatt immer wieder den gleichen Fehler zu wiederholen, sollten Sie die Konsequenzen daraus ziehen – nur so kommen Sie weiter. Hinfallen ist keine Schande, aber liegenbleiben ist schädlich. Betrachten Sie Fehler als eine Chance, sich zu verbessern und zu lernen. Dann brauchen Sie davor keine Angst zu haben. Aufbauendes Denken hilft weiter. Und noch ein positiver Aspekt: Irren ist menschlich. Fehler, die Sie auch eingestehen, verringern die Distanz zum Big Boß, machen ihn menschlich. Denken Sie daran: Nur wer nichts tut, kann auch nichts falsch machen. Stehen Sie zu Fehlentscheidungen, tragen Sie Mißerfolge mit Fassung, und schauen Sie nach vorn! Eine falsche Entscheidung in der

Vergangenheit können Sie nicht revidieren, aber Sie können für die Zukunft daraus lernen.

Zählen Sie nicht die Mißerfolge! Was wirklich zählt, sind die Erfolge, ist der Fortschritt.

Positives Denken

„Sehen Sie die Angelegenheit doch einmal positiv!" Dieser Satz ruft bei manchen Menschen ein mitleidiges Lächeln hervor. Aber schlimmer noch: Es gibt sogar Therapeuten und Autoren, die behaupten, daß positives Denken geradezu krank macht. Was verstehen wir unter positivem Denken? Ich verstehe darunter aufbauendes Denken – Gedanken, die konstruktiv sind, die uns weiterbringen. Positives Denken ist Denken in Lösungen und nicht Denken in Problemen. Lassen Sie mich das banale Beispiel vom halbvollen bzw. halbleeren Glas aufführen. Es kommt auf die Einstellung an; denn am Inhalt des Glases ändert sich nichts, egal wie Sie es sehen (wollen). Hier wird die Macht der Gedanken ganz deutlich sichtbar.

CHARISMA-FAKTOR

Sie sind, was Sie denken!

Ist Ihnen das in aller Konsequenz schon einmal bewußt geworden?

Gedanken fallen nicht vom Himmel, sondern werden von jedem Menschen selbst geschaffen. Vor über 2500 Jahren sagte Gautama Buddha: „Herrschaft über das Denken gibt Macht über Leib und Leben." Und Martin Luther sagte: „Wer an die Hölle glaubt, fährt hinab." Die sogenannte „sich selbsterfüllende Prophezeiung" kennt wohl jeder aus eigener Erfahrung: „Ich erhalte den Auftrag nicht; der Chef läßt mich wieder 30 Minuten warten, das Angebot wird heruntergehandelt werden, der Kollege erhält den begehrten Posten ..."

In der Medizin würde man von einem Placebo-Effekt sprechen. Die Wirkung von wirkungslosen Medikamenten wurde wissenschaftlich bewiesen. Dieses Prinzip funktioniert ebenso umgekehrt: „Ich erhalte den Auftrag, der Chef empfängt mich sofort, das Angebot wird ohne Diskussion akzeptiert ..."

Gedanken sind Energien von unglaublicher Tragweite, sie können aufbauen oder zerstören. Es mag Ihnen unglaublich erscheinen, aber Gedanken können sogar töten: Durch einen unglücklichen Umstand wurde vor einigen Jahren in den USA ein Arbeiter am Freitagabend in eine Kühlanlage eingeschlossen. Er war ihm klar, daß vor Montag niemand vorbeikäme und auf ihn aufmerksam werden würde. Dieser Gedanke entmutigte ihn so sehr, daß mit jeder Stunde sein Lebensmut schwand. Er dachte nur noch daran, daß er erfrieren würde. Verzweifelt schrieb er einen Abschiedsbrief an seine Familie. Als man am Montag die Kühlanlage öffnete und den Arbeiter tot dort fand, herrschte große Überraschung: Die Kühlanlage funktionierte gar nicht. Seine Befürchtung hat ihn im wahrsten Sinn des Wortes umgebracht.

Daß das Wissen von der Macht der Gedanken so vielen Menschen zugänglich gemacht wurde, haben wir Prof. I.H. Schulz, dem Begründer des autogenen Trainings, zu verdanken, der als einer der ersten seine Erfahrungen publiziert hat. Er hat erkannt, daß ein Gedanke ähnlich wie einem Psychopharmaka wirken kann. Bewiesen ist heute, daß Menschen mit einer positiven Einstellung gesünder, erfolgreicher, beliebter und lebensfroher sind. Besonders in schwierigen Lebenssituationen zahlt es sich aus, wenn man eine grundsätzlich positive Lebenseinstellung hat, weil dann eher Lösungen gefunden werden können. Pessimisten können mit Krisensituationen nicht so gut umgehen; sie sind in ihrer Denkweise festgefahren und können deshalb nicht flexibel reagieren.

Eine positive Lebenseinstellung kann zwar aus einem Regentag keinen sonnigen Tag machen, aber der Positivdenker kann leichter mit dem trüben Tag klarkommen als der Pessimist. Der Negativdenker sieht nur das Negative. Kein Wunder, daß solche Menschen nicht gerade zum strahlenden Mittelpunkt werden – nach dem Motto „Pessimisten küßt man nicht" (Titel eines Buches von Dr. Martin Seligmann).

Achten Sie einmal darauf: In einer Runde von Pessimisten driftet jedes noch so positive Gesprächsthema ins Negative. Einer will den anderen übertrumpfen – nach dem Motto „Das ist ja noch gar nichts – ich habe etwas viel Schlimmeres erlebt".

CHARISMA-FAKTOR

Das positive Leben beginnt in dem Augenblick, in dem wir uns weigern, über das Negative zu sprechen.

Welcher Typ sind Sie?

1. Sie sind bei Mercedes eingeladen; das neueste Modell wird vorgestellt. Dieser Wagen ist Ihr Traumwagen. Was denken Sie?
   „Das kann ich mir nie in meinem Leben leisten.“ oder „Ich werde eines Tages meinen Traumwagen fahren.“
2. Ihre Sekretärin ist um neun Uhr noch nicht im Büro. Was glauben Sie?
   „Sie hat verschlafen und kommt sicher bald.“ Oder: „ Sie ist krank, und ich muß wieder drei Wochen mit der Aushilfe auskommen.“
3. Sie fühlen sich nicht so besonders wohl, haben leichte Kopfschmerzen und die Nase fängt an zu laufen. Was denken Sie?
   „Ich bekomme eine Grippe; morgen liege ich mit Fieber im Bett.“ Oder: „Das ist nur ein kleiner Schnupfen; morgen bin ich wieder fit.“
4. Sie kommen von einem wichtigen Kundentermin, treffen deshalb zu einer Firmenfeier zu spät ein; der oberste Boß ist auch da. Was denken Sie?
   „Sicher freut er sich, daß ich es noch geschafft habe.“ Oder: „Hoffentlich betrachtet er meine Verspätung nicht als Mißachtung seiner Person.“

Setzen Sie diese Beispiele fort, indem Sie sich an Situationen in Ihrem Leben erinnern. Haben Sie eher eine optimistische oder pessimistische Lebenseinstellung? Betrachten Sie Ihre Liste (s. Kapitel 3). Dort sehen Sie schwarz auf weiß, welche Gedanken bei Ihnen vorherrschend. Viele Menschen halten sich für ausgesprochene Positiv-Denker, ohne zu bemerken, daß ihre Befürchtungen, Zweifel und Unsicherheiten bei weitem ihre positiven Erwartungen übertreffen. Das Aufschreiben Ihrer Gedanken macht Ihnen Ihre Grundstruktur bewußt.

Jetzt kommt der nächste Schritt: Vergrößern Sie die Positivliste ganz bewußt. Lernen Sie, die positiven Aspekte, die Sie vielleicht noch gar nicht bemerkt haben, zu erkennen. Achten Sie auf das Positive, schärfen Sie Ihren Blick dafür. Beispielsweise erkennen Sie, daß Ihr Assistent immer ausgesprochen geschmackvoll gekleidet ist, Ihr Kollege Ihnen immer den Vortritt läßt, der Kaffee heute besser schmeckt als gestern ...

Ziel der Übung ist, Ihr Bewußtsein für das Positive zu vergrößern. Ich behaupte, es gibt in jeder Situation immer mindestens einen positiven Aspekt. Überprüfen Sie es!

Zustimmung aktiviert Kräfte – Ablehnung vernichtet Lebenskraft.

Alles im Leben beruht auf einer Wechselwirkung. Wer sich viel mit positiv eingestellten Menschen umgibt, hat kaum eine Chance, negativ zu denken. Es fehlt der fruchtbare Boden, auf dem destruktive Argumente wirken könnten. Achten Sie einmal in Ihrer Firma darauf, wer mit wem verkehrt, und Sie werden feststellen, daß es die positive Gruppierung und die eher negative Gruppierung gibt. Positive Energie ist ansteckend, leider ebenso die negative. Sie entscheiden, wovon Sie sich infizieren lassen.

Deshalb: Achten Sie auf Ihren Umgang!

Wie sieht es aus mit Ihren Gedanken?

Durchforsten Sie einmal Ihre Gedanken, und überprüfen Sie auch Redewendungen, die Sie häufig benutzen, wie beispielsweise:

- Ich hatte leider keine gute Ausgangsposition ...
- Meine Eltern konnten mir kein Studium ermöglichen ...
- Eigentlich bin ich ganz gut in Französisch, aber ...
- Der Kollege wurde mir vorgezogen ...
- Wenn ich nicht so schüchtern wäre, könnte ich ...

Diese und ähnliche Formulieren sagen nichts anderes aus, als daß jemand nicht die Verantwortung für sich übernimmt. Viele Menschen, die großes in der Welt bewirkt haben, hatten keine gute Ausgangsposition.

Wie viele Eltern konnten ihren Kindern kein Studium ermöglichen? Trotzdem haben viele es geschafft, und die meisten haben es sogar sehr weit gebracht. Entweder haben sie ihr Studium selbst finanziert oder aber einen anderen Weg gefunden, ihr Ziel zu erreichen. Ich erinnere nur an Mahatma Gandhi, Martin Luther King oder aber an unseren Außenminister Joschka Fischer. Der Mensch kann alles, wenn er weiß, was er will.

Das gefährliche Wort „eigentlich"

Wenn Sie nur „eigentlich" gut sind, dann reicht das nicht. Oder würden Sie jemanden mit einer diffizilen Aufgabe betrauen, wenn er nur „eigentlich" – also nicht richtig – von seiner Fähigkeit überzeugt ist?

Wenn immer ein anderer vorgezogen wird, dann sollten Sie sich fragen: „Was strahlt er aus, was strahle ich aus?" Wenn Sie sich hinter Phrasen verstecken, dann ist jetzt die beste Gelegenheit, Stellung zu beziehen – auch sich selbst gegenüber. Prüfen Sie Ihre Wortwahl, und seien Sie dabei wirklich ganz kritisch. Ihre Worte wirken nämlich nicht nur auf Sie und Ihr Unterbewußtsein, sondern auch auf Ihre Mitmenschen. Ihre augenblickliche Lebenssituation ist im Grunde nichts anderes als das Resultat Ihrer Gedanken und Worte.

Aus dem kleinsten Gedankenfunken kann ein leuchtendes Feuer werden.

Auch auf die Gesundheit und das Wohlbefinden haben Gedanken eine starke Auswirkung. Deshalb sollten Sie sich auch in dieser Hinsicht Ihre Wortwahl bewußtmachen. Erkennen Sie den Zusammenhang zwischen Ihrem Gesundheitszustand und Ihrer Ausdrucksweise!

Welche Formulierungen verwenden Sie?

- Das schlägt mir auf den Magen.
- Ich zerbreche mir den Kopf.
- Ich kann das nicht ertragen.
- Ich habe die Nase voll.
- Das geht mir an die Nieren.
- Ich nehme es mir zu Herzen.
- Das verschlägt mir die Sprache.

Analysieren Sie, wie Menschen sprechen, die Sie als charismatisch bezeichnen, welche Worte sie oft verwenden – und welche Worte Sie nie aus dem Mund einer solchen Persönlichkeit gehört haben. Analysieren Sie Reden, von denen Sie begeistert waren, und schreiben Sie sich Formulierungen und Worte auf, die Ihnen auffallen, die in Ihnen eine positive Resonanz hervorrufen und die Sie begeistern! Legen Sie sich eine solche Formulierungsliste an, in die Sie Worte, Begriffe und Sätze eintragen, die Ihnen gefallen, die Ihr Inneres berühren! Übernehmen Sie – soweit Sie sich damit identifizieren können – diese Worte in Ihren aktiven Wortschatz!

Welche Worte versetzen Sie in Begeisterung?

Machen Sie eine Liste, die Sie jeden Tag verlängern! Vielleicht lassen Sie sich von meinen Vorschlägen auf der folgende Seite inspirieren.

Die Welt ist schön

Sie wissen, daß die eigene Einstellung die eigene Realität schafft. Für die Einstellung zum Leben, zu der Lebenssituation, ist jeder selbst verantwortlich. Das hören viele Menschen nicht gern, denn es ist leichter und viel bequemer, Umstände, Schicksal, neidische Kollegen und dergleichen für eigene Untätigkeit, negative Einstellung und Ziellosigkeit verantwortlich zu machen. Wenn Sie nicht mit mir übereinstimmen, daß es uns Deutschen heute besser geht als jemals zuvor, daß uns die Welt offensteht, dann brauchen Sie sich auch nicht zu wundern, daß Sie nicht an dem Platz stehen, an dem Sie vielleicht gerne sein würden. „Durch Deutschland muß ein Ruck gehen" – wie es Bundespräsident Herzog so treffend bei seiner Rede in Berlin, am 26.4.1997 sagte.

Lassen Sie uns aus der pessimistischen Haltung ausbrechen, lassen Sie uns die Kräfte mobilisieren und wieder das Steuer für unser Leben und damit ja auch für unsere Gesellschaft, für unser Land fest in die Hand nehmen. Die Welt ist schön – wir brauchen es nur zu sehen, unseren Blick dafür wieder zu schärfen. Wir brauchen Visionen – Ziele, für die es sich lohnt, sich anzustrengen und sein Bestes zu geben. Es ist Zeit, sich wieder selbst einzuschalten, nichts dem Zufall zu über-

Ihr Herz muß brennen!

Die Kunst sich und andere zu begeistern

- motivieren
- anfeuern
- aufmuntern
- mitreißen
- entzünden
- aufbauen
- aktivieren
- Eifer
- anspornen
- vormachen
- bejubeln
- überschäumen
- Ekstase
- Entzündung

- Enthusiasmus
- applaudieren
- entflammen
- faszinieren
- entfesseln
- Bann ziehen
- überschäumen
- erregen
- heißmachen
- erhitzen
- einstimmen
- freudig stimmen
- mobilisieren
- inspirieren

- erfüllen
- beleben
- beflügeln
- Interesse zeigen
- stimulieren
- neugierig machen
- anmachen
- betören
- bezaubern
- bestricken
- becircen
- behexen
- beeindrucken
- entzücken

lassen. Schaffen Sie sich Ihre Realität. Das beginnt bei Ihren Gedanken, führt über die Zielvorstellung, die Vision, zu einer sichtbaren Veränderung. Wir brauchen erfolgreiche Menschen, wir brauchen Topleistungen, wir brauchen Spitzenleute – wir brauchen charismatische Menschen. Wir brauchen Sie!

CHARISMA-FAKTOR

Der Mensch ist das einzige Wesen, das sich und die Welt verändern kann.

Alpha-Training

Im Zustand der Tiefenentspannung ist das Unterbewußtsein wie Wachs.

Mit dem EEG wird der Rhythmus der Hirnströme gemessen – die Skala reicht bis 35 Hertz.

Im Delta-Zustand erzeugt das Gehirn eine Wellenlänge von 0 bis 4 Hertz – wir sind im tiefen traumlosen Schlaf oder in einem Zustand der Tiefenentspannung. Der Körper nutzt diese Phase zur umfassenden Regeneration.

Im Theta-Zustand erzeugt das Gehirn eine Wellenlänge von 4 bis 7 Hertz – unser Schlaf ist schon nicht mehr ganz so tief; der Mensch befindet sich in einem Zustand tiefer Entspannung oder in der Meditation. In dieser Phase können sich Visionen oder intuitive Einfälle besonders gut entwickeln.

Im Alpha-Zustand erzeugt das Gehirn eine Wellenlänge von 7 bis 14 Hertz – wir sind in einem Entspannungszustand, aber dennoch geistig wach. Ruhe und Harmonie bewirken Kreativität und tiefe Einsichten. Problemlösungen fallen leicht. Das Gehirn arbeitet ohne große Reibungsverluste.

Im Beta-Zustand erzeugt das Gehirn 15–35 Hertz – wir sind in der täglichen Hektik, in leichter bis starker Erregung. Zwar können wir logisch denken, doch gleichzeitig wirken Streß, Hektik oder Ärger auf uns ein. Unsere Aufmerksamkeit ist mehr auf äußere Dinge gerichtet, wir nehmen meist nur Teilaspekte wahr.

Die Stufen unseres Bewußtseins

- *Wann sind wir hellwach?*
- *Wann nehmen wir etwas auf?*
- *Wann verarbeiten wir?*
- *Wann lernen wir am besten?*

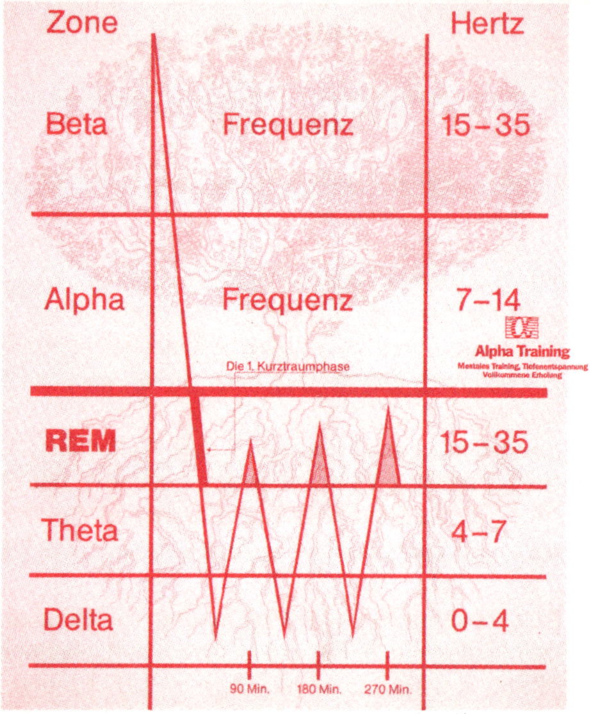

Die meisten Menschen befinden sich überwiegend im Beta-Zustand, also bei einer Frequenz von 15 Hertz aufwärts. Das Resultat ist nicht zu übersehen: Streß, Gereiztheit, Aggression, Fehlentscheidungen, Mißverständnisse, Streit, Kündigung, Scheidung. Aber auch Auseinandersetzungen, Zeitdruck und unangenehme Gespräche bringen uns schnell in eine Beta-Phase. Erschreckend ist ein wissenschaftliches Untersuchungsergebnis: Bei 90 % der Menschen wurden Werte um 20 Hertz selbst bei stillem Nachdenken gemessen. Das ist der Wert, der zwar für körperliche Arbeit bestens geeignet ist, keinesfalls jedoch für geistige kreative Tätigkeit. Im Beta-Zustand ist die rechte Hirnhälfte aus dem Denkprozeß ziemlich ausgeschlossen.

Aber Beta hat noch einen ganz wichtigen Aspekt: Ein Mensch ist in einer Erregungsphase, ist auf Kampf eingestellt. Anstatt sich zu öffnen für Vorschläge und Gedanken anderer, ist alles in ihm auf Opposition programmiert und zugleich auf Abwehr – er ist „zu". Einem Menschen in Beta etwas verkaufen zu wollen, ist Schwerstarbeit und meist sogar ganz unmöglich. Sie prallen mit dem besten Produkt, mit optimalen Verkaufsargumenten ganz einfach ab. Schauen Sie doch mal die Diskussionen in der Politik oder in der Firma genau an, und dann betrachten Sie kritisch Ihr persönliches Umfeld. Manchmal kann man die Nervosität, den Streß bei Sitzungen geradezu körperlich spüren. Es sind Besprechungen, die unbefriedigend verlaufen. Am Ende hat man keinen Fortschritt erzielt, ist keine Problemlösung gefunden, vielmehr hat sich oft sogar ein neues Problem entwickelt. Jeder gegen jeden, Mißstimmung, verärgerte Mitarbeiter – das ist das Resultat von Beta. Wieviel leichter könnten wir uns das Leben machen, wenn wir für mehr Ruhe und Entspannung sorgen würden. Wieviel effektiver würde die Arbeit erledigt, wieviel mehr Energie bliebe für kreative Gedanken, für unsere Weiterentwicklung. Doch wir sind so sehr gewohnt, in ständiger Hektik, unter Zeitdruck und mit zuviel unerledigten Angelegenheiten den Tag zu verbringen, daß uns dieses Verhalten als normal und unabänderlich erscheint. So machen wir weiter – Tag für Tag. Lieber brechen wir unter der Arbeit zusammen, holen uns einen Herzinfarkt, als einmal innezuhalten und sich zu besinnen, daß hier etwas völlig falsch, völlig außer Kontrolle geraten ist. Hier sind wir wieder selbst gefordert; denn:

Nichts ändert sich, außer wir ändern uns.

Widerstand erzeugt Widerstand, Verständnis erzeugt Verständnis. Nach diesem simplen Gesetz funktioniert alles. Mehr Alpha bedeutet besseres Verständnis, bessere Lösungen, bessere Zusammenarbeit – schneller zum Erfolg.

CHARISMA-FAKTOR

Alpha läßt die Persönlichkeit strahlen!

Ein Mensch in Alpha ruht in sich selbst, ist in Verbindung mit seinen Wurzeln, hat einen besseren Zugang zum kollektiven Unbewußten.

Optimale Lösungen, also ganzheitliche Lösungen, können nur durch die Beteiligung beider Hirnhälften – bei harmonischem Zusammenwirken – gefunden werden. Befindet sich der Mensch in Alpha – und hier gilt: je tiefer desto besser –, ist die rechte Hirnhälfte aktiviert. Hier sind Intuition, Kreativität und Phantasie angesiedelt. Diese Fähigkeiten können sich nur in Alpha entfalten und zusammen mit den logischen und intellektuellen Fähigkeiten der linken Hälfte optimal arbeiten. Es wird nicht nur ein einziger Aspekt berücksichtigt, sondern die Situation wird als Ganzes erfaßt. Durch dieses harmonische Zusammenwirken von Intuition, Vorstellungsvermögen und Kreativität mit der Fähigkeit, zu analysieren und zu formulieren, werden selbstgesetzte Grenzen überschritten – der Ganzheitsmanager kann Ganzheitslösungen erarbeiten. Auf diese Weise können wir viel erreichen; denn wir haben eine völlig andere Perspektive. Wir sind nicht mehr damit beschäftigt, die kleinen unwesentlichen Probleme zu lösen, müssen nicht von einer Krisensitzung zur anderen eilen, sondern wir setzen direkt am Kern an. Dies ist nur möglich aus der Entspannung heraus. Sie wissen, daß alles in uns vorhanden ist. Sie brauchen sich nur daran zu erinnern. Unser Unterbewußtsein ist unser zuverlässiger Mitarbeiter, der jeden Befehl ausführt, den wir ihm geben.

Im Alpha-Zustand werden die äußeren Einflüsse unwichtig, sie können uns nicht mehr stören. Dennoch sind wir geistig voll da, sind wach, aber werden durch nichts gestört. Wir sind durchlässig und können viel mehr aus unserem Unterbewußtsein schöpfen.

Noch ein ganz wichtiger Aspekt ist zu berücksichtigen. In unserem Unterbewußtsein wird alles gespeichert, was wir wahrnehmen, was wir denken, fühlen, hören und sehen. Wieviel Negatives ist dabei! Alles, alles prägt sich hier ein. Doch wir können uns selbst beeinflussen, können entscheiden, welche Muster in uns vorherrschen sollen. Die Tiefenentspannung ist der Zustand, in dem wir unsere Programme am leichtesten überspielen können. Alte Muster können wir nicht ändern. Aber wir haben reichlich Kapazität, um – nun bewußt – die Programmierungen zu schaffen, die uns erstrebenswert erscheinen. Nutzen Sie die diesem Buch beiliegende CD, um sich auf Erfolg zu programmieren, um Ihre Fähigkeiten zu entfalten, denn Erfolg und Charisma entstehen im Unterbewußtsein. Die Vergangenheit können wir nicht ungeschehen machen. Deshalb sollten wir uns nicht mit Grübeln über Fehler und Mißerfolge aufhalten. Wir haben Wichtigeres zu tun. Die Zukunft liegt jetzt vor uns, und hier können wir mitwirken, können unsere Wünschen realisieren. Wir können unser Unterbewußtsein mit positiven Inhalten füllen, Stärken verstärken und Fähigkeiten entfalten, und so den Grundstein für den Erfolg legen.

Solange wir es dem Zufall – oder anderen Menschen – überlassen, was sich in unserem Unterbewußtsein einprägt, brauchen wir uns nicht zu wundern, wenn unser Leben nicht übermäßig erfolgreich verläuft, wenn wir uns im großen Feld der Masse befinden. Sie wissen, daß der Mensch zu 85 % von äußeren Einflüssen geprägt wird, die sein Handeln bestimmen.

Wollen Sie weiter Ihr Leben dem Zufall überlassen – oder nehmen Sie Ihr Schicksal selbst in die Hand?

Das Zauberwort heißt Alpha. In diesem Zustand können wir entscheiden, was wir beachten und verstärken wollen und was wir nicht beachten möchten. Natürlich können wir nicht jede negative Beeinflussung, der wir im Laufe des Tages reichlich ausgesetzt sind, sofort unterbinden. Das muß auch nicht sein. Wenn Sie kontinuierlich an sich arbeiten, also im Alpha-Zustand positive Impulse setzen – beispielsweise mit Suggestionen – dann werden Sie bemerken, daß sich dadurch Ihr Leben völlig verändert. Das mentale Training ist heute nicht mehr wegzudenken bei Spitzensportlern. Aber auch Politiker und immer mehr Geschäftsleute arbeiten mit dieser Technik. Damit können Sie Ihre charismatischen Fähigkeiten ebenso trainieren wie alle anderen Fähigkeiten, z.B. sich an Namen zu erinnern.

Alpha – immer häufiger

Unser Geist ist wach, unser Körper in einem tiefen Entspannungszustand: Erweitertes Bewußtsein heißt das in manchen Religionen. Die Gehirnwellen werden ausgeglichener und gleichmäßiger, die Frequenzen beständiger. Rechte und linke Gehirnhälfte können synchron zusammenarbeiten. Der Mensch ist in Harmonie mit sich selbst, findet zu tiefer Ruhe. Wir können zurückgreifen auf das Urwissen – Ideen, die wir sonst nie kreieren könnten, fallen uns ein, wir erhalten klare Antworten, können Visionen entwickeln, das Bild unserer Zukunft entsteht vor unseren Augen. Wir sind durchlässiger, haben Zugang zum Unterbewußtsein und können in diesem Zustand auch neue Programmierungen besser installieren; denn der Verstand – unser Kontrollorgan – kann sich jetzt nicht einschalten.

Weitere Folgen des Alpha-Zustandes: Unruhe verschwindet, Unwichtiges wird losgelassen, und der Mensch findet zu seine Wurzeln. Das Unterbewußtsein kann alle Informationen aktivieren, aus dem kollektiven Unbewußten werden Erfahrungen und Erkenntnisse bewußt. Kritische Situationen können aus einer anderen Perspektive gesehen werden. Aus dem tiefen Gefühl und dem unendlichen Wissen heraus entstehen optimale Lösungen fast von selbst. Je häufiger Sie in den Alpha-Zustand gelangen, desto besser können Sie Ihr Leben meistern und Ihre Aufgaben erledigen. Sie empfinden immer mehr Vertrauen zu sich, spüren Ihre positive Energie. Sie fühlen immer deutlicher, daß Sie sich auf diese Kraft verlassen können. Die Entscheidungen fallen Ihnen leicht, Sie können sich gut konzentrieren und Ihre Gedanken auf das Wesentliche lenken. In dieser Ruhe wachsen schöpferische Gedanken. Mehr und mehr wird Ihr Glaube an sich und Ihre Vision zu einer beruhigenden Gewißheit. Sie strahlen Kompetenz und Zuversicht aus, Ihre Mitarbeiter spüren, daß Sie „wissen". Sie sind sich Ihrer Fähigkeiten bewußt – Ihr Charisma verstärkt sich. Im Alpha-Zustand ist es am leichtesten, sich von falschen Verhaltensmustern zu lösen bzw. neue positive in sich aufzunehmen. Das Unterbewußtsein können Sie am besten im Alpha-Zustand besprechen.

Wie entspannt sind Sie

- bei der normalen Routinearbeit?
- wenn Sie unter Termindruck stehen?
- wenn Ihr Vorgesetzter Sie plötzlich zu ungewöhnlichen Zeiten sehen will?
- wenn der Kunde Unterlagen verlangt, die Sie so schnell nicht beschaffen können?
- wenn Sie bei einem wichtigen Geschäftsessen sind?
- wenn Sie nachdenken?
- wenn Sie im Urlaub sind?
- wenn Sie Ihrer Lieblingsbeschäftigung nachgehen?
- wenn Sie Musik hören?

Gehören Sie zu den 10% der Menschen, die aus dem Alpha-Zustand heraus handeln, oder zu den 90% die sich meist in Beta befinden?

CHARISMA-FAKTOR

Je ruhiger Ihr Körper wird, um so ruhiger wird Ihr Geist.

Wie komme ich in Alpha?

Es ist leichter, als Sie denken. Hören Sie Ihre Lieblingsmusik, lassen Sie Ihre Gedanken einfach ziehen – und Ihr Geist, Ihre Seele und Ihr Körper gelangen ganz automatisch in eine Tiefenentspannung –, oder machen Sie Entspannungsübungen (s. beigefügte CD). Gezielt können Sie diesen passiven Wachzustand auf unterschiedliche Weise erreichen, beispielsweise durch:

- Atemübungen
- Meditation
- autogenes Training
- Yoga, Zen, progressive Muskelentspannung etc.
- besprochene Kassetten

Finden Sie für sich die Methode heraus, die Ihnen am besten zusagt. Aber nicht die Methode ist das Entscheidende. Wichtiger noch ist, daß

Sie so oft wie möglich in den Alpha-Zustand gelangen, denn das hält Sie leistungsfähig. Sie können aus Ihrem eigenen Potential schöpfen, weil Sie durchlässig sind bis in die tiefsten Schichten des kollektiven Unbewußten. Sie können schnell und richtig agieren und reagieren.

Für jede Art der Entspannungstechnik gilt: Übung macht den Meister. So sollten Sie es sich zur Regel machen, mindestens einmal am Tag eine bewußte Entspannung durchzuführen. Wenn Sie trainiert sind, dann genügt es, innerlich einige Minuten abzuschalten und Kraft zu tanken, Ruhe zu finden, sich zu sammeln – wieder zu sich selbst, zur eigenen Mitte, zu kommen.

Am leichtesten gelangen Sie in die Entspannung mit den richtigen Kassetten. Der Vorteil liegt darin, daß Sie sich nicht nur entspannen, sondern sich gleichzeitig neue, bessere Gewohnheiten auf gedanklicher Ebene wie auch auf Verhaltensebene einprägen.

Entspannung durch Atemübung

Das ist eine einfache und schnelle Art, zur Tiefenentspannung zu gelangen. Atem ist Lebensenergie. Sie merken es, wenn Sie sich aufregen, dann beginnen Sie, schnell zu atmen. Manche Menschen werden in Streßsituationen regelrecht kurzatmig, so daß man sogar bei einem Telefonat allein an der Atmung deutlich bemerken kann, daß der Gesprächsteilnehmer außer Atem – außer sich – ist. Atem und Zustand der Psyche sind untrennbar – und sogar hörbar – verbunden. Diese Erkenntnisse nutzen schon seit Jahrhunderten die indischen Jogis, die durch ganz bestimmte Atemübungen gezielt andere Bewußtseinszustände herstellen können. Im Durchschnitt nimmt ein Mensch bei flacher Bauchatmung, wie sie bei den meisten von uns praktiziert wird, etwa einen halben Liter Luft pro Atemzug auf. Die doppelte Menge Luft können Sie bei richtiger Bauchatmung aufnehmen, aber wenn Sie die Ganzkörperatmung praktizieren, dann werden es sogar drei bis vier Liter. Doch bei uns heißt es schon im Kindesalter: Brust raus – Bauch rein. Kein Wunder, daß wir nicht kraftvoll und locker sein können, behindern wir uns doch regelrecht selbst durch die flache Atmung.

Schlechtes Atmen – schlechte Nerven, schlechte Konzentration, geringe Leistungsfähigkeit und reduzierte Aufnahmefähigkeit des Gehirns.

Bessere Atmung – verbessertes Lebensgefühl – verstärktes Charisma!

Achten Sie auf Ihren Atem, lernen Sie, bewußt zu atmen. Verändern Sie Ihren Atemrhythmus. Weniger ist mehr – das sollten Sie für die Atemzüge beherzigen. Streben Sie sechs oder sieben Atemzüge pro Minute an – und Sie nähern sich dem Idealzustand von Alpha!

Übung

Hier eine Übung, damit Sie mehr Gefühl für Ihren Atem bekommen; nehmen Sie sich 30 Minuten Zeit dafür.

Setzen oder legen Sie sich bequem hin, öffnen Sie alle Kleidungsstücke, die Sie beengen, wie Gürtel, Krawatten etc. Sorgen Sie auch dafür, daß niemand Sie jetzt stört.

Nun atmen Sie ruhig. Achten Sie auf Ihren Atem, wie er kommt und wie er geht.

Legen Sie Ihre Hände auf die Bauchdecke. Spüren Sie, wie die Bauchdecke sich wölbt, wenn Sie einatmen? Oder spüren Sie nichts? Dann atmen Sie zu flach. Vermutlich bewegen sich dann eher Ihre Schultern als Ihre Bauchdecke.

Wenn das so ist, dann konzentrieren Sie sich auf Ihren Atem.

Atmen Sie ein, und spüren Sie, wie Ihr Atem durch die Lunge in den Bauchraum gelangt. Spüren Sie bewußt die Energie, die Sie mit jedem Atemzug aufnehmen.
Nun atmen Sie langsam wieder aus. Ihre Bauchdecke senkt sich. Mit jedem Ausatmen lassen Sie Anspannung, Ärger, Frust und negative Gedanken los. Sehen Sie bildlich vor sich, wie Sie mit jedem Atemzug alles ausstoßen, was Sie belastet.
Sie atmen ruhig und gleichmäßig.
Nehmen Sie Energie auf mit jedem Einatmen,
lassen Sie Spannung und Ärger bei jedem Ausatmen los.
Bewußtes Atmen versetzt Sie in kürzester Zeit in den Alpha-Zustand. Sie bemerken es schnell, denn Sie spüren eine wohltuende Ruhe in sich.

Bewußtes Atmen ist ein hervorragendes Mittel, Körper und Geist mit Energie aufzuladen.

Bleiben Sie in dieser Entspannung, so lange Sie möchten.

Genießen Sie die Freiheit, schweben Sie über den alltäglichen Dingen, und genießen Sie das Wissen, daß Sie jederzeit in diesen entspannten Zustand gelangen können, wenn Sie es wollen.

Sie brauchen sich nicht immer für diese Entspannungsatmung zurückzuziehen. Wenn Sie etwas geübt sind, können Sie ohne weiteres sich schnell einmal zwischen zwei Sitzungen entspannen und neue Energie tanken. Sehr bewährt hat sich diese Methode auch bei Unruhe und bei Angstzuständen. Bewußtes Atmen kann überall durchgeführt werden, sogar so, daß Anwesende dies gar nicht bemerken. Trainieren Sie die Entspannungsatmung jeden Tag.

Sie haben eine unangenehme Situation vor sich: Ihr größter Kunde hat berechtigten Grund zur Beschwerde, Ihr Chef will die von Ihnen aufgebaute und geförderte Filiale schließen, Ihr Assistent will kündigen, weil er ein besseres Angebot von der Konkurrenz erhalten hat. Hier hilft nur eines: bewußtes Atmen, zur Ruhe kommen. Dann werden Sie – aus dem Alpha-Zustand heraus – leicht mit schwierigen Situationen fertig. (s. auch Übung „Ruhepunkte schaffen“, S. 205)

Mit jedem Atemzug fallen Ängste, Nervosität, Hektik von Ihnen ab. Sie kommen zur Ruhe, können in Ruhe denken. Die Lösung kommt aus Ihnen selbst, denn alles ist in Ihnen.

Meditation

Ein anderer Weg, in Alpha zu gelangen, ist die Meditation. Dazu benötigen Sie etwas Zeit und Ruhe. Wenn Sie können, sollten Sie es sich zur Regel machen, sich einmal am Tag eine bestimmte Zeit für sich, für Ihre Entspannung zu nehmen.

Ziehen Sie sich zurück an einen Platz, an dem Sie ungestört sind. Machen Sie es sich bequem, und lassen Sie Ihre Gedanken frei. Versuchen Sie nicht, nicht mehr zu denken – damit blockieren Sie sich nur selbst. Lassen Sie die Gedanken kommen und gehen, halten Sie sie nicht fest. Akzeptieren Sie die Gedanken als einen Teil Ihres Wesens. Lassen Sie sich nicht von Ihren Gedanken stören. Lassen Sie die

Gedanken einfach kommen und gehen. Entspannen Sie sich, fühlen Sie sich wohl, atmen Sie ruhig und gleichmäßig.

Vielleicht haben Sie zur Unterstützung entspannende Musik aufgelegt, vielleicht eine Kerze angezündet, die ein angenehmes Licht im Raum verbreitet. Sie brauchen nichts zu tun. Fühlen Sie sich einfach nur wohl, fühlen Sie sich frei, fühlen Sie sich einfach gut. Genießen Sie dieses Gefühl!

Nun stellen Sie sich vor, daß Sie über eine wunderschöne Sommerwiese voller bunter Blumen gehen. Über Ihnen wölbt sich der Himmel in einem zarten Blau, einige dicke weiße Wolken ziehen langsam vorbei. Sie sind ganz frei, atmen die Luft ein. Sie riechen den angenehmen Duft der Blumen, spüren die Wärme der Sonnenstrahlen auf Ihrer Haut. Sie bleiben stehen, genießen den Anblick der bunten Wiese, hören die Vögel im nahen Wald singen. Sie sehen sich um, wo Sie sich hinsetzen können; denn Sie möchten diesen Augenblick in sich aufnehmen, möchten ihn richtig genießen. Sie fühlen sich frei und leicht, Sie sind glücklich. Diese Ruhe, diese Farben, die Harmonie der Natur– Sie möchten alles in sich aufnehmen. Sie sehen einen Baum. Er ist groß, hat einen dicken Stamm und ein dichtes Blätterdach. Es muß ein ganz alter Baum sein. Er steht in der Mitte der Wiese – groß, stark und sicher. Sie spüren, daß nichts diesen Baum erschüttern kann – kein Sturm kann ihn knicken, kein Gewitter wird ihn niederwerfen. Dieser Baum strahlt Vitalität und Stärke aus. Sie gehen auf den Baum zu, denn er zieht Sie magisch an. Seine Rinde ist hart, und seine Wurzeln sind fest im Boden verankert. Sie spüren, daß dieser Baum kraftvoll ist. Selbst wenn ein Orkan über diese Gegend hinwegziehen würde, er könnte nur die Äste bewegen. Die Äste sind elastisch, wiegen sich im leichten Wind. Diese Äste werden auch im Sturm nicht brechen; denn sie geben ganz einfach nach, leisten keinen Widerstand. Sie lehnen sich an diesen Baum und spüren, wie die Kraft des Baumes in Ihren Körper fließt. Sie erkennen, daß Sie sind wie dieser Baum. Fest im Boden verwurzelt sind Ihre Füße. Sie spüren die Kraft, die durch Ihren Körper strömt. In Ihnen entwickelt sich ein starkes Gefühl der Freiheit: Sie sind wie dieser Baum. Es gibt nichts, was Sie umwerfen kann. Ihr Körper ist beweglich, aber fest im Boden verankert.

Sie sind elastisch, können nachgeben. Ihr Körper ist voller Spannkraft, und selbst wenn Sie einmal ein wenig gebeugt werden sollten – Sie wissen, daß Sie sich aus eigener Kraft aufrichten können und so stark, stolz und sicher im Leben stehen wie der Baum. Sie sind tief verwurzelt, sind verbunden mit den Kräften des Universums, Ihnen steht alles Wissen zur Verfügung. Sie ruhen in sich selbst, Sie sind sicher und stark – alles ist in Ihnen.

Mit dieser Gewißheit lösen Sie sich langsam wieder von dem Baum. Sie spüren die Kraft in sich, die große Ruhe, und Sie wissen, daß Sie den Tag erfolgreich gestalten, daß Sie optimale Lösungen für anstehende Probleme finden. Sie wissen auch, daß Ihre positive Ausstrahlung immer stärker wird, daß andere Menschen davon angezogen werden. Ihre Ausstrahlung bewirkt, daß man Ihren Rat möchte, daß man sich für Sie und Ihre Ziele einsetzen will. Ihre Ausstrahlung ist so überzeugend, daß Sie immer mehr Anhänger finden. Sie nehmen diese Aufgabe gern an, denn Sie haben Ziele, für die es sich lohnt, sich voll und ganz einzusetzen – zum Wohl Ihrer Mitarbeiter, zum Wohl der Firma und zu Ihrem eigenen Wohl.

Sie gehen wieder über die Sommerwiese zurück, werfen noch einmal einen Blick auf den Baum. In Ihnen ist die Gewißheit, daß Sie jederzeit an diesen Platz zurückkehren können, wenn Sie Kraft und Ruhe tanken möchten, wenn Sie sich entspannen wollen. Oder wenn Sie nur Ihren Baum sehen wollen.

Langsam atmen Sie, genießen die Kraft und Ruhe, die Sie jetzt durchströmt. Sie können jedes Problem lösen, es gibt nichts, was Sie aus der Bahn werfen kann. Sie spüren, wie sich Ihre Persönlichkeit entfaltet, wie Sie zu einem strahlenden Mittelpunkt werden, auf den sich alle Aufmerksamkeit richtet. Sie haben Ihre Aufgabe – den Sinn Ihres Lebens – gefunden, und Sie spüren die Kraft in sich, Ihre Aufgabe zu erfüllen.

Autogenes Training oder AT

Sie wissen selbst, in der Praxis lernt es sich leichter als in der Theorie. Ein Seminar hilft Ihnen mehr und schneller als das Studium von fünf Büchern. Wie ich oft höre, haben viele Menschen Schwierigkeiten mit dem AT. Wie bereits erwähnt, hat Professor Schulz das Autogene Training entwickelt. Bei ihm habe ich es auch gelernt. Später habe ich eine eigene Methode (s. meine CD „Praxis der Autosuggestion“) entwickelt auf Basis des AT, die Ihnen vielleicht leichter fällt.

Sie machen es sich wieder bequem, befreien sich von allem, was Sie einengt. Legen Sie sich hin, und atmen Sie tief und ruhig in den Bauch hinein. Und dann lassen Sie sich von meiner Stimme in Alpha begleiten:

Sie stehen auf einer schönen Treppe

(behalten Sie das Bild dieser Treppe immer bei, wenn Sie die Übung machen).

Schritt für Schritt gehen Sie die Treppe nach unten. Machen Sie jeden Schritt ganz bewußt, und zählen Sie rückwärts von zehn bis null. Wenn Sie unten – also bei null – angekommen sind, sind Sie auch in Alpha angelangt.

Spüren Sie die angenehme Ruhe, die sich in Ihnen ausbreitet?

Gehen Sie nun langsam weiter nach unten. Tiefer und tiefer kommen Sie in die Entspannung – mit jedem Ausatmen wird die Entspannung noch tiefer. In dieser Tiefenentspannung kann der Körper kein Adrenalin erzeugen, und folglich können keine Angst- oder Hektikgefühle entstehen. Sie können Kraft tanken und in die Tiefen Ihres kollektiven Unbewußten steigen. Und jetzt sind Sie in dem idealen Zustand, um Ihre Suggestionen sprechen zu lassen oder – noch besser – mit Ihrer Suggestionskassette zu arbeiten.

Nach etwa 20 Minuten sind Sie topfit, aufgeladen mit positiver Energie. Dann können Sie wieder zurückkehren in das Tagesbewußtsein.

Sie gehen Ihre Treppe jetzt nach oben und zählen dabei langsam von null bis zehn. Bei zehn sind Sie oben angelangt, Sie strecken und dehnen sich und sind wieder ganz im Hier und Jetzt.

Wenn Sie zwischendurch zur Ruhe kommen wollen, wenden Sie die Kurzform an:

Abschalten, tief atmen, von zehn bis null zählen und dabei die Treppe nach unten gehen. Dort verweilen Sie, so lange Ihre Zeit es erlaubt, und dann gehen Sie wieder zurück über die Treppe, zählen dabei von null bis zehn.

Wenn Sie ein wenig trainiert sind, dann können Sie sich so konditionieren, daß Sie noch schneller in Alpha kommen – jederzeit und überall praktizierbar:

Zählen Sie rückwärts von zehn bis null.

So schnell und so leicht ist es möglich, sich zu entspannen, zur Ruhe zu kommen, Kraft fließen zu lassen, um dann topfit zu sein.

Dieses kurze, bewußte Eintauchen in Alpha ist wie eine erfrischende Dusche an einem heißen Tag im Sommer. Nehmen Sie sich jeden Tag eine bestimmte Zeit für das Eintauchen in den Alpha-Zustand. Selbst wenn Ihr Terminkalender voll ist – es genügen jeden Morgen 20 Minuten. Sie sollten die Entspannung in Ihren Tagesablauf integrieren wie Zähneputzen. Es ist alles eine Frage der Gewohnheit und benötigt seine Zeit. Wenn Sie wirklich wollen, dann können Sie alles lernen. Sie haben ein großes Ziel vor sich – bringen Sie auch die nötige Geduld auf. Die Zeit, die Sie in sich selbst investieren, ist die beste Investition, die Sie überhaupt machen können. Davon profitieren nicht nur Sie, sondern Ihr privates und berufliches Umfeld.

Unser Weg zur charismatischen Persönlichkeit führt uns vom Alpha-Training zum Loslassen.

Loslassen

Wenn Sie so werden wollen, wie Sie in Wirklichkeit sind, dann sollten Sie „klar Schiff" machen, sollten einmal alles aus Ihrem Leben entfernen, was sich angesammelt hat und was Sie heute nicht mehr benötigen. Das sind beispielsweise negative Gedankenmuster, eine pessimistische Einstellung, destruktive Gefühle wie Neid, Aggression, Eifersucht, Mißgunst – aber ebenso auch negative Formulierungen in Ihrem Wortschatz.

Schreiben Sie auf ein Blatt Papier alle Punkte, die Sie loslassen wollen:

– Ich möchte nicht mehr ... (negative Gedanken) in meinem Leben haben.
– Ich möchte nicht mehr ...

In Gedanken verabschieden Sie sich nun von jedem einzelnen aufgeführten Punkt. Lassen Sie ihn los! Sprechen Sie dabei laut folgenden Text:

Ich verabschiede mich von meinen Neidgefühlen (Beispiel). Ich brauche sie nicht mehr. Ich bestimme von jetzt ab selbst, welchen Energien ich Raum gebe ich meinem Leben. Ich finde alles in mir selbst. Ich verfüge über ein riesiges Potential an Kraft, finde Zugang zu dem tiefen Urwissen in mir. Ich werde der, der ich in Wirklichkeit bin – ein freier, erfolgreicher Mensch, der alle Aufgaben meistern und alle Ziele erreichen kann.

Wenn Sie diese „Grundreinigung" vollzogen haben, alles, was Sie in irgendeiner Weise belastet, losgelassen haben, dann sollten Sie jeden Tag folgende Übung machen:

Atmen Sie tief und ruhig – bis Sie in den Alpha-Zustand kommen. Dabei richten Sie Ihren Blick auf einen bestimmten Punkt, das fördert die Konzentration. Sprechen Sie dann mit ruhiger Stimme:

Ich lasse alles los, was mich belastet. Ich spüre eine unendliche Freiheit in mir, in der ich zu mir selbst, zu meiner Mitte finde. Ruhe und Zuversicht erfüllen mich. Ich spüre, wie ich jeden Tag mehr und mehr zu dem werde, der ich in Wirklichkeit bin.

Schließen Sie die Augen, atmen Sie tief aus und dann wieder langsam und tief ein. Halten Sie jetzt die Luft an, ballen Sie Ihre Hände zu Fäusten und spannen Sie bewußt alle Muskeln in Ihrem Körper an. Diese Spannung halten Sie ungefähr 20 Sekunden, dann loslassen und ausatmen.

Fühlen Sie sich leichter, ent-lastet, be-freit?

Dies sollten Sie jeden Tag machen, auch wenn Sie glauben, es gibt nichts mehr, was Sie belastet.

Sie werden bemerken, daß das bewußte Versetzen in den Alpha-Zustand sowie die Reinigungssuggestion Ihr Lebensgefühl verändert. Sie werden ruhiger und gelassener, können dadurch auf jede Situation richtig reagieren. Sie sind frei und offen, haben ein ganz anderes Wahrnehmungsvermögen als früher. Sie sind nicht mehr blockiert durch Altlasten, fühlen sich richtig leicht und frei, sind innerlich offen, weil Sie es nicht mehr nötig haben, Widerstand um des Widerstands willen zu leisten. Sie entfalten Ihre Fähigkeiten, leben aus Ihrem Inneren. Das ist für jeden spürbar – Ihre positive Ausstrahlung, Ihr Charisma, wird immer stärker. Sie merken es daran, daß immer mehr Menschen Ihre Meinung hören möchten, von Ihren Argumenten begeistert sind und auf Sie zugehen und sich für Ihre Ziele einsetzen. Sie ziehen andere magnetisch an und sind dabei, zu einem Menschen zu werden, dem man die Wünsche von den Augen abliest.

Die Autosuggestion

Eine Suggestion ist ein Psycho-Serum und kann die gleiche Wirkung wie ein Medikament haben.

Wir alle sind ständig Suggestionen ausgesetzt. Das beginnt, wenn Sie Werbung im Fernsehen sehen oder wenn wir uns über die Vorzüge einer Automarke informieren. Aber auch wenn der Arzt sagt: „In drei Tagen sind Sie wieder gesund", ist das eine Suggestion. Wir werden beeinflußt, ohne daß wir uns dessen bewußt sind, und beeinflussen andere, ohne daß wir diesen Einfluß bewußt ausüben. Politik, Werbung, PR-Aktionen und Marketingstrategien – alles basiert auf der Suggestion. Eine Suggestion kann um so besser wirken, je mehr Vertrauen vorhanden ist. Hat der Wähler Vertrauen zu einer Partei, dann ist er offener für deren Wahlversprechen, läßt sich also leichter beeinflussen. Steht der Wähler dieser Partei kritisch gegenüber, wirken die Versprechen bei weitem nicht so nachhaltig. Ein Kunde, der bisher gute Erfahrungen mit Ihrem Produkt gemacht hat, ist offen für die Vorzüge eines neuen Produktes – Ihre Empfehlung, Ihre Suggestion fällt auf vorbereiteten Boden. Bei einem Kunden, der nicht glücklich mit der Qualität der Waren war, werden Sie es ungleich schwerer haben, ihn von einer Verbesserung der Produkte zu überzeugen. Und vergessen Sie nie: Mit der Suggestion werden Gefühle übertragen: „Wenn Sie mich wählen, dann wird durch die Steuerreform Ihr Unternehmen mehr Gewinn erzielen.“ „Wenn Sie diesen Anzug kaufen, kommen Sie besser an...“ Und je suggestiver die Formulierung ist, desto besser prägt sich die Botschaft ein.

Die Autosuggestion funktioniert nach demselben Prinzip – nur daß wir uns in diesem Fall selbst beeinflussen. Die richtige Autosuggestion ist das beste Mittel, um Ziele zu erreichen. Sie ist das stärkste Mittel der Selbstbeeinflussung: Sie programmieren Ihr Unterbewußtsein auf Erfolg und auf die Entfaltung Ihrer charismatischen Fähigkeiten. Jeder kann mit einer Autosuggestion arbeiten. Wichtig ist die richtige Formel.

CHARISMA-FAKTOR

Mit der Autosuggestion können Sie direkt auf die tiefen Schichten Ihres Unterbewußtseins wirken.

Sie wissen ja, daß Ihr Unterbewußtsein – als ein reines Ausführungsorgan – alles tut, was Sie ihm sagen. Es ist also gar nicht so schwer, eigene Stärken zu verstärken, charismatische Fähigkeiten voll zu entfalten, wenn wir uns nicht immer selbst von der lohnenswertesten Arbeit der Welt abhalten würden – der Arbeit an uns selbst.

Eine Autosuggestion wirkt nur, wenn sie gesprochen wird.

Dies ist ganz entscheidend. Nur das gesprochene Wort dringt zu Ihrem Unterbewußtsein. Es reicht nicht aus, wenn Sie Ihre Suggestion denken. Das ist auch der Grund, warum viele Philosophien und Religionen, die sich allein auf Meditation – also auf eine Veränderung aufgrund der (nicht ausgesprochenen) Gedanken – stützen, keinen großen Erfolg haben. Die Stimme wirkt am stärksten auf das Unterbewußtsein. Deshalb reichen Gedanken allein zu einer wirklichen Veränderung nicht aus. Je häufiger Sie eine Suggestion anwenden, desto schneller und tiefer prägt sie sich ein – bis sie zu einer Gewohnheit wird, die das Leben verändert.

Am einfachsten ist es mit einem Kassettenrecorder mit lautloser Endabschaltung und Kopfhörern. Zweimal am Tag sollten Sie 20 Minuten Zeit für diese Arbeit an sich und Ihre Zukunft aufwenden. Sie können ruhig einschlafen, während die Kassette läuft. Die Suggestionen erreichen ungehindert Ihr Unterbewußtsein. Besonders am Abend ist das eine bewährte Methode, denn während der Traumphasen werden die neuen positiven Gedanken verarbeitet. Am nächsten Morgen sind Sie frisch, fit und aufgeladen mit positiven Impulsen. Allerdings sollten Sie für die abendliche Kassette Themen wählen, die Sie nicht zu sehr aktivieren – sonst könnte es passieren, daß Sie mitten in der Nacht aufstehen und voller Dynamik Ihre Arbeit erledigen.

Wenn Sie die Kassette tagsüber hören, dann müssen Sie aus der Phase der Tiefenentspannung bewußt herausgehen. Wenn Sie die Suggestionsarbeit beenden, dann atmen Sie tief aus, tief ein, spannen alle Muskeln fest an und lassen los. Jetzt richtig dehnen und strecken, und das Ganze wiederholen Sie zwei oder drei Mal. Sie spüren, wie Sie ins Tagesbewußtsein kommen – mit Energie und Freude.

Hier einige Beispiele für Autosuggestionen:

Ich bin fest entschlossen, meinem Leben Sinn und Wert zu geben. Ich bin eine einflußreiche Persönlichkeit, die weiß, was sie will. Meine Konzentrationskraft ist auf mein Ziel (Ziel einsetzen) gerichtet. Meine Fähigkeiten und Stärken setze ich erfolgreich ein. Ich kann gut mit Menschen umgehen, sie sind von meinen Ideen begeistert und arbeiten motiviert mit mir, um das gemeinsame Ziel zu erreichen. Ich weiß, was ich will, und ich gehe meine Ziele mit Elan, Freude und voller Konzentration an. Ich bin eine einflußreiche und sympathische Persönlichkeit. Durch meine charismatische Ausstrahlung werde ich meine Visionen verwirklichen.

Oder:

Ich bin fest entschlossen, die Kräfte und Fähigkeiten meines Unterbewußtseins zu nutzen. Mein Unterbewußtsein ist mein bester Mitarbeiter; es ist der Riese in mir. Ich lerne, mein Unterbewußtsein immer wirksamer zu beeinflussen. Täglich werde ich mein Unterbewußtsein überzeugend und suggestiv ansprechen, um ihm zu sagen, was ich von ihm erwarte. Täglich wächst mein suggestiver Einfluß. Das stärkt und kräftigt meine Persönlichkeit. Alle Kräfte und Fähigkeiten meines Unterbewußtseins warten darauf, meine Wünsche zu erfüllen. Aus diesem

Grunde werde ich täglich konzentriert und suggestiv mein Unterbewußtsein beeinflussen. Dann wird mein bester Mitarbeiter alles tun, was ich von ihm erwarte.

Oder:

Ich bin fest entschlossen, die Chancen meines Lebens zu nutzen. Da ich meine Ziele sehr liebe, entzünde ich in mir das Feuer der Begeisterung. Dieses Feuer der Begeisterung schafft in mir die körperlichen und seelischen Voraussetzungen für meinen persönlichen Erfolg. Immer konzentrierter wird mein Verhalten; meine Begeisterung drängt mich zum Handeln. Ich habe ein Recht auf Erfolg, weil ich ihn nutze zum Vorteil der Menschen. Das Feuer der Begeisterung ist der Beweis dafür, daß ich kein Schattendasein führe. Meine Begeisterung hilft mir, größte Ziele zu erreichen.

Oder:

Ich bin fest entschlossen, eine einflußreiche Persönlichkeit zu werden. Eine einflußreiche Persönlichkeit ist ein Meister in der Kunst der Menschenführung. Auch ich werde ein Meister in der Kunst der Menschenführung und werde mich täglich und bei jeder Gelegenheit darin üben. Mein starkes Selbstbewußtsein und meine Kontaktfähigkeit erleichtern mir den Umgang mit den Menschen. Ich bin ein zielbewußter Mensch, der Menschen führen und begeistern kann.

WICHTIG:
Nicht die Veränderung bestehender Programmierungen streben wir an, sondern neue, konstruktive, positive Programmierungen.

Bringen Sie Ihre Persönlichkeit zum Strahlen, werden Sie der, der Sie sind – der charismatische Mensch –, der andere in seinen Bann zieht, dem man vertraut und gerne folgt. Lernen Sie die Kunst der Verzauberung.

Welche Punkte soll eine Autosuggestion enthalten, um Charisma zu erwecken und zu verstärken?

1. Konzentration
   Nur ein konzentrierter Mensch weiß, was er will. Er sieht sein Ziel klar vor sich, kann seine Energien bündeln und auf sein Ziel rich-

ten. Seine Kraft wird nicht geschwächt, indem er sie auf viele Ziele lenkt, sondern auf die eine wichtige Sache konzentriert, denn das Gehirn kann nur einen Gedanken denken. Verweilen wir intensiv für längere Zeit bei einem Gedanken, prägt er sich fest ein. Konzentration macht frei, befreit von Unruhe und Nervosität, von innerer Unsicherheit. Konzentration ist Voraussetzung für die Lösung von Problemen, wie auch für die Umsetzung kreativer Ideen.

Bewußte oder unbewußte Konzentration ist Verdichtung von Lebensenergie.

2. Zielvorgabe
   Sie sollten Ihr Ziel genau definieren. Ihr Unterbewußtsein kann nur das tun, was Sie ihm auch konkret sagen. Deshalb: exakte und positive Formulierung!

3. Entfaltung der eigenen Kräfte
   Freisetzen positiver Energien und Verstärkung individueller Fähigkeiten, beispielsweise Rhetorik, Entschlußkraft, Überzeugungskraft etc.

4. Menschenführung
   Lernen Sie, Ihre Mitmenschen auf der Ebene anzusprechen, auf der Sie sie auch erreichen – der emotionalen Ebene. Lernen Sie, den anderen besser zu verstehen, auch auf der nonverbalen Ebene.

5. Lebensfreude und Lebenssinn
   Alles, was Ihr Leben lebenswert, wertvoller und schöner macht, sollten Sie erhalten und noch vermehren.

Wie wende ich die Autosuggestion an?

Lassen Sie Ihrem Unterbewußtsein etwas Zeit. Die Suggestion muß zu einer festen Programmierung werden, erst dann sollten Sie eine neue Suggestion verwenden. Arbeiten Sie mindestens sechs Wochen mit einer Suggestion. Fordern Sie Suggestionen bei mir an. Ich habe tiefenwirksame Suggestionen zu 30 verschiedenen Themen entwickelt, die ich Ihnen gern zuschicke. Am besten arbeiten Sie zusätzlich mit bereits besprochenen Kassetten. Achten Sie darauf, daß Ihnen die Stimme sympathisch ist, denn sonst errichten Sie eine unbewußte Sperre, und der ganze Aufwand ist umsonst. Ich habe übrigens eine ganze Reihe von Suggestions- und Entspannungskassetten entwickelt, die sich in vielen Jahren bewährt haben. Die Kassette hat die Wirkung eines Laserstrahls – ist gebündelte Energie. Das Ziel meines Kassettenprogramms ist, Ihre Persönlichkeit zu stärken, positive Impulse zu setzen, Barrieren zu überwinden und Sie dadurch Ihrem Erfolg Schritt für Schritt näher zu bringen.

Für zwischendurch und für jede Gelegenheit – die Kurzsuggestion:

Ich fühle mich jeden Tag und in jeder Beziehung immer besser und besser.

Mit diesem Satz bauen Sie Lebensfreude, Energie und positive Ausstrahlung auf. Sprechen Sie ihn jeden Tag mindestens 25mal leise.

Emil Coué, der Vater der Autosuggestion, hat seinen Schülern empfohlen, den Satz „Es geht mir von Tag zu Tag und in jeder Beziehung immer besser und besser“ dreimal täglich 25mal zu sprechen. Auf diese Weise kann sich das Unterbewußtsein mit positiven Energien vollsaugen wie ein Schwamm.

Von den indischen Jogis wissen wir, daß der Mensch mit jedem Atemzug nicht nur Sauerstoff, sondern auch Prana, die universelle Lebenskraft, aufnimmt.

Ich habe viele Jahre darüber nachgedacht, wie man diese beiden Erkenntnisse miteinander verbinden kann. Für uns ist es nicht so einfach, sich auf Prana, das man weder sehen noch fühlen oder riechen kann, zu konzentrieren. Erfolg kann sich jedoch nur durch Konzentration einstellen. Deshalb kam ich eines Tages zu dieser genialen Lösung:

Ich atme Sonnenkraft und strahle wie die Sonne!

Die Sonne – ein Symobl des Lebens; in vielen Kulturen das Symbol für Schöpfung und Erneuerung. Durch Einatmen und Ausatmen – im Einklang mit Yin und Yang – verstärken wir unsere Fähigkeit, zu geben und zu nehmen. Die Konzentration auf die Atmung verstärkt die positive Wirkung.

So geht es:

Sie atmen aus, dann langsam konzentriert wieder ein. Während Sie einatmen, stellen Sie sich vor, wie Sie Sonnenenergie einatmen.

Und nun atmen Sie langsam aus und stellen sich dabei vor, daß Sie Sonnenkraft ausatmen. So laden Sie sich mit Sonnenenergie, mit der Energie des Universums, auf. Und Sie strahlen die Kraft der Sonne – Charisma – aus; denn wo die Sonne ist, da weicht der Schatten, das Negative verschwindet.

Strahlen Sie wie die Sonne, und werden Sie zum strahlenden Mittelpunkt, bringen Sie andere Menschen zum Strahlen.

Durch dieses suggestive Training können Sie nicht nur Ihre Kontaktfähigkeit verstärken, sondern Ihre Anziehungskraft weiter entwickeln. Von Ihnen geht eine Faszination, eine überzeugende positive Schwingung aus. Diese Übung wirkt auf die Wurzel Ihrer Persönlichkeit, verstärkt Ihre Vitalkräfte, wirkt dynamisch von innen nach außen.

Machen Sie diese Übung regelmäßig; denn damit verändern Sie die Struktur Ihres Unterbewußtseins; zudem verbessern Sie Ihre Atmung, verstärken Ihre Lebensenergie. So kommen Sie auch immer häufiger in Alpha.

Die Spiegelmagie

Eine verstärkte Wirkung erreichen Sie, wenn Sie Ihre Suggestion mit Überzeugung sprechen. Die richtigen Worte richtig betont – als wollten Sie sich selbst von Ihren eigenen Wünschen überzeugen. Stellen Sie sich vor einen Spiegel, schauen Sie sich in die Augen, und sprechen Sie dann laut Ihre Suggestion.

Sie mögen sich dabei anfangs etwas lächerlich vorkommen. Aber denken Sie daran: Wenn Sie von sich selbst nicht überzeugt sind, wer soll es dann sein?

Nebenbei hat diese Übung auch den Effekt, daß Sie ein besseres Gefühl für sich selbst entwickeln, daß Sie dadurch größere innere Sicherheit erlangen. Und dann wirken Sie eines Tages nicht mehr nur überzeugend – Sie sind überzeugend.

Es ist ja nicht unser Ziel, ein guter Schauspieler zu werden. Unser Ziel ist, ein Darsteller zu werden – der sich, seine Visionen, seine Fähigkeiten und Stärken überzeugend und wirkungsvoll darzustellen weiß.

Ihre Autosuggestion muß laut gesprochen werden – einmal am Tag, vier mal hintereinander, vor dem Spiegel. So bringen Sie Ihre innere Quelle zum Sprudeln.

Führen Sie einen Erfolgskalender! Notieren Sie jeden Tag,

- wie oft Sie Ihre Hauptsuggestion gesprochen haben,
- wie oft Sie die Kurzssuggestion gesprochen haben,
- welche Resultate Sie erzielt haben.

Der zweite Teil der Spiegelmagie liegt darin, daß Sie mit sich vertrauter werden. Wir sehen uns selbst nicht zu häufig. Wer steht schon oft und lange vor dem Spiegel, es sei denn, Sie kaufen Kleidung oder überprüfen den Sitz des Jacketts, der Krawatte oder der Ohrringe. Vielleicht liegt es daran, daß die meisten Menschen jede Gelegenheit wahrnehmen, einen schnellen – am liebsten unbeobachteten – Blick im Vorbeigehen in Spiegel und Schaufenster zu werfen. Sehe ich gut aus, sitzt die Frisur, die Krawatte, ist der Lippenstift noch in Ordnung? Unbewußt läuft aber mehr ab: Der Bauch wird eingezogen, die Schultern nach unten genommen, Brust herausgestreckt und Kopf erhoben. So findet man sich ganz o.k. und geht zufrieden weiter.

Nun machen wir eine weitere Übung vor dem Spiegel.

Sie brauchen einen großen Spiegel, in dem Sie sich möglichst ganz, zumindest aber bis zur Taille, sehen können. Setzen Sie sich vor den Spiegel, und beantworten Sie die Fragen:

- Wann waren Sie das letzte Mal richtig glücklich – so glücklich, daß Sie die Welt hätten umarmen können?
- Mit wem, bei welcher Gelegenheit war das, und was war der Grund für das große Glücksgefühl?

Spiegeln Sie sich! Rufen Sie in Ihrem Geist die Erinnerung wach, und betrachten Sie sich dabei im Spiegel. Was sehen Sie?

Machen Sie diese Übung jeden Abend, erinnern Sie sich an ein besonders schönes Erlebnis. Sie dürfen die Fragen ruhig ausweiten und auch den beruflichen Bereich mit einbeziehen. Beispielsweise können Sie fragen: „Wann hatte ich das letzte Mal ein großes Erfolgserlebnis, wann war ich total begeistert?“

Sie werden spüren, wie sich Ihr Verhältnis zu sich selbst verändert, wie Sie sich selbst besser kennenlernen, sich akzeptieren können. Dadurch bekommen Sie ein anderes Gefühl für sich. Ihre Ausstrahlung verändert sich immer mehr zum Positiven. Der Spiegel lügt nicht.

Sich selbst und andere programmieren

Je tiefer sich Ihre Ziele in Ihr Unterbewußtsein einprägen, desto schneller werden Sie diese auch erreichen können. Denn Ihr Unterbewußtsein weiß genau, was Sie wollen. Und als Ihr bester und zuverlässigster Mitarbeiter tut es alles, damit Sie vorankommen. Sie werden von Ihrer inneren Führung geleitet, treffen die richtigen Entscheidungen, sind zur richtigen Zeit am richtigen Ort und finden die richtigen Worte, um Ihre Mitmenschen zu inspirieren, mobilisieren und motivieren. Sie werden schon nach kurzer Zeit feststellen, daß durch Ihre Veränderung sich auch Ihr Umfeld verändert. Denn nichts ändert sich – außer wir ändern uns.

Nun wollen Sie andere Menschen von Ihren Visionen überzeugen, deren Leistungsreserven mobilisieren und sie begeistern. Das können Sie, wenn Sie durch Ihre Ausstrahlung, durch Ihre Persönlichkeit auf Ihre Mitmenschen wirken – und zwar auf der emotionalen Ebene. Unterstützen können Sie diesen Prozeß, indem Sie mit der Stimme tiefenwirksam sprechen und Ihre Mitmenschen durch suggestive Formulierungen „hypnotisieren". Das bedeutet, Sie geben durch eine suggestive Anweisung einen posthypnotischen Befehl.

Sagen Sie Ihrem Assistenten: „Sie rufen mich doch sicherlich gleich an, wenn Sie die neuen Zahlen erhalten haben!"

Durch eine Beeinflussung auf diese Art und Weise führt Ihr Assistent genau das aus, was Sie wollen, aber er hat das Gefühl, die Initiative geht von ihm aus. Die Betonung liegt hier auf „Gefühl". Wir sprechen das Gefühl an und verbinden das Gefühl mit unserem Wunsch.

Lassen Sie uns ein ganz banales Beispiel aus dem Alltag nehmen:

Ihre Sekretärin erzählt Ihnen in allen Einzelheiten von ihrem Urlaub, den sie in der Südsee verbracht hatte. Sie sehen bei ihrer Schilderung die wunderbaren Strände vor sich, das blaue Meer und die gebogenen Palmen – und bekommen auch Lust auf Südsee. Zwei Tage später gehen Sie, ohne daß Sie das ursprünglich vorhatten, in ein Reisebüro und holen sich Prospekte über die Südsee. Sie hatten die Südsee zwar vergessen, aber der Gedanke hat sich durch die bildhafte Vorstellung und durch die dabei entstandenen positiven Gefühle in Ihrem Unterbewußtsein festgesetzt. Und deshalb stehen Sie jetzt mit den Südsee-Prospekten in der Hand da.

Eine Beeinflussung ist immer mit ganz bestimmten Punkten verbunden. Ich sage beispielsweise bei meinen Seminaren immer:

„Und wenn Sie dann morgen schön frühstücken, denken Sie daran, daß wir uns um neun Uhr hier wieder treffen." Beim Frühstück wird dieser Satz im Unterbewußtsein aktiviert; der Seminarteilnehmer denkt daran, um neun Uhr bei mir zu sein.

Ich bezeichne posthypnotische Befehle gerne mit „magischen Sätzen", von denen ich Ihnen hier einige aufzählen möchte:

- Versprechen Sie mir, daß Sie …
- Es ist völlig in Ordnung, wenn Sie jetzt noch ein wenig zweifeln; denn Sie erkennen schon bald Ihren Nutzen.
- Während Sie abwägen, erkennen Sie Ihre/diese wertvollen Chancen.
- Was kann Sie überzeugen?
- Was müßte passieren, daß Ihnen die Entscheidung noch leichter fällt?
- Tun Sie sich etwas Gutes, entscheiden Sie sich für …
- Schon bald wird sich dieses Gefühl einstellen: Es war richtig, ich habe das (einzig) Richtige getan.
- So entschlossen wie Sie handeln nur wenige.
- Sie werden sehen/erleben …, daß Sie schon bald …
- Es ist erstaunlich, daß Sie schon bald …
- Heute Abend können Sie sich erlauben, an eine (Ihre) schöne Zukunft zu denken.

Analysieren Sie diese Sätze, und formulieren Sie magische Sätze für Ihre persönliche Situation. Achten Sie dabei auf folgende drei Hauptkriterien – vermitteln Sie Ihrem Gegenüber das Gefühl:

1. Ich bin genauso wie Sie.
2. Wir harmonieren.
3. Sie können mir voll vertrauen.

Um Einfluß auf andere Menschen nehmen zu können, benötigen Sie eine tiefenwirksame Stimme, eine Stimme, die suggestiv ist, eine Stimme, die stimmt.

Stimm- und Atemtraining

Die Stimme verrät alles über den Menschen. Die Stimme kommt aus dem Innersten des Menschen. An ihr erkennen Sie, ob Ihr Gesprächspartner müde, gut gelaunt, krank, optimistisch oder pessimistisch ist, ob er unter Zeitdruck steht, ob er sich auf das Gespräch mit Ihnen gefreut hat. Die Stimme sagt es.

Auch Ihr Gesprächspartner hört, wie es um Sie steht. Die Stimme kommt aus dem innersten Wesen des Menschen, und sie spricht das Innerste an. Die Stimme sagt alles: Wenn Sie ver-stimmt sind, dann verstimmen Sie auch Ihre Gesprächspartner. Sind Sie gut gelaunt, dann versetzen Sie Ihre Mitmenschen in gute Stimmung. Freude, Leid, Harmonie, Disharmonie – die Stimme zeigt an, was in der Seele vorgeht. Deshalb ist Stimme eines der wichtigsten Instrumente in der Kunst der Menschenführung. Nicht die Fakten – die intelligenten Ideen – übertragen sich. Es sind die Gefühle, die sich von einem Menschen auf den anderen übertragen: Hoffnung oder Pessimismus, Angst oder Kraft, Liebe oder Ablehnung. Und die Stimme ist es, welche die Gefühle transportiert.

Die Stimme ist abhängig vom Volumen der Lunge. Haben Sie sich einmal Gedanken über Ihre Lunge gemacht? Die Lunge ist das größte Kontaktorgan: Aufgeschnitten und ausgebreitet könnte man damit den Frankfurter Flughafen auslegen. An der Lunge tritt die Außenwelt mit der Innenwelt zusammen. Chronische Lungenprobleme sind Ausdruck von Kontaktschwierigkeiten. Die Lunge muß trainiert werden. Mein Atem- und Stimmtraining ist die beste Methode, Ihre Lunge gesund zu erhalten. Eine kräftige Lunge verleiht eine kräftige Stimme. Wenn Sie Kraft in Ihre Stimme legen, legen Sie zugleich Kraft in Ihr Leben.

Viele Menschen haben Schwierigkeiten mit ihrer eigenen Stimme, finden sie zu hoch, zu tief, können sich nicht mit ihr identifizieren. Viele Menschen sind mit ihrer Stimme unzufrieden, und in meinen Seminaren höre ich oft : „Ich mag meine Stimme nicht“, „Meine Stimme ist mir fremd“, „Meine Stimme ist scheußlich“. Das läßt tief blicken, denn wer seine Stimme nicht mag, kann bestimmte Aspekte seiner Persönlichkeit nicht akzeptieren. Deshalb ist es wichtig, seine Stimme richtig kennenzulernen und sich mit ihr zu identifizieren. Dazu muß man wissen, daß unsere Stimme in Wirklichkeit anders klingt, als wenn wir sie (z.B. auf dem Anrufbeantworter) selbst hören. Trainieren Sie jeden Morgen Ihre Stimme mit meiner Kassette „Ein positiver Tag beginnt“.

CHARISMA-FAKTOR

Die Stimme muß stimmen, muß stimmig sein!

Ihre Stimme – das sind Sie. Lernen Sie Ihre Stimme kennen, lernen Sie Ihre Stimme zu lieben.

Stimmen, die Vertrauen auslösen, denen man gern und konzentriert zuhört, sind tiefe Stimmen. Wenn Sie Ihre Stimme als zu hoch erachten, dann können Sie lernen, Ihrer Stimme mehr Volumen, mehr Ausdruckskraft und mehr Tiefe zu geben. Je tiefer die Stimme, desto mehr Emotion – je höher die Stimme, desto mehr Intellekt, desto mehr Adrenalin.

Der Ton einer Stimme hängt mit der Spannung und der Konzentration der inneren und äußeren Kräfte zusammen. Am Klang der Stimme können Sie sofort erkennen, wie es um den Menschen steht. Die Stimme kann gar nichts verbergen – und wenn wir uns noch so bemühen. Die Stimme sagt: „Ich habe Kummer“, „Ich habe es eilig“, „Ich bin unsicher“, „Ich bin überzeugt ...“ Die Stimme lügt nicht.

Besprechen Sie einmal eine Kassette oder besser noch: Nehmen Sie, mit Einverständnis Ihrer Freunde oder Familie, ein Gespräch auf. So können Sie nicht nur Ihre Stimme bewußt hören, sondern Sie können einmal Ihre Aussprache, den Tonfall, die Art und Weise, wie Sie sprechen, analysieren. Sie hören dann auch, wie Ihre Stimme bei Ihnen „an-kommt“.

Ich behaupte „Wer seine Stimme verändert – verändert sein Bankkonto.“ Probieren Sie es aus. Ein Versuch lohnt sich. Arbeiten Sie deshalb zur Verbesserung Ihrer Stimme und Ihrer rhetorischen Fähigkeiten mit folgender Suggestion:

Ich bin fest entschlossen, die Chancen meines Lebens zu nutzen. Wer erfolgreich sein will, muß im Sprechen beherrscht und im Tonfall seiner Stimme absolut sicher sein. Ich weiß, daß die Macht der Sprache und die innere Sicherheit, ausschlaggebend sind. – Das ist eine Frage des Vertrauens zur eigenen Kraft. Ich kann im Sprechen nur dann sicher sein, wenn ich innerlich sicher bin. Ich bin sicher; vollkommen sicher und frei von allen Hemmungen!

Wie ist Ihre Stimmlage?

- Wie verändert sich Ihre Stimmlage, wenn Sie zustimmen, überzeugen wollen, ablehnen?
- Wie klingt Ihre Stimme, wenn Sie sich ärgern oder anderer Meinung sind?
- Wie ist Ihre Aussprache?
- Wie klingt Ihr Lachen?
- Können Sie überzeugen?
- Können Sie mit Ihrer Stimme begeistern, können Sie motivieren?
- Welche Stimmung drückt Ihre Stimme aus?

Um einen noch umfassenderen Eindruck zu erhalten, sollten Sie Personen Ihres Vertrauens fragen, wie sie Ihre Stimme empfinden. Sie können auch hier wieder feststellen, ob und wieweit Sie mit Ihrer Selbsteinschätzung richtig liegen.

Welche Menschen haben Ihrer Meinung nach eine ausdrucksstarke, gute Stimme? Nennen Sie drei Personen.

- Was gefällt Ihnen besonders an diesen Stimmen?
- Wie beeinflußt die Stimme dieser Person Ihr Bild von dieser Person?
- Was drückt die Stimme aus?
- Wie wirken diese Menschen auf Sie?

Nehmen wir an, ein Nachrichtensprecher im Fernsehen gehört zu Ihren Stimmfavoriten. Jetzt stellen Sie den Ton ab. Wie wirkt dieser Mann nun auf Sie?

Jetzt umgekehrt: Wie stellen Sie sich einen Menschen vor, von dem Sie nur die Stimme kennen. Wie sieht er aus? Was stellt er dar?

Versuchen Sie, sich ein Bild von der Persönlichkeit eines Menschen zu machen, den Sie vorerst nur per Telefon kennen, z.B. von einem potentiellen Kunden, mit dem Sie einen Termin vereinbaren. Machen Sie sich Notizen, dann können Sie überprüfen, wie gut Ihre Einschätzung war, wie gut Sie Stimmen „lesen“ können.

- Stimmte Ihre Vorstellung mit der Realität überein?
- Was hat Sie zu Ihrer Vorstellung bewogen?
- Wie oft stimmte Ihre Vorstellung mit der Realität überein?

Trainieren Sie Ihr Wahrnehmungsvermögen für die Stimme. Schärfen Sie Ihr Gehör, hören Sie Zwischentöne, bemerken Sie einen veränderten Tonfall. Lernen Sie, die Stimme zu „lesen“. Vielleicht haben Sie Gelegenheit, mit einem Blinden diesbezügliche Erfahrungen auszutauschen. Ein Blinder ist auf die Stimme angewiesen, er kann viel mehr hören, kann aus der Stimme den Menschen erkennen. Wir verlassen uns zu einem großen Maße auf die Augen, und nicht einmal mit den Augen können wir richtig sehen.

Machen Sie eine Checkliste zu Ihrer Stimme:

	gut	mittel	schlecht
Stimmhöhe normal			
Stimmhöhe bei Ärger/Freude/Streß			
Lautstärke			
Verständlichkeit			
Aussprache/Dialekt			
Stimm-Modulation			
Sprechgeschwindigkeit			
Lachen			
lautes Rufen			

Psychodynamisches Stimmtraining

Ich habe ein wirkungsvolles Stimmtraining für Sie erarbeitet, das sich bei unzähligen meiner Seminarteilnehmer als äußerst erfolgreich erwiesen hat. Die Zeitschrift Geo Nr. 12/1998 hat übrigens in einem Artikel über die Stimme meine Erfahrungen bestätigt. Mit diesen Übungen können Sie Ihre Stimme richtig trainieren, so wie die Muskulatur beim Fitneß. Ihre Stimme wird dunkler, sofern nötig, und das Volumen wird größer, Ihre Aussprache deutlicher, die Modulation besser und die Ausdruckskraft überzeugender – und als positiven Nebeneffekt aktivieren Sie auch noch Ihre Energien. Am besten machen Sie diese Übungen regelmäßig, und zwar am Morgen; denn sie regen an. Sie werden nicht nur eine bessere Stimme bekommen, Sie werden sich auch insgesamt besser fühlen. Die Stimme bringt es an den Tag: Ihre Persönlichkeit entwickelt sich weiter.

CHARISMA-FAKTOR

Wer an seiner Stimme arbeitet, arbeitet an seiner Persönlichkeit.

Stellen Sie sich vor den Spiegel. Atmen Sie aus, ein, und dann sprechen Sie jeden Buchstaben laut aus, solange Ihr Atem reicht. Also einatmen und nun beginnen Sie:

I

E

A

O

U

Die Reihenfolge ist nicht zufällig, sondern beginnt mit dem Buchstaben mit der höchsten Frequenz, dem „I". Wenn Sie Ihre Hand auf den Kopf legen, dann werden Sie ein leichtes Vibrieren der Kopfhaut spüren können. Das zeigt eine verbesserte Durchblutung und Versorgung mit Energie in diesem Bereich an. Das „E" aktiviert den Halsbereich – legen Sie Ihre Hände an die Kehle. Beim „A" öffnen Sie den Mund ganz weit – der Brustbereich wird mit Energie versorgt. Bei

„O“ ist es der Oberbauch, der belebt wird. bei „U“ – mit der tiefsten Frequenz – der Unterleib. Sprechen Sie langsam nacheinander die Buchstaben aus – dreimal. Möchten Sie eine tiefere Stimme? – Dann sprechen Sie mehrmals am Tag das „U“.

Als nächstes aktivieren wir Brust- und Bauchraum, indem wir mit geschlossenen Lippen „MMMMM“ summen. Auch dies geschieht dreimal, wobei das Summen mit jedem Mal verstärkt wird – beim ersten Mal leise, dann stärker und beim dritten Mal summen Sie mit aller Kraft. Legen Sie die Hand auf den Bauch, spüren Sie die starke Vibration.

Ohne Zungen-R ist die Sprache kraftlos und ohne Ausdruck. Deshalb rollen wir die Zunge am Oberkiefer, direkt hinter den Schneidezähnen zu einem stimmlosen „RRRRR“, was für einen Bayern kaum ein Problem darstellen dürfte. Auch bei dieser Übung: ausatmen, einatmen und „RRRRRR“. Dann sprechen Sie laut mit übertriebenem „R“ folgende Worte:

Rennen
Rasen
Rollen
Reifen
Riemen
reiten
Reiter
Meister
Bier
wir
Tier
verirren
girren
irren
verwirren
etc.

Zum Abschluß kommt die **Tarzan-Übung** – die beste Vorbeugung gegen Erkältungskrankheiten und eine hervorragende Prophylaxe gegen Herzinfarkt. Sie stellen sich hin, atmen aus, dann wieder tief ein. Ballen Sie die Hände zu Fäusten. Sie sprechen laut die Buchstaben aus der ersten Übung, beginnen also mit „I“. Gleichzeitig schlagen Sie sich mit den Fäusten auf den oberen Brustansatz – so wie Sie das aus dem berühmten Tarzanfilm kennen. Dann geht es weiter mit „E“ und so weiter.

Sie werden merken, wie sich Schleim in den Bronchien löst, wie Ihre Atemwege frei werden, wie Sie sich mit Energie aufladen. Husten und räuspern Sie sich – machen Sie sich frei! Diese Übung sollten Sie nur morgens machen, weil sie anregt und aktiviert.

Vergleichen Sie Ihre Stimme nach dreimonatigem Training mit der Stimme, die Sie zu Beginn des Trainnings hatten – am besten mit einer Sprechprobe auf Kassette. Sie werden feststellen, daß sich Ihre Stimme hörbar verändert hat. Sie hat jetzt mehr Suggestivkraft – Ihre Ausstrahlung hat sich verstärkt, Sie erreichen Ihre Mitmenschen viel besser, sprechen tiefenwirksam.

CHARISMA-FAKTOR

Wer an der Stimme arbeitet, arbeitet am Kern seiner Persönlichkeit.

Nicht nur die Stimme, auch Ihre Gedanken werden ruhiger und tiefer. Je tiefer eine Stimme ist, desto tiefer dringt sie in das Bewußtsein ein, Ihre Worte werden also tiefenwirksam. Sie sprechen dadurch nicht nur anders, sondern atmen auch viel besser. Ihr persönliche Autorität wächst, alles Unruhige, Nervöse tritt zurück, bis es ganz verschwunden ist. Deshalb: Hören Sie nie auf, an Ihrer Stimme zu arbeiten; denn sonst hören Sie auch auf, an Ihrer Persönlichkeit zu arbeiten.

Arbeiten an sich ist Arbeit an sich.

Wer sprechen kann, der wird vorgeschickt – das war schon in der Schule so. Ein Klassensprecher muß gut sprechen können, denn er ist Für-sprecher, Be-für-worter. Durch Atemübungen und Stimmtraining verändern Sie nicht nur Ihre Stimme, sondern auch Ihre Ausstrahlung, überhaupt Ihre gesamte Persönlichkeit.

Durch die Stimme ändern Sie vieles, unter anderem:

1. Das Bewußtsein für den eigenen Willen – das Zielbewußtsein
   Es gibt viele Weg zur Entfaltung der Persönlichkeit, aber Sie können nur einen gehen. Über Ihre Stimme und die Arbeit an der Stimme finden Sie Ihren individuellen Weg. Je kräftiger Ihre Stimme wird, desto klarer wird Ihr Weg, und desto bewußter handeln Sie. Konzentration auf ein Ziel, Spitze zu sein auf einem Gebiet, so lautet meine Erfolgsstrategie. Damit lassen Sie auch Raum für andere. Wer alles kann und weiß, schafft sich nur Neider und Feinde. Es ist nicht so leicht, das Wesentliche herauszufiltern, denn erzogen werden wir zur Vielseitigkeit. Die Arbeit an der Stimme hilft Ihnen, Ihre Stärken zu erkennen, Ihr Ziel zu finden. Nur die Spezialisierung kann Sie zu dem machen, was Sie sind – zu einer einmaligen Persönlichkeit. Lernen Sie von der Natur, nutzen Sie Ihre besondere Begabung – wie beispielsweise der Fischreiher, der auf das Fangen von Fischen programmiert ist. Er verschwendet keine Zeit, um Würmer oder Frösche zu fangen, er lernt nicht verschiedene Techniken, sondern er ist ein Profi auf seinem Gebiet.

2. Aktivierung der Nervenkraft, Verstärkung der Willenskraft
   In einer Stunde konzentrierten Sprechens verbrauchen Sie mehr Energie als in einer Stunde konzentrierten Arbeitens. Je nervöser ein Sprecher ist, desto höher wird seine Stimme, desto schneller spricht er, desto mehr Energie verbraucht er. Je ruhiger ein Mensch ist, desto weniger Worte braucht er, um zu überzeugen, er erreicht also mehr mit weniger Energieaufwand.

   Mit dem Stimmtraining aktivieren Sie Ihre inneren Kräfte, Ihr Wille wird klar und stark. Dieses Wissen wiederum gibt Ihnen zusätzlich Kraft. Hundertmeterläufer trainieren auf einer Strecke, die 120 m lang ist. Damit wird gewährleistet, daß sie genügend Kraftreserven haben, um beim Wettkampf auf den letzten Metern nicht nachzulassen. Die Reserven sind da. Wer über solche Kraftreserven verfügt, braucht das nicht mehr zu beweisen. Jeder spürt es. Das Wissen um die eigene Stärke gibt innere Überlegenheit.

3. Verbesserung der Konzentrationsfähigkeit und des Gedächtnisses

4. Verbesserung der Aussprache, der Artikulation
   Je deutlicher ein Mensch spricht, desto leichter kann man ihm zuhören und sich auf seine Ausführungen konzentrieren. Denken Sie an die Reden von Franz Joseph Strauß oder Helmut Schmidt.
5. Neu-Programmierung des Unterbewußtseins
   Überzeugend gesprochene Suggestionen prägen sich tief im Unterbewußtsein ein. Damit arbeiten Sie an Ihrer Zukunft.
6. Entfaltung der charismatischen Begabung
   Das Wesen Ihrer Persönlichkeit wird stärker, denn Sie erarbeiten sich größere Selbstsicherheit, Ihre persönliche Autorität wächst, Sie werden eine in sich gefestigte Persönlichkeit, die den Stürmen des Lebens standhält. Nur einer starken Persönlichkeit kann man glauben, vertrauen und nachfolgen.

Die Kunst des Zuhörens

Fast jeder ist so sehr damit befaßt, seine Meinung zu äußern, daß leicht vergessen wird, daß nicht nur das Reden wichtig für die Kommunikation ist, sondern daß das Zuhören zumindest den gleichen Stellenwert hat. Wer gut zuhören kann, der zieht Menschen an, denn er gibt ihnen das Gefühl, im Mittelpunkt zu stehen. Wer schlecht zuhört, dem entgehen wesentliche Dinge im Leben. Warum hat der Mensch einen Mund und zwei Ohren – doch wohl nicht, um mehr zu sprechen als zuzuhören?

Wir hören den ganzen Tag – aber hören wir auch wirklich zu? Erinnern Sie sich, was

- Ihre Sekretärin,
- Ihr Kollege,
- der letzte Anrufer

gesagt hat? Konzentrieren Sie sich auf die letzten drei Gespräche, die Sie geführt haben. Können Sie sich noch genau an den Wortlaut erinnern, an alle Einzelheiten? Haben Sie bemerkt, ob sich die Stimme Ihres Gesprächspartners verändert hat? Haben Sie nur mit den Ohren gehört, oder haben Sie wirklich zugehört? Welche Ebenen Ihres Seins waren am Zuhören beteiligt?

Haben Sie Ihren Gesprächspartner ausreden lassen, oder sind Sie ihm ins Wort gefallen?

Haben Sie auf Reaktionen, Emotionen Ihres Gesprächspartners geachtet?

Sind Sie auf die Argumente, Bedenken Ihres Partners eingegangen?

Zuhören ist nicht ein passiver Zustand. Zuhören ist eine aktive Tätigkeit. Wenn Sie konzentriert zuhören, dann erfahren Sie viel mehr, als die Worte Ihres Gesprächspartners aussagen. Zeigen Sie auch, daß Sie zuhören, indem Sie Feedback geben, nachfragen und dabei zu erkennen geben, daß Sie wirklich verstehen, was Ihr Gesprächspartner will, was er gemeint, aber vielleicht gar nicht ausgesprochen hat. Intellekt und Emotion sind angesprochen und wollen angesprochen werden.

Geben Sie Ihrem Gegenüber das Gefühl, das er braucht:

Sie und Ihr Anliegen sind für mich in diesem Augenblick das Wichtigste. Ich bin ganz auf Sie und Ihre Argumente konzentriert. Ich bin offen für Sie – für Ihre Gedanken und Ihre Gefühle. Ich habe Verständnis für Ihre Situation.

Damit gewinnen Sie auf der ganzen Linie.

Das Augentraining

Die Augen, Fenster zur Seele des Menschen. Wir können mit den Augen nicht nur sehen und wahrnehmen, sondern wir gewähren anderen Menschen auch Einblick in unsere Seele. Ein Mensch mit einem ruhigen Blick vermittelt innere Ruhe; ein unsteter Blick verrät Unsicherheit und innere Unruhe. Ein Blick, der ständig hin- und herwandert, hält nichts fest, ist nicht konzentriert auf eine Sache – nicht einmal auf den Gesprächspartner. Vertrauen kann nicht entstehen, Überzeugung nicht erweckt werden.

Ist Ihnen bewußt, welche Sprache Ihre Augen sprechen? Haben Sie schon einmal darauf geachtet?

Fragen Sie einmal, was andere zu der Sprache Ihrer Augen sagen.

Konzentrationskraft ist gleich Anziehungskraft

Magische Anziehungskraft hängt in großem Maße mit den Augen – mit ihrer Sprache – zusammen. Deshalb stelle ich Ihnen hier mein bewährtes Augentrainingsprogramm vor. Nehmen Sie sich dafür Zeit. In der Regel benötigt man vier Wochen, bis der konzentrierte Blick erlernt und verinnerlicht wird.

1. Der „lange Blick“
   Malen Sie einen Punkt in die Mitte eines Blattes, und ziehen Sie einen Kreis um diesen Punkt. Nun setzen Sie sich bequem hin, richten Ihren Blick – bitte ganz freundlich! – auf diesen Punkt. Sie sehen nur diesen Punkt an – und sonst nichts. Halten Sie den Blick, solange Sie können. Wenn Ihre Augen beginnen zu tränen oder die Lider anfangen zu zucken, schließen Sie die Augen für 20 Sekunden. Die Augenmuskulatur kann sich entspannen und wird gekräftigt.
   – Übungsziel: Mindestens drei Minuten den Blick halten – ohne tränende Augen, Lidzucken oder Blinzeln.
   – Praxis: Wenn Sie bisher vermieden haben, anderen Menschen direkt ins Gesicht zu blicken, dann sollten Sie den „langen Blick“ erst einmal an Gegenständen, in der Natur, bei der Familie und Freunden ausprobieren. So wird dieser Blick zu Ihrer Gewohnheit, zu Ihrem normalen Blick. Allerdings sollten Sie Menschen nicht „anstarren“. Sie merken es schnell, wenn dem anderen Ihr Blick unangenehm wird.

2. Das „dritte Auge“
   Zwischen den Augen sitzt das sogenannte Dritte Auge, wie wir es aus verschiedenen Religionen kennen. Setzen Sie sich vor einen Spiegel, machen Sie es sich bequem, und malen Sie sich zwischen die Augenbrauen einen Punkt auf die Stirn. Jetzt richten Sie Ihren – freundlichen – Blick auf diesen Punkt. Halten Sie den Blick, solange Sie können. Wenn die Augen anfangen zu tränen oder die Lider zu zucken beginnen, dann schließen Sie die Augen und denken dabei:

Meine Augen entspannen sich. Ich bin ruhig und mein Blick drückt diese Ruhe aus. Mein Blick wird immer ruhiger, immer freundlicher und immer konzentrierter. Mein Blick drückt meine Kraft aus, strahlt zugleich Vertrauen und Liebe aus. Mein Blick ist ruhig und freundlich.

- Übungsziel: Blick mindestens drei Minuten halten.
- Praxis: Wann immer Sie vor dem Spiegel stehen, nutzen Sie die Gelegenheit und machen Sie die Übung.

3. Trockentraining
   Wenn Sie das Übungsziel für die beiden Übungen erreicht haben, gehen wir einen Schritt weiter. Nun üben Sie an einem Foto. Ihr Blick richtet sich auf den Punkt zwischen den Augenbrauen. Fixieren Sie diesen Punkt, solange Sie können. Dann machen Sie die gleiche Übung, wenn Sie fernsehen: Fixieren Sie Ihren Blick auf die Stirn des Nachrichtensprechers, des Moderators etc.

- Übungsziel: Ein natürlicher konzentrierter ruhiger Blick.
- Praxis: Wenn Sie auch die dritte Übung so lange gemacht haben, daß der konzentrierte Blick zu einer Gewohnheit geworden ist, können Sie damit beginnen, Ihren neuen Blick im beruflichen Umfeld anzuwenden. Ihr Blick hat sich während dieses Trainings verändert. Damit hat sich Ihre Ausstrahlung, Ihre Persönlichkeit – Ihre Anziehungskraft – verändert.

Der richtige Blick-Einsatz

Wenn Sie sprechen, dann sollten Sie Ihren Gesprächspartner ruhig und direkt ansehen – so, wie Sie es geübt haben. Der Redner als aktiver Teil kann auf sein Gegenüber Einfluß nehmen; der konzentrierte, ruhige Blick verstärkt die Einflußnahme. Nun verändert sich das Kräfteverhältnis: Ihr Partner spricht, übernimmt damit die Führung – er richtet seinen Blick nun auf Ihre Stirn. Wäre Ihr Blick weiterhin auf seine Stirn fixiert, dann würde Ihr Gegenüber dies als Affront betrachten – und ein Blickduell trägt nicht unbedingt zur Verständigung bei.

Also richten Sie Ihren Blick auf die Lippen Ihres Gesprächspartners. „Ich hänge an deinen Lippen", signalisieren Sie damit. Der etwas gesenkte Blick verrät aber auch noch eines: „Ich lasse mich nicht von dem Gesagten beeinflussen, obwohl ich konzentriert zuhöre."

Ihr Blick darf nie etwas Bedrohliches haben, sollte nicht aggressiv sein. Sie sollten nicht zu einem sogenannten „Augen-Dompteur" werden, auf keinen Fall dürfen Sie sich anmaßen, über andere herrschen zu wollen. Motivieren, begeistern, miteinander sich für das Bessere ganz einsetzen – das ist das Ziel. Und der Weg dahin führt über den Glauben an das Gute im Menschen, über Achtung und gegenseitigen Respekt. All das sollte auch in Ihrem Blick sichtbar sein.

Das bewußte Sehen, das Augentraining, verbessert Ihre Wahrnehmungsfähigkeit. Um das noch weiter zu vertiefen, hier noch eine kleine Übung für Sie:

- Welche Augenfarbe hat Ihr Gesprächspartner?
- Welche Fragen sehen Sie in den Augen Ihres Gesprächspartners?
- Welche Antworten haben (nach Ihrer Einschätzung) Ihre Augen gegeben?

Blick und Suggestion

Suggestionen werden nicht nur verbal, sondern auch nonverbal – und hier ganz besonders durch die Augen – übermittelt. Das geschieht durch Wechselwirkung: Wenn Sie Ihrem Gesprächspartner konzentriert zuhören – mit Blick auf die Lippen –, geben Sie ihm das Gefühl, ernst genommen, akzeptiert zu werden. Wer im Mittelpunkt der Aufmerksamkeit steht, fühlt sich gut und sicher, weil er auf der emotionalen Ebene angesprochen wird. Dadurch entsteht die Bereitschaft, sich für den Gesprächspartner zu öffnen. So haben Sie Gelegenheit, dem anderen Menschen ins Herz zu blicken, Sie können ihn durch Gedanken und Blick beeinflussen. Sie können ihn auf diese Weise motivieren, seine Begeisterung entfachen, kurz gesagt: positive Impulse in ihm setzen.

Keine Angst, daß hier jemand mißbraucht werden könnte! In der Regel hat jeder Mensch ein ganz natürliches Gespür für die nonverbale Kommunikation und merkt schnell, wenn er negativ beeinflußt werden soll. Automatisch verschließt er sich einer derartigen Beeinflussung. Sie kennen bestimmt auch das Gefühl, daß Ihr Gegenüber zwar hervorragende Argumente hat, Sie dennoch nicht überzeugen kann. Ein – meist unbestimmtes – Gefühl hält Sie ab, ihm zu folgen.

Diese feinen Antennen funktionieren sehr gut. Deshalb ist es wichtig, sich immer wieder selbst zu prüfen und sich zu fragen: „Will ich das Beste – auch das Beste für mein Gegenüber?" Wer nur den eigenen Vorteil im Sinn hat, kann keine charismatische Ausstrahlung haben, kann andere nicht tiefenwirksam überzeugen.

Denken Sie deshalb immer wieder an Ihre Ziele – der Erfolg erfolgt dann von selbst. Ihr Ziel ist der Weg.

In der Ruhe liegt die Kraft

Das ist kein leerer Spruch. Ruhe zieht Aufmerksamkeit und Interesse an, vermittelt Kraft, Stärke, Vertrauen und erweckt Faszination. Oft genügt es, wenn in einer Gesprächsrunde ein Teilnehmer hektisch und nervös ist, um das ganze Gespräch scheitern zu lassen. Ist jedoch eine charismatische – eine gelassene, in sich gefestigte – Persönlichkeit anwesend, dann wird das nicht geschehen. Alle Aufmerksamkeit ist auf die in sich ruhende Persönlichkeit gerichtet. Ein Charismatiker hat es gar nicht nötig, um Aufmerksamkeit zu bitten – sie wird ihm von selbst gewährt. Wenn er zu sprechen beginnt, wird es still. Jeder möchte hören, was ein Mensch, der soviel Ausstrahlung besitzt, zu sagen hat. Ruhe wird assoziiert mit Sicherheit, Zielklarheit und Kraft. Hektik macht verdächtig. Von einem nervösen Menschen nimmt man an, er weiß nicht, was er will, er hat sein Leben, seine Zeit nicht unter Kontrolle, kann seine Aufgaben nicht bewältigen. Niemand schenkt ihm Vertrauen, ja kaum einmal Aufmerksamkeit.

Viele klagen, die Welt, das Leben seien so hektisch geworden. Man finde keine Zeit, keine Ruhe, keine Entspannung mehr. Schuld ist also wieder einmal die böse Welt.

Wer wirklich ruhig ist, bleibt auch im größten Streß ruhig. Schon verstandesmäßig bringt uns Unruhe und Hektik gar nicht weiter. Viel mehr Fehler unterlaufen jenem, der versucht, alles gleichzeitig zu erledigen, demjenigen, der sich keine Zeit nimmt für eine Analyse, sondern sofort „Action“ ruft. Manche Menschen glauben immer noch, sie könnten mit geschäftiger Hektik über Unfähigkeit hinwegtäuschen.

Selbst ruhig sein, Ruhe in sich selbst finden, in seiner Mitte ruhen – damit kann man sogar in einem geschäftigen Umfeld Ruhe erzeugen. Nervosität kann ansteckend sein – Ruhe ebenfalls. Sicherlich ist es in unserer heutigen Zeit ein wenig schwieriger, zur Ruhe zu kommen. Wer aber einmal diese Kraft erfahren hat, die aus der Ruhe kommt, der möchte nie mehr in alte Verhaltensweisen verfallen.

- Was verbreiten Sie – Ruhe oder Hektik?
- Haben Sie eine beruhigende Ausstrahlung?
- Können Sie beruhigen – sich selbst, andere Menschen?

Für unruhige Geister mag es anfangs sogar schwierig sein, Ruhe auch nur zu ertragen. Man ist gewöhnt, daß ständig etwas los ist, daß das Telefon klingelt, ein Termin den anderen hetzt, das Radio uns berieselt, der Fernseher ständig läuft und wir fast direkt vom Büro ins Flugzeug eilen, um in den Urlaub zu fliegen. Auch hier ist dann „Aktivität“ angesagt: Bildungsreisen, Sport- oder Abenteuerurlaube – sie haben Hochkonjunktur. Fast möchte man meinen, alle sind auf der Flucht – vor sich selbst, vor Ruhe und Besinnung. Reiseveranstalter, Fitneß- und Sportclubs, Vereine etc. suggerieren uns, daß Erholung in Aktivität zu finden sei. Ruhe ist out.

Nichts gegen all diese Aktivitäten, aber um zur Ruhe zu kommen, braucht man einfach auch Ruhe. Wenn Sie ein ruhiger, ausgeglichener Mensch sind, Ihre Kraft in sich selbst finden, dann ist gegen Action nichts einzuwenden. Wenn Sie aber ein Hektiker sind, der erst einmal zur Ruhe finden möchte – und das müssen Sie, wenn Sie an Ihrer Ausstrahlung arbeiten wollen –, dann führt Ihr Weg nach innen. Ruhe entsteht durch Konzentration, durch das Sammeln der Gedanken und das Loslassen von Belastungen – durch das Eintauchen in den Alpha-Zustand, und zwar so oft wie möglich.

Merken Sie sich: Hektik macht verdächtig.

Ruhepunkte schaffen

Wenn Sie merken, daß Sie unter Zeitdruck kommen, sich ärgern oder nervös werden, halten Sie einen Moment inne. Hektik erzeugt nur noch mehr Hektik – Ruhe erzeugt Ruhe.

Was wachsen will, braucht Nahrung.
Die Nahrung der Gedanken ist die Konzentration.

Konzentrieren Sie sich auf das Wesentliche: Was ist wichtig, und was ist eilig? Was muß unbedingt sein, und was können Sie schieben? Was ärgert Sie wirklich? Hier heißt es STOP.

Egal was Sie tun, egal wie wichtig es Ihnen erscheinen mag: Machen Sie einen Augenblick Pause, kommen Sie bewußt zur Ruhe.

CHARISMA-FAKTOR

Konzentrieren Sie sich auf sich selbst, atmen Sie tief und ruhig.

Meist reichen schon einige Minuten, und der Adrenalinspiegel sinkt, Sie spüren selbst, wie Sie wieder klar denken können, auch besser und fehlerfrei arbeiten. In der Hektik unterlaufen viele Fehler. Das kostet langfristig viel mehr Zeit, als in der akuten Streßphase eine kleine Ruhepause einzulegen, sich zu konzentrieren und Kraft zu tanken. Versuchen Sie nicht, akute Streßsituationen mit Suggestionen „entspannen“ zu wollen. Wenn Sie hektisch sind und sich dann sagen „Ich bin ruhig“, hilft Ihnen das keineswegs; eher werden Sie noch nervöser. Also rate ich Ihnen, Suggestionen als Langzeithilfe und Atemkontrolle als Soforthilfe dagegen anzuwenden.

Ich gebe Ihnen hier ein Sofort-Hilfe-Programm für den Fall, daß Sie in Streß geraten, Sie aufgeregt sind, z.B. vor einer Rede, einem Gespräch etc., oder Sie Ruhe ausstrahlen müssen/wollen. Diese Übung hilft Ihnen, schnell ruhig zu werden, sich selbst zu beruhigen. Sie kann immer angewandt werden – eine Überdosierung ist nicht möglich.

- Atmen Sie langsam aus, dann langsam wieder ein –
- die Luft vier Sekunden anhalten –
- wieder langsam ausatmen, langsam einatmen –
- die Luft vier Sekunden anhalten.

Das wiederholen Sie sechs Mal. Sie werden erleben, wie Sie ganz ruhig und gelassen werden. Über die Atmung beruhigen Sie Ihr Herz, es schlägt dann bis zu 20 Schläge weniger in der Minute; eine Harmonisierung und Beruhigung des vegetativen Nervensystems tritt ein. Nach diesem Prinzip versetzen sich die indischen Fakire in den Zustand des Scheintods und der Igel in den Winterschlaf. Durch das Verlangsamen des Atmens und der Körperfunktionen kann Ruhe und Harmonie entstehen und sich ausbreiten.

Ich möchte Ihnen noch eine Übung empfehlen, die Sie jeden Tag mehrmals machen sollten: Verharren Sie bewegungslos eine Minute.

Sagen Sie einfach zu sich selbst „Stop“ und bleiben just in der Körperhaltung, in der Sie sich in diesem Moment befinden. Oder aber Sie nehmen das Klingeln des Telefons. Lassen Sie den anderen eine Minute warten, bleiben Sie – ohne sich im geringsten zu bewegen – in der Stellung, in der Sie sich gerade befinden.

Zweck dieser Übung ist, die Motorik in den Griff zu bekommen. Wir bewegen uns ja dauernd, merken es aber gar nicht. Sie werden sehen, wie gut diese Übung nicht nur für Ihren Körper ist. Sie trainieren damit auch Ihre Selbstdisziplin – und Sie kommen völlig zur Ruhe.

Ruhe-Programm

Machen Sie es sich zur Regel, etwa jede Stunde – soweit sich das mit Ihrem Arbeitsablauf vereinbaren läßt – drei „Ruhe-Minuten“ einzulegen: Gedanken sammeln, tief atmen, sich konzentrieren, in Alpha kommen und Ruhe bewußt spüren. Eine entsprechende Autosuggestion hilft Ihnen, Ihr inneres Streßprogramm in ein Ruheprogramm umzuwandeln. Diese Suggestion sollten Sie sich jeden Tag mehrmals „eingeben“, damit sie richtig wirken kann. Suggestionen in aktuen Krisensituationen wirken nicht. Suggestionen wirken durch die ständige Wiederholung, weil sie damit eine innere Veränderung einleiten. Sie sind aber keine sofort wirksamen Hilfen.

Es gibt zwei Möglichkeiten
mit seiner Energie umzugehen !

1. Energieverschwendung
bzw. Energie-Zerstreuung

2. KONZENTRATION
= Bündelung von Energie auf einen Punkt !!!
Nur so werden Wunder möglich.

Kurz-Suggestion:

Ich bin ruhig und gelassen, kann mich auf das Wesentliche konzentrieren.

CHARISMA-FAKTOR

Nicht nur an den Augen erkennen Sie, ob Ihr Gegenüber ruhig und sicher ist, auch sein Körper spricht eine eindeutige Sprache.

Begeisterung und Leidenschaft

Ohne Begeisterung und ohne Leidenschaft kann Charisma nicht entstehen. Wir sollten uns einmal kurz mit diesen Begriffen beschäftigen. Begeisterung steht, im Duden für sinn- und sachverwandte Wörter für „entzücken, berauschen, trunken machen, hinreißen, entflammen, mitßreißen, jemanden mit sich reißen, fesseln, beseelen, bezaubern, erfreuen".

Unter Leidenschaft lesen wir „Begeisterung, Passion, Sehnsucht, Begehren, Neigung".

Also Emotionen – allein schon über diese Worte zu schreiben erweckt Begeisterung und Leidenschaft in mir. Geht Ihnen das während des Lesens nicht auch so?

Ich spreche gern von der Leidenschaft für eine Aufgabe. Mit Leidenschaft müssen neue Ziele angegangen werden. Leidenschaft verebbt mit der Zeit – das wissen wir alle; denn Leidenschaft lebt von Erfolgsgefühlen. Deshalb müssen immer wieder Impulse geschaffen werden, um die Leidenschaft für die gemeinsamen Ziele neu zu entfachen.

Sind die Worte „Begeisterung" und „Leidenschaft" in Ihrem aktiven Sprachschatz überhaupt enthalten?

- Wie oft am Tage verwenden Sie diese Worte?
- Bewirkt das Wort „Begeisterung" in Ihnen etwas?
- Was ruft das Wort „Leidenschaft" in Ihnen hervor?
- Fühlen Sie in sich Kraft, Freude, Elan bei diesen Worten?

– Wer in Ihrem Umfeld ist ein begeisterungsfähiger Mensch?
– Wer ist ein Mensch, der sich mit Leidenschaft einer Sache widmet?
– Nennen Sie jeweils drei Beispiele aus Ihrer näheren Umgebung.
– Woran erkennen Sie einen Menschen, der begeistert ist?
– Möchten Sie begeistert sein?
– Wollen Sie erkennbar sein als ein begeisterter Mensch?

Die Grundfrage stellt sich wieder einmal: Wollen Sie ein strahlender Stern sein, der andere erleuchtet und ihnen den Weg zeigt, oder ein Satellit, der um andere kreist? Doch vielleicht haben Sie es schon selbst erfahren:

Begeisterung macht anziehend.

Nutzen Sie den Augenblick der Begeisterung als eine Kraftquelle.

Suchen Sie sich einen ruhigen Ort, an dem Sie nicht gestört werden können. Machen Sie es sich bequem, und schließen Sie die Augen.

Nun erinnern Sie sich an den Augenblick, an dem Sie so richtig begeistert waren. Vielleicht war das der Moment, als Sie Ihr Abiturzeugnis in der Hand hielten und vor sich Ihre Zukunftschancen sahen, oder als Sie diesen Superauftrag erhielten, obwohl es aussah, als hätte die Konkurrenz bessere Aussichten darauf gehabt, oder war es der Tag, an dem Ihr Sohn geboren wurde? Rufen Sie die Situation in Ihr Bewußtsein. Sehen Sie in Gedanken noch einmal alle Einzelheiten genau vor sich, lassen Sie das Gefühl der Begeisterung in sich wachsen. Fühlen Sie ganz deutlich, wie die Begeisterung auch Ihren Körper durchströmt. Halten Sie dieses überwältigende Gefühl der Begeisterung in sich wach für fünf Minuten. Genießen Sie es.

Was spüren Sie, hören, schmecken oder riechen Sie? Wie fühlen Sie sich? Wenn Sie dieses Gefühl richtig genossen haben, dann kehren Sie wieder in den Alltag zurück. Sie fühlen sich sehr gut, sind dynamisch und voller Lebenfreude. Sie haben den Funken der Begeisterung in sich aktiviert. Und jetzt übertragen Sie diese Begeisterung auf Ihr Ziel. Machen Sie dieses mentale Training ab und zu, um Ihre Begeisterung und Ihre Leidenschaft neu zu beleben.

Der Körper lügt nicht

Auch wer nicht gelernt hat, die Sprache des Körpers zu verstehen, bemerkt intuitiv, was zwischen Menschen abläuft – unabhängig von den Worten, die gewechselt werden. Prüfen Sie einmal Ihre „Sprachkenntnisse“ auf diesem Gebiet.

Gute „Beobachtungsobjekte“ sind Menschen, die im Interesse der Öffentlichkeit stehen. Schauen Sie sich einmal genau an, was ein Spitzenmanager oder Politiker sagt, und finden Sie heraus, was er wirklich meint. Achten Sie auf die kleinen Gesten, auf den Blick, die Kopfbewegung …

Wir machen auch wieder die TV-Übung. Schalten Sie den Ton ab, und finden Sie heraus, was bei einer Debatte vor sich geht; wie ein Krimi ausgeht …

> **CHARISMA-FAKTOR**
>
> **Erfolg ist die Kunst, richtig mit Menschen umzugehen.**

Wer mit Menschen richtig umgehen will, muß wissen, was in den Menschen vorgeht, was sie wirklich wollen, fühlen und denken, sich aber nicht sagen trauen oder nicht sagen wollen. Wie oft sagt wohl Ihr Mitarbeiter „Ja“ und meint eigentlich „Nein“. Wenn Sie die Körpersprache nicht verstehen, dann bemerken Sie das erst später, nämlich dann, wenn er die Arbeit nicht richtig oder fast zu spät ausgeführt hat. Wenn Ihr Vorgesetzter sagt, er will später mit Ihnen über Ihren Vorschlag sprechen – meint er es wirklich so, oder will er Sie nur vertrösten? Hat Ihre Sekretärin wirklich Interesse an dem Seminar oder nimmt sie gezwungenermaßen daran teil?

Der Körper kann nicht lügen, denn seine Sprache ist nicht abhängig vom Verstand, sondern geprägt von den Emotionen. Reden kann man einstudieren, sogar Mimik und Gestik erlernen – aber wenn es keine Verbindung zum inneren Wesenskern gibt, dann fühlt jeder das Unechte. Was fehlt, ist die Ausstrahlung, das Charisma.

Die Füße

Beginnen wir bei den Füßen: Ich halte die Füße für äußerst wichtig, denn wer mit beiden Beinen im Leben steht, der ist stand-fest, ist fest verankert, den kann nichts so leicht aus der Bahn werfen. Die Füße versinnbildlichen das Unterbewußtsein. In meinen Seminaren lasse ich die Teilnehmer immer einen Baum zeichnen. Es ist schon erstaunlich, welche Kreationen da geschaffen werden: kleine und große Bäume, von der Krüppelkiefer bis zur dünnen hohen Pappel – alles ist vertreten. Aber die Wurzeln – da sieht es oft ganz traurig aus: Viele Bäume haben überhaupt keine Wurzeln, mancher Baumriese hat kümmerlich kurze Wurzelansätze – kaum ein Baum, dessen Wurzeln tief und fest im Boden verankert sind, bei dem die Wurzeln ausreichen, den Baum zu versorgen und im Boden festzuhalten. Warum ich das erzähle? Der Baum kann mit dem Menschen verglichen werden – die Wurzeln symbolisieren das Unterbewußtsein. Es ist kein Zufall, daß so viele Menschen ihre Bäume ohne Wurzeln zeichnen, denn sie sind selbst ent-wurzelt oder haben sich nur wenig um ihre Wurzeln gekümmert. Ohne Wurzeln gibt es jedoch keine Nahrung (aus dem Unterbewußtsein), keinen Halt, keine Sicherheit. Setzen wir das um: Kein fester Kontakt zum Boden bedeutet automatisch keine innere Festigkeit und Stärke, weil keine Verankerung im Unterbewußtsein besteht. Jede Kleinigkeit hat dann große Auswirkungen: Ein wenig Kritik, etwas Ärger mit Kollegen, ein vermasselter Auftrag – es wirft Sie um, denn Sie haben keinen wirklichen Halt.

Haben Sie sich einmal das Symbol für meine Erfolgsphilosophie genau angesehen? Mein Symbol ist der vollkommene Mensch – die Yin-Yang-Figur, die mit beiden Beinen fest auf dem Boden steht, mit den Füßen in der Wirklichkeit verankert ist. Ein solcher Mensch hat einen festen Standpunkt. Er ist kraftvoll, kann sich verteidigen, nichts wirft ihn um. Er symbolisiert Kraft und Gleichgewicht. Stoßen Sie diesen Menschen an, dann bewegt er sich, aber er wird niemals umfallen. Seinen Kopf trägt er hoch – ein Zeichen von Optimismus und Zuversicht. Er sieht seine Chancen, meistert das Leben und kann Belastungen aushalten. Seine enorme Kraft kommt aus seiner Mitte. Nehmen Sie sich dieses Symbol als Vorbild, werden Sie stark und innerlich stabil, dann kann nichts Sie aus der Bahn werfen, dann gehen

Sie zielbewußt nach vorn – Schritt für Schritt. Die Philosophie des „erfolgreichen Weges" hilft Ihnen dabei.

> **CHARISMA-FAKTOR**
>
> **Ein Mensch, der aus seiner Mitte lebt, wird zum Mittelpunkt.**

Leben Sie aus Ihrer Mitte? Sind Sie standfest? Wo sind Ihre Füße, wenn Sie sitzen – stehen sie auf dem Boden, hängen sie in der Luft oder ist ein Fuß um das Stuhlbein gewickelt? Was machen Ihre Füße, wenn Sie stehen? Sind beide Füße fest auf dem Boden, oder wechseln Sie das Gewicht von einem Fuß zum anderen, als wäre Ihnen der Boden zu heiß, trippeln Sie schnell und nervös von einem Bein auf das andere, als wollten Sie sich auf die nächste Runde im Boxring vorbereiten? Haben Sie Ihr Gewicht immer nur auf ein Bein verlagert? Wo ist überhaupt Ihr Schwerpunkt, Ihre Mitte?

Die Hände

Die Hände verraten viel über den wahren Menschen. Ein Mensch, der immer die Hände versteckt, hat mehr zu verstecken als nur seine Hände. Liegen die Hände offen da, zeigt der Partner die Hand und auch die Handflächen, so heißt das: „Ich bin offen, ich habe keine Hintergedanken, ich höre zu." Beobachten Sie, daß Ihr Kunde während des Gesprächs eine Hand zur Faust ballt, dann sagt das deutlich, daß er heute für Ihre Argumente nicht zugänglich ist; vielleicht hat ihn auch etwas verärgert oder verletzt. Klopft er ständig mit den Fingern auf die Sessellehne, so ist klar, daß er nicht bei der Sache ist und unter (Zeit-) Druck steht. Sie vereinbaren besser einen neuen Termin, auch wenn er betont, reichlich Zeit für Sie zu haben. Eine geschlossene Faust mit eingezogenem Daumen sehen Sie oft bei Menschen, die nicht sehr viel Selbstbewußtsein haben. Der Daumen ist ein deutlicher Meßstab für Selbstbewußtsein. Abgespreizte, nach oben gerichtete Daumen sehen Sie häufig bei dominanten Personen.

Wir sprechen oft vom „Hände"-schütteln, und so sieht es dann ja auch aus. Mit dem Händedruck haben Sie den ersten körperlichen Kontakt zu einem anderen Menschen geschaffen. Wie sieht es aus mit

Ihrem Händedruck? Ein fester Händedruck vermittelt Sicherheit und Stärke, gibt Vertrauen.

Wie machen Sie es richtig? Geben Sie die Hand, blicken Sie Ihrem Gegenüber ins Gesicht – lassen Sie sich nicht ablenken von anderen Menschen, die schon auf Sie einreden. Halten Sie die Hand fest und still. Damit vermitteln Sie Ruhe und Sicherheit – drücken nonverbal aus: „Sie können sich auf mich verlassen."

Die Arme

Vor der Brust verschränkte Arme – das weiß heute jeder, und dazu braucht man auch nicht viel Phantasie – zeigt Abwehr. „Ich schütze mich vor Ihnen und Ihren Argumenten, lasse Sie nicht an mich heran." Eng an den Körper angewinkelte Arme haben Menschen, die schüchtern sind, nicht auffallen möchten. Jemand, der sicher und stark ist, hat seine Arme locker am Körper hängen bzw. leicht abgespreizt. Schauen Sie einmal, wie unterschiedlich sich Menschen verhalten, wenn sie an einem Schreibtisch Platz nehmen: Der eine legt seine Papiere genau vor sich hin, nimmt nicht einen Zentimeter mehr für sich in Anspruch, als er unbedingt benötigt. Der andere breitet seine Papiere über den ganzen Tisch aus, macht sich im Sessel – im wahrsten Sinn des Wortes – breit, hat sein Territorium abgesteckt und signalisiert: „Ich brauche viel Platz, ich bin stark, ich bin hier der Boß."

Die Körperhaltung

Am Gang erkennen Sie, ob jemand dynamisch ist, oder ob er sich durchs Leben schleppt. In einer großen Menschenmenge können Sie einen wirklich erfolgreichen Mensch sofort erkennen. Er hat eine gerade Körperhaltung, die Schultern sind weder nach oben gezogen noch hängen sie kraftlos herunter. Er trägt den Kopf hoch, der Blick ist offen. Seine Bewegungen sind harmonisch, sein Schritt ist kraftvoll, und er geht zielstrebig in seine Richtung.

Wenn zwei Menschen miteinander sprechen, können Sie erkennen, ob innere Übereinstimmung und Harmonie besteht oder ob unterschwellige Spannungen vorherrschen. Übereinstimmung zeigt sich in der einander zugewandten, offenen Körperhaltung – also mit „freier" Brust („Ich vertraue dir, bin offen für deine Gedanken"), geöffneten

Händen und Armen und dem Blickkontakt. Auf den ersten Blick erscheinen manche Gesprächsrunden harmonisch, doch bei genauer Betrachtung können Sie gravierende „Schönheitsfehler" erkennen, wie offene Körperhaltung, aber abgewandter Oberkörper, der Stuhl wird zurückgeschoben, Unterlagen werden zusammengepackt...

Hier stelle ich Ihnen einige typische Körperhaltungen vor:

- „Ich weiß alles besser." – Brust raus, Kopf hoch und etwas in den Nacken gelegt, auf den Füßen hin- und herwippend.
- „Ich bin nicht zu überzeugen." – Die Arme vor der Brust verschränkt, die Füße fest am Boden verankert und etwas auseinander.
- „Ich habe kein Interesse." – Der Oberkörper wird weit nach hinten gelehnt.

Der Körper zeigt genau, was in dem Menschen vorgeht. Stellen oder setzen Sie sich einmal in unterschiedlichen Haltungen hin, und dann achten Sie einmal auf Ihre Empfindungen. Verändert sich etwas in Ihnen, wenn Sie sich mit verschränkten Armen und übereinandergeschlagenen Beinen hinsetzen?

Und jetzt stellen Sie die Beine nebeneinander, öffnen die Arme, legen die Hände auf die Stuhllehne. Was fühlen Sie jetzt?

Haben Sie verliebte Pärchen beobachtet? Wenn zwischen Menschen Harmonie und Sympathie besteht, sehen Sie das auf den ersten Blick: Ihre Körperhaltung ist identisch. Achten Sie auf die Körpersprache. Studieren Sie, wie Ihre Mitmenschen miteinander umgehen. Interpretieren Sie die Gesprächsrunde am Nebentisch, wenn Sie im Restaurant essen, oder verfolgen Sie, wie ein Mann und eine Frau sich an der Bar kennenlernen. Sie brauchen dann gar nicht mehr ins Kino zu gehen.

Jeder Mensch sendet durch seinen Körper Signale aus, die andere verstehen – und auf die sie reagieren.

Der Blick

Mit den Augen haben wir uns bereits befaßt. Jetzt geht es aber um den Blickkontakt. Schweift der Blick Ihres Gesprächspartners ab, ist sein Blick in die Ferne gerichtet, oder folgt er der kurzberockten Bedienung? Dann ist er nicht auf Sie konzentriert, seine Gedanken schweifen umher, oder er ist mit einer anderen Sache befaßt. Schrecklich ist es auch, wenn man beobachtet, wieviel Menschen beim Händeschütteln nicht ihre Aufmerksamkeit dem Gegenüber widmen, sondern bereits einen anderen Menschen im Visier haben. Das ist nicht nur ein simpler Fauxpas – das ist ein Affront: „Ich begrüße dich zwar, aber ich be-achte dich nicht!“

Der Blick verrät viel. Langer Blickkontakt kann wortlose Übereinstimmung signalisieren, kurze schnelle Blicke können auf inneren Widerstand hinweisen: „Ich gebe dir keinen Ein-blick in meine Gedanken.“

Dies sind nur einige Anhaltspunkte und Beispiele für die Signale, die der Körper unbewußt aussendet. Entscheidend ist das Zusammenwirken aller Signale und nicht die Interpretation eines einzigen Signals. Denken Sie nicht, Ihr Gesprächspartner hat etwas gegen Sie, weil er während des Gesprächs die Arme vor der Brust verschränkt. Dies kann geschehen, weil ihm vielleicht ein Satz nicht gefallen hat, es kann sich auch nur um eine Angewohnheit handeln, die keine große Bedeutung hat. Wichtig ist, das „ganze“ Bild zu betrachten und darauf zu achten, was sich bei bestimmten Aussagen verändert. Hinzu kommen auch die Sprache und Stimme, die viel über die wahren Gefühle verraten.

Wichtig: Das **gesamte** Erscheinungsbild ist entscheidend.

Die Sprache des Körpers kann jeder verstehen. Das bedeutet, daß natürlich auch Sie unbewußt Signale aussenden, durch Ihren Körper sprechen und vielleicht Aussagen machen, die Ihnen gar nicht so lieb sind. Wie wirken Sie auf andere? Schauen Sie sich den Fragebogen/ Selbstanalyse von Seite 70 an. Wenn Sie auf andere Menschen ganz anders wirken, als Sie sich selbst sehen, dann liegt das zum großen Teil an Ihrer Körpersprache; denn mehr als durch Worte wirken Sie durch Ihr Auftreten.

Überdenken Sie auch heute noch einmal, was Ihr Körper über Ihre Persönlichkeit aussagt. Was möchten Sie daran ändern?

Listen Sie alle Punkte auf, die Sie bezüglich Ihrer Körpersprache verändern oder verbessern möchten.

Ein Profi in Sachen Körpersprache ist Samy Molcho, mit dem ich in vielen Seminaren zusammengearbeitet habe. Schauen Sie sich einmal Videos mit ihm an. Einen besseren Lehrmeister gibt es nicht. Anhand kleinster Details demonstriert er, was wirklich abläuft. Bei der Begrüßung zieht der eine den anderen an sich heran, beim Hinsetzen öffnet er das Jackett, der linke Arm hängt ganz locker herunter, die linke Hand wird auf das Knie (unter den Tisch) gelegt. Nichts geschieht zufällig – alles drückt Emotionen, Absichten, Gedanken aus. Lernen Sie diese Sprache, um mit anderen Menschen richtig umgehen zu können, erwerben soziale Kompetenz.

Sie können Menschen richtig ansprechen (also intellektuell wie emotional erreichen), wenn Sie wissen, wie diese sich fühlen. Ein aggressiver Mensch sollte nicht weiter aufgeregt werden – Beruhigung ist hier angesagt; ein Mensch, der gerade einen Mißerfolg hatte, braucht Ermutigung und Motivation, ein glücklicher Mann ist voller Elan und leicht zu begeistern ...

Den Menschen dort abholen, wo er sich gerade befindet, ist einer der Hauptfaktoren für Erfolg. Wenn Sie jemanden in der Sprache ansprechen, die er versteht, haben Sie schon viel erreicht. Wenn Sie einem frustrierten Menschen wieder Glauben an Erfolg vermitteln können, haben Sie einen engagierten Mitstreiter an Ihrer Seite. Charisma und Menschenführung, Menschenführung und Körpersprache – das gehört zusammen.

Nicht umsonst habe ich Ihnen die „Spiegelmagie“ auf Seite 187 empfohlen. Neues zu erlernen und dann auch richtig umzusetzen ist nicht immer ganz einfach. Vor allem fühlt man sich anfangs oft etwas unsicher, das Feeling fehlt. Es ist ungewohnt, mit beiden Beinen auf dem Boden zu bleiben, wenn Sie bisher unbewußt ständig das Standbein wechselten. Deshalb ist das Spiegeltraining die ideale Methode, Körpersprache UND Stimme in Harmonie miteinander zu bringen. Sie werden selbst feststellen, daß Sie sich bei dieser Übung anfangs fast unwohl in Ihrer Haut fühlen. Sie empfinden sich als unecht, als gekünstelt. Das ist der Grund, warum Sie erst einmal vor dem Spiegel üben sollten – so lange, bis Ihnen die neuen Verhaltensweisen in Fleisch und Blut übergegangen und zu Ihrer Gewohnheit geworden sind. Dann haben Sie den Punkt erreicht, an dem innere Veränderung mit äußerer Veränderung harmoniert.

Hopp oder Top: Sieben Sekunden entscheiden

Der erste Eindruck entscheidet, ob man Sie sympathisch, kompetent und erfolgreich findet oder nicht. Wie dieses Urteil ausfällt, hängt von Ihrem Erscheinungsbild und Ihrer Ausstrahlung ab. Dafür haben Sie nur sieben Sekunden Zeit. Das reicht nicht einmal aus, um etwas Intelligentes oder Einprägsames zu sagen. So wirkt zuerst Ihre äußere Erscheinung. Da unser Körper zu mehr als 90 % mit Kleidung bedeckt ist, lohnt es sich, die Kleidung einmal einer kritischen Prüfung zu unterziehen. Es ist erschreckend, wie wenig Menschen ihrer Bekleidung die notwendige Aufmerksamkeit schenken. Nachlässig, lieblos und geschmacklos – häufig nicht der Position entsprechend – sind viele Männer und Frauen gekleidet.

Ein wertvoller Mensch trägt wertvolle Kleidung, ein Lump geht in Lumpen. In der chinesischen Oper erkennt man sofort an der Kleidung, wer König und wer Bettler ist. Im Mittelalter hatte noch jede Zunft ihre Kleidung, so daß man sofort sah, wen man vor sich hatte. Ist Ihnen aufgefallen, wie sich erfolgreiche Menschen kleiden? Achten Sie auf die Farben und auf das Material der Kleidung an erfolgreichen Menschen.

Gehen Sie jetzt gleich einmal zum Spiegel und betrachten Sie sich. Dann beantworten Sie bitte die folgenden Fragen:

- Würden Sie jemanden, der wie Sie gekleidet ist, mit der Aufgabe betrauen, die Sie im Augenblick innehaben?
- Welchen Eindruck vermittelt Ihre Kleidung?
- Wirken Sie damit autoritär, konservativ, energisch, unscheinbar?
- Erkennt man Sie an Ihrer Kleidung als Chef?
- Repräsentieren Sie Ihre Branche auch äußerlich?
- Tragen Sie heute schon die Kleidung für die Position, die Sie morgen anstreben?
- Wie halten Sie es mit Prestige-Uhren und dergleichen?
- Wer ist Ihr Vorbild in puncto Kleidung und äußere Erscheinung?
- Wie möchten Sie auf andere wirken?

Ausstrahlung hat – wie das Worte es ja auch ausdrückt – viele Facetten. Dabei spielt die Kleidung keine unwesentliche Rolle, denn sie ist

Ausdruck Ihrer Persönlichkeit. Ich möchte nur auf einige wesentliche Punkte eingehen; denn diese Thematik ist so umfangreich, daß man ein ganzes Buch darüber schreiben könnte.

Durch Ihre Kleidung zeigen Sie, wo Sie hingehören. Ein Bettler kleidet sich wie ein Bettler und wird als solcher behandelt. Einem Manager sehen Sie an der Kleidung seine Position an, manchmal kann man sogar die Branche an der Kleidung erkennen. Der Artdirector einer Werbeagentur ist anders gekleidet als der Betriebsleiter einer großen Druckerei. Der Sieger kleidet sich wie ein Sieger, der Verlierer wie ein Verlierer. Die richtige Kleidung zum richtigen Anlaß. Wer damit Probleme hat, sollte sich nicht scheuen, sich in einem Topgeschäft beraten zu lassen.

An der Kleidung erkennt man den erfolgsorientierten Manager – er trägt heute schon die Kleidung für die Position, die er anstrebt. Machen Sie es nicht wie unser Außenminister Fischer. Man hätte ihm von Anfang an mehr zugetraut, hätte er schon vor seiner Ernennung zum Minister sein T-Shirt gegen einen Anzug getauscht.

Daß die Kleidung makellos ist, versteht sich von selbst. Farbe ist heute erlaubt, setzen Sie Akzente mit flotten Krawatten. Die Jacketts müssen heute nicht mehr uni, grau, schwarz oder dunkelblau sein. Die Business-Garderobe hat sich gewandelt – Gott sei dank. Nicht geändert hat sich der Anspruch an Qualität. Hosen, die auch nach stundenlanger Sitzung faltenfrei sind, Jacketts, die einwandfrei sitzen, sind ein absolutes Muß für denjenigen, der Karriere machen will. Vergessen Sie nicht – alle Augen sind auf Sie gerichtet.

CHARISMA-FAKTOR

**Wenn Sie Erfolg haben möchten,
dann kleiden Sie sich wie ein erfolgreicher Mensch.**

Strahlend geputzte Schuhe ohne schiefe Absätze, lange Socken (nackte Männerbeine können zwar auch schön sein, aber nicht bei einer Konferenz) und ein richtiges Stofftaschentuch gehören ebenfalls dazu.

Schon unsere Großmütter wußten: Wie innen so außen – bezogen auf das äußere Erscheinungsbild. Zum gepflegten Menschen gehören gepflegte Hände. Lassen Sie eine Maniküre machen, genießen Sie die Prozedur, und seien Sie stolz auf Ihre auffallend gepflegten Hände. Ein Dreitagebart ist allenfalls in einer Werbeagentur erlaubt, bei einer Bank bringt er selbst junge Männer nicht weiter. Und Bartstoppeln haben so gar nichts Charismatisches an sich.

Haare – für manche Männer ein trauriges Thema. Stehen Sie trotzdem zu sich. Sie werden nicht nach Ihrer Haarpracht, sondern nach Ihrer Ausstrahlung beurteilt. Schütteres Haar sieht oft ganz kurz geschnitten besser aus, als wenn Sie versuchen, die lichten Stellen mit langen dünnen Haarsträhnen mühsam zu be- und verdecken. Ein gepflegtes Äußeres läßt (unbewußt) auf ein kultiviertes Inneres schließen, und das nicht zu unrecht.

Ist Ihnen schon einmal aufgefallen, wie eine Brille ein Gesicht regelrecht „formen" kann und wie – umgekehrt – falsche Brillen das Gesicht förmlich erdrücken? An Brillen erkennen Sie den Draufgänger, den Konservativen, den Beständigen. Die richtige Brillenfassung zu finden ist oft nicht einfach, doch der Zeitaufwand lohnt sich. Achten Sie bei Menschen, die Sie oft im Fernsehen sehen, wie sehr eine Brille den Eindruck verändert. Ich möchte nur an Schrempp erinnern, der mit dem Job auch die Brille – und damit seine Aussage – verändert hat.

Auch wenn Sie glauben, Zähne sind nur zum Beißen da – die Zähne stehen immer im Blickpunkt. Die Investition in ein tadelloses Gebiß zahlt sich auf jeden Fall aus. Ein abgeschlagener Schneidezahn oder ein hervorstehender Zahn kann Ihr Gegenüber so ablenken, daß er sich nicht auf Ihre Argumente konzentrieren kann. Man soll Ihnen ruhig auf den Mund schauen können, ohne daß die Konzentration von schiefen Zähnen abgelenkt wird. Selbst die beste Zahnpflege reicht manchmal nicht aus, deshalb auf frischen Atem achten. Das gilt natürlich besonders für Raucher. Es gibt reichlich entsprechende Pastillen oder Kaugummis, die reinen Atem in jeder Situation garantieren. Überhaupt Zigaretten- oder Zigarrenrauch – wenn Sie nach einer Besprechung, in der viel geraucht wird, einen Kunden, der Nichtraucher ist, besuchen, werden Sie nicht viel Erfolg haben, denn er kann Sie im wahrsten Sinn des Wortes „nicht riechen". Achten Sie bei Ihrer Terminplanung darauf, oder nehmen Sie zumindest ein zweites Jackett mit.

Die Wahl der Kleidung sollte auch dem Anlaß entsprechend sein. Keinem Menschen würde es einfallen, in einem hellen Anzug zu einer Trauerfeier zu erscheinen. Wenn Sie aber einen Termin beim Finanzamt haben, dann sollten Sie vielleicht nicht gerade Ihr neuestes Rolexmodell am Arm tragen. Oder was würden Sie denken, wenn Ihr Assistent mit einem Mercedes der S-Klasse ankäme, während dem Prokuristen in Ihrer Firma nur ein Audi zugestanden wird?

Nichts ändert sich, außer ich ändere mich

Sie haben viel getan, wenn Sie mit mir bis hierher gegangen sind, wenn Sie alle Fragen beantwortet, alle Übungen gemacht haben. Dabei haben Sie über sich selbst eine Menge erfahren und wissen jetzt, wo Sie die Arbeit an sich selbst vertiefen, in welchen Bereichen Sie noch mehr tun sollten.

Ich möchte zum Abschluß fünf wichtige Punkte für eine charismatische Ausstrahlung auflisten. Überprüfen Sie anhand dieser Punkte, wo Sie heute stehen, und legen Sie Ihr nächstes Etappenziel fest.

1. Was will ich?
   Das ist der Drehpunkt, das ist mein Ziel.
   Der Aufgabe einen Sinn geben und mit Begeisterung an die Realisation der Vision gehen.

2. Ruhe entwickeln.
   In den Alpha-Zustand eintauchen – und das so oft wie möglich.

3. Ruhe über Augen und Gesicht ausstrahlen lassen.
   Kontakt auf körperlicher, geistiger und seelischer Ebene herstellen, Sympathie und Ruhe ausstrahlen, Vertrauen aufbauen.

4. Sprechen mit einer tiefen, dunklen und sympathischen Stimme.
   Die Stimme ist Ausdruck der Persönlichkeit. Suggestiv, tiefenwirksam sprechen und andere Menschen beeinflussen.

5. Posthypnotische Befehle geben.
   Andere Menschen zum Handeln auffordern, sie motivieren und Begeisterung in ihnen erwecken.

Damit Ihr Erfolgsrezept auch richtig „gelingen“ kann, sollten Sie lieber nicht davon sprechen. Es gibt viele Menschen, die über Arbeit an sich selbst lächeln, die vielleicht sogar abfällig oder spöttisch über Ihre Absichten und Ihre Ziele sprechen. So etwas kann leicht einen kleinen Zweifel im Unterbewußtsein eines „Anfängers“ säen; denn er kann sich ja noch nicht auf viele positive eigene Erfahrungen stützen. Zweifel sind negative Energien, die die Konzentration und die Zielstrebigkeit sehr stören. Zweifel sind ausgesprochen destruktiv; denn wer zweifelt, der ver-zweifelt.

Deshalb schützen Sie sich vor einer Beeinflussung, die Sie nicht wollen und die Sie nicht brauchen, weil sie Ihnen nicht nützt, sondern nur schadet. Schweigen Sie über Ihr Vorhaben. Machen Sie es wie eine Frau, die nicht alle ihre Geheimnisse preisgibt – der Reiz liegt darin, nicht alles über sie zu wissen. Der größte Zauber liegt im Geheimnis.

Alles ist möglich, wenn Sie es wirklich wollen.

„Wer aufhört, besser zu werden, hat aufgehört, gut zu sein.“

Folgen Sie diesem Gedanken von Philipp Rosenthal. Setzen Sie sich Zeitlimits, führen Sie ein Erfolgstagebuch, und freuen Sie sich über jeden noch so kleinen Erfolg. Werden Sie der, der Sie sind – ein Mensch mit einer magischen Ausstrahlung, dem man die Wünsche von den Augen abliest, der sich große Ziele gesetzt hat und sie auch erreicht.

Wenn wir wollen, daß unsere Erde – der blaue Planet – dem Menschen auch weiterhin eine Heimat ist und uns Chancen für ein erfülltes Leben bietet, dann benötigen wir mehr denn je erfolgreiche Menschen. Vielleicht gehören auch Sie, liebe Leserin, lieber Leser, zu den Menschen, die von diesem Gedanken beseelt sind, die Welt ein klein wenig besser verlassen zu können, als Sie sie betreten haben. Und deshalb möchte ich Ihnen noch eine kleine Geschichte mit auf den Weg geben:

Vor 1000 Jahren besuchte in Indien ein Hund den Tempel der 1000 Spiegel. Er ging die Treppen empor, betrat durch eine Drehtür den Tempel der 1000 Spiegel, schaute in die 1000 Spiegel, sah 1000 Hunde. Da bekam er Angst und knurrte – und 1000 Hunde knurrten zurück. Mit eingezogenem Schwanz verließ er den Tempel in dem Bewußtsein, die Welt ist voller böser Hunde, und er betrat deshalb diesen Tempel nie mehr.

Einige Zeit später besuchte ein anderer Hund diesen Tempel. Auch er ging die Stufen nach oben zum Eingang, schritt durch die Drehtür, schaute in die 1000 Spiegel und sah 1000 Hunde. Er freute sich und wedelte mit dem Schwanz; 1000 Hunde wedelten zurück. Er verließ den Tempel in dem Bewußtsein, daß die Welt voller freundlicher Hunde ist.

Die Welt ist nur ein Spiegelbild unserer selbst.
Strahlen Sie wie die Sonne.
Strahlen Sie die Welt an und die Welt strahlt zurück.

Ich wünsche Ihnen viel Freude und viel Erfolg.

1. Welche neuen Erkenntnisse hat mir dieses Kapitel vermittelt?

2. Was möchte ich davon umsetzen?

3. Wie gehe ich praktisch vor?

4. Mein Schritt-für-Schritt-Plan:

5. Mein Zeitplan für die einzelnen Schritte:

6. Erfolgskontrolle:

LITERATUR

Alessandra,Tony: How to gain Power und Influence with People. Nightingale-Conant Corp.(Kassetten)

Barrat-Godefroy, Stephanie: Die Kraft positiver Ausstrahlung. Niedernhausen 1992.

Basile, Joseph: Der neue Führungsstil. Freiburg 1967.

Bass, Bernard M.: Charisma entwickeln und zielführend einsetzen. Landsberg/Lech 1986.

Beer, Ulrich: Die Kunst Menschen für sich zu gewinnen. Landsberg/Lech 1995.

Bierbaum, G; Marwitz, K.; May H.: Happy Selling. Paderborn 1990.

Buzan, Tony, Buzan Barry: Das Mind-Map-Buch. Landsberg/Lech 1996.

Eggersberger, Gerhard: Charisma Training. München 1995.

Enkelmann, Nikolaus B.: Die Macht der Motivation. Landsberg/Lech 1995.

Enkelmann, Nikolaus B.: Mit Freude erfolgreich sein. Landsberg/Lech 1996.

Enkelmann, Nikolaus B.: Mit Freude leben. Landsberg/Lech 1997.

Enkelmann, Nikolaus B.: Power der Verkaufs-Rhetorik. Wiesbaden 1996.

Enkelmann, Nikolaus B.; Burkart Christiane: Erfolgsprinzipien der Optimisten. Offenbach 1997.

Gabriel, H.W.: Macht und Einfluß über andere. Genf 1966.

Gross, Stefan F.: Beziehungsintelligenz, Landsberg/Lech 1997.

Holzer, Hans: Charisma. München 1979.

Lasko, Wolf W.: Charisma. Wiesbaden 1994.

Montgomery Marschall: Menschenführung. München 1961.

Rupprecht-Stroell, Birgit, Kaminski, Marion: Fleißige Frauen arbeiten – kluge machen Karriere. Alles ist möglich. 2. Aufl., München 1998.

Schneider, Wolf: Die Sieger. Wodurch Genius, Phantasten und Verbrecher berühmt geworden sind. 4. Aufl., Hamburg 1993.

Silva, José: Die Silva Mind-Control Methode für Führungskräfte. München 1987.

Staples, Walter Doyle: Think like a Winner. Paderborn 1993.

Tracy, Brian, Scheelen, Frank M.: Der neue Verkaufsmanager. Wiesbaden 1997.

Tracy, Brian: Verkaufsstrategien für Gewinner. Wiesbaden 1996.

Wichardt-Laub, Ingrid: Vorsprung durch Sympathie. Wiesbaden 1994.

Wirz, Adolf: Efficiency – Herbert Cassons Philosphie des Erfolgs. Zürich 1986.